国家钒钛产业联盟
NATIONAL ALLIANCE FOR VANADIUM & TITANIUM INDUSTRY

# 2024 中国钒钛产业发展报告

The Chinese Vanadium and Titanium Industry Annual Report 2024


主　　编　张邦绪
副 主 编　吉广林（执行）　贾栓孝　孙福来
篇章统筹　姜宝伟　杨绍利　杨雄飞　周明勇
　　　　　周劲松　李子敬



北　京
冶金工业出版社
2024

## 内 容 提 要

本报告权威反映2023年中国钒钛产业发展取得的成绩、存在的问题，提出对策建议。内容包括导言、资源篇、钒业篇、钛金属篇、钛化工篇、智能制造篇和标准篇。报告具有唯一性和全景性，整体反映我国钒钛产业发展情况；介绍钒钛资源及钒钛产业的耦合关系，系统反映中国和世界钒钛资源、产业与发展情况。

本报告由国内钒钛产业专家共同参与撰写，具有较强的权威性、专业性和影响力，是了解和指导我国钒钛产业的重要参考资料。

**图书在版编目(CIP)数据**

中国钒钛产业发展报告. 2024/张邦绪主编. —北京：冶金工业出版社，2024.5

ISBN 978-7-5024-9841-2

Ⅰ. ①中…　Ⅱ. ①张…　Ⅲ. ①钒钛磁铁矿—矿产资源—产业发展—研究报告—中国—2024　Ⅳ. ①F426.1

中国国家版本馆 CIP 数据核字（2024）第 075966 号

**中国钒钛产业发展报告 2024**

---

**出版发行**　冶金工业出版社　　**电　　话**　（010）64027926
**地　　址**　北京市东城区嵩祝院北巷 39 号　　**邮　　编**　100009
**网　　址**　www.mip1953.com　　**电子信箱**　service@mip1953.com

---

责任编辑　曾　媛　美术编辑　彭子赫　版式设计　郑小利
责任校对　石　静　责任印制　窦　唯
北京捷迅佳彩印刷有限公司印刷
2024 年 5 月第 1 版，2024 年 5 月第 1 次印刷
787mm × 1092mm　1/16；20 印张；324 千字；309 页
**定价 998.00 元**

---

**投稿电话　（010）64027932　投稿信箱　tougao@cnmip.com.cn**
**营销中心电话　（010）64044283**
**冶金工业出版社天猫旗舰店　yjgycbs.tmall.com**
(本书如有印装质量问题，本社营销中心负责退换)

# 前　言

做《中国钒钛产业发展报告》（以下简称“《报告》”）是件大事，更是件难事。“大”，在于产业需要；“难”，在于缺少借鉴。同时，钒钛是两种不同的金属，获取路径和用途也不同。甚至全球把“钒钛”并称，说得响、讲得顺的地方，主要集中在我国四川的攀西地区、河北的承德地区、新疆的哈密地区，以及辽宁的朝阳地区等。钒钛是小众金属，社会关注度并不高，要把它们的耦合关系、经济价值、未来发展说清楚也不轻松。

直到 2023 年 7 月 21 日，国家钒钛产业联盟在国家发展和改委委员会、四川省政府的指导下，在攀枝花市、承德市、凉山州、哈密市和攀钢集团有限公司等作为发起人的支持下成立，确立了构建我国钒钛产业发展命运共同体的愿景，有 100 余家钒钛头部和产业链优势企业、高校和科研院所等的鼎力相助，汇智合力，才使得这一凝聚了“产业情结”“强国情怀”和“集体智慧”的《报告》得以面世成真。

钒钛是关键矿产和战略资源，钒钛产业事关国家安全，钒钛产业水平体现一个国家的综合国力，对提升经济和制造业水平具有战略意义。中国钒钛产业发端于战略需要，起源于三线建设。在 20 世纪 60 年代，中国面对严峻的国际政治形势，以及周边紧张局势，甚至是战争威胁，在几乎为零的产业基础上，举全国之力，完全依靠中国人民自己的力量，开发利用钒钛资源，发展钒钛产业，在祖国的战略腹地，建设了以攀钢集团和宝钛集团等为代表的钒钛资源综合利用与钒钛工业体系，并以自立自强的精神和竞争超越的韧劲，推动中国由不能生产钒钛产品到成为全球钒制品、钛金属、钛白粉等制造强国和出口大国，以超大规模的资源储量、超大规模的产能产量、超大规模的市场容量，构建了战略优势。

2023 年，是中国钒钛产业具有里程碑意义的一年。从规模看制造能力，创造四个世界第一。钒制品产量 16.2 万吨，占全球的 68%；海绵钛产量 22 万吨，占全球的 68%；钛白粉产量 420 万吨，占全球的 60%；钛材产量达到 18 万吨左右，占全球的 70%。从进步看保障能力，形成多点突破。最有代表性的是钛材产业，设备进入国产化时代，高端制造能力增强；真空熔炼设备超过 80 台，总产能达到 30 万吨；国产锻造设备进入万吨级时代，实现了质量到成本双可控，高端保障能力显著提升。从产品结构看创新能力，产业迈向中高端。钒电池技术和项目突破，钛材出口总量增加，3C 等新领域应用规模加大，钒钛产品的品质得到全球认可。从进出口看竞争能力，中国钒钛产品跨上了新台阶。2023 年，中国海绵钛进口较 2022 年减少 98.82%；钛材出口较 2022 年增长 204.08%，规模接近 3 万吨，跃升为钛材出口大国。钛白粉出口 164.16 万吨，占总产量比重为 39%，并继续保持增长态势。

中国钒钛产业打造了自主可控、韧性强的产业链供应链体系，能够在各种挑战和考验下，保持资源、生产和产业安全。2023 年，中国经济发展和国防建设需要的主要钒钛产品，都能立足国内生产，形成了龙头企业主导、深耕战略腹地的产业生态。钒钛产业网状梯次布局，规模大、体系强，特别是钛材产业快速发展，形成了“三中心”“十基地”。“三中心”即东北、西南和西北的海绵钛生产中心，中原（陕西、河南）、西部（四川、新疆、云南）的钛材加工中心，长三角、珠三角的钛材应用中心。“十基地”即宝鸡、西-咸、攀西、西北、中原、东北、长三角、珠三角、湖南、云南等钛产业集聚地。

中国钒钛产业为保障国家战略资源和产业安全，为强国强军作出了贡献，也培育了加速型、超大规模的应用市场。中国超大规模的人口基数，完整的工业体系，与世界第一的制造能力耦合，以一般性工业应用为主的消费结构，打牢了产业根基；以制造能力、出口能力和不断拓展的应用领域，壮大自己，带动相关产业发展，已经成为社会经济发展的重要引擎。

展望未来，中国钒钛产业将聚焦战略市场及新兴领域需求，成为我国发展新质生产力的标杆产业，做大做强，构建中国在全球钒钛领域竞争的话语权；中国钒钛，荣耀中国。中国钒钛产业一定能继续谱写新篇章，助力中国制造崛起，强化中国的产业话语权，为世界经济发展和繁荣贡献中国钒钛的力量。

把钒钛放在一起讲，是一种创新的表述方式。要实现全息全貌权威说好中国钒钛产业从哪里来、现在怎么样、未来往哪里去等问题，必须在普遍性中找到独特性，在独特性中找到规律性。《报告》按照导言、资源篇、钒业篇、钛金属篇、钛化工篇、智能制造篇和标准篇的架构，从历史说过来，从资源说开去，发现中国钒钛产业建设发展的独有魅力，也能够看到与全球钒钛产业发展的一致性。《报告》整体成书，篇篇都完整，可以独立成章，也可谓钒钛产业的“清明上河图”；其核心观点是，中国钒钛产业始终坚持责任担当，努力成为社会经济发展的重要支撑和促进力量；世界钒钛产业向中国转移、中国钒钛企业向资源集聚，战略推动产业，需求拉动产业，创新驱动产业，需求激发更大需求，中国钒钛产业正在成为世界级优势产业。

《报告》是在广泛调研、深入研究、反复打磨的基础上形成的。成书过程有喜悦，也充满艰辛。编制《报告》要追求质量和准确，要注重总结深刻、数据准确、预测科学，还要做到有时效性，对产业促进的有效性，努力在多个变量之间找到平衡点；钒钛产业自身复杂，既有资源共生、产业链耦合的共存关系，也存在跨界的产业形态和应用领域，要把其间的关系讲好说透，确实是一件难事；在时间紧、任务重、难度大的情况下，要做到完美有度，则是难上加难。加之编者在学识上、思想上、理解上总有难以企及的广度、高度和深度，《报告》存在瑕疵甚至问题在所难免，欢迎批评指正。对此，我们本着先解决“有没有的问题”，再追求“好不好的问题”原则，以严谨的态度，努力做一个好《报告》，一个对产业发展有推动价值的《报告》，以谦逊的态度，接受建议意见和批评指正。

读者看到《报告》的时候眼前一亮，就是我们心中最美的太阳。《中国钒钛产业发展报告 2024》是蹒步之作，能够对钒钛产业产生推动价值，就是对我们最大的肯定。《报告》在编写过程中，参考借鉴了相关产业协会和学者的研究成果，从中受益良多，在此致以崇高的敬意。让我们携手努力，助力中国钒钛产业高质量发展，为努力成为中国发展新质生产力的标杆产业作出应有贡献。

张邦绪

2024 年 5 月

# 目　录

## 导　言



## 资　源　篇



## 钒　业　篇

## 钛 金 属 篇



## 钛 化 工 篇



## 智能制造篇



## 标 准 篇

# 导　言

钒钛是世界公认的战略资源和关键矿产，钒钛产业对国家经济建设和国家安全具有战略意义。中国钒钛产业伴随着新中国的成立与发展，七十多年来砥砺奋进，以超大规模的资源储量、超大规模的产品供应与消费量，供应链产业链日渐完善，由小到大，由弱到强，为保障国家资源和产业安全作出了应有贡献，已经成为中国经济的重要组成部分和参与国际竞争的重要力量。面对世界格局、竞争形势和产业发展方式的变化与考验，了解中国钒钛产业的成绩和特点，把握发展趋势，锚定新质生产力，推动钒钛产业高端化、智能化、绿色化发展，具有现实意义。

- 第 1 章　三线建设对钒钛产业的里程碑意义
- 第 2 章　中国钒钛产业链的特点
- 第 3 章　中国钒钛产业发展趋势

# 第1章

# 三线建设对钒钛产业的里程碑意义

中国钒钛产业相较于欧美等国家起步较晚，发展模式和发展路径不同。从我国钒钛产业原料主要来源于钒钛磁铁矿的视角，沿着资源综合利用、钒产业、钛化工和钛金属产业发展壮大的足迹，探寻产业源头，符合产业发展实际。其中，始于 20 世纪 60 年代的三线建设，对中国钒钛产业几乎是从零开始到建立起完善的现代化产业体系，有着根本性影响。

## 第一节　钒钛磁铁矿开发与钒钛产业发展

20 世纪 30 年代前后，中国地质学家孙建初、王曰伦和常隆庆、刘之祥，分别在河北承德、四川攀枝花地区发现钒钛磁铁矿。新中国成立前，我国超百亿吨的钒钛磁铁矿资源沉睡亿年，难以有效开发利用。

1949 年 10 月，中央人民政府重工业部在《科学技术通讯》创刊号，发表了王金堂的论文《提炼钒与钛试验成功》，记载了我国钒钛磁铁矿开发利用的重要成果；1953 年 5 月 15 日，我国同苏联签订了援助中国建设 141 项工矿企业协议书（后增加到 156 项），将开发利用承德地区大庙钒钛磁铁矿、建设双塔山选矿场纳入“156 项工程”之中；1958 年上半年，我国著名的冶金学家、炼铁专家李公达等到达河北承德地区，指导承德钢铁厂建设了一座 0.5 立方米的小高炉，开展钒钛磁铁矿冶炼试验研究；1959 年，承德钢铁厂利用钒钛磁铁矿冶炼出中国第一炉含钒铁水，1960 年生产出中国第一炉钒渣，为中国钒产业发展作出历史性贡献。

1964 年 11 月 30 日，冶金工业部决定在承德钢铁厂为攀枝花钒钛磁铁矿高炉冶炼做“模拟试验”。1964 年 12 月 10 日，冶金工业部从全国抽调的试验人员来到承钢。先后到达的专家和技术人员共 108 人，承钢 70 多名干部和工人参加试验。经过反复攻关和在西昌中试、首钢工业化试验中取得成功，打通了用普通高炉冶炼高钛型钒钛磁铁矿技术路径，为攀枝花钒钛钢铁基地建设奠定基础，也使承德钢铁厂成为中国钒钛磁铁矿冶炼技术的发祥地。1965 年 3 月，党和国家为备战、改变中国钢铁工业布局，决策建设攀钢、开发攀西资源，加快了中国钒钛磁铁矿综合利用步伐。经过近六十年的创新突破，中国钒钛磁铁矿综合利用技术达到世界领先水平，攀枝花已成为我国钒钛磁铁矿综合利用原创技术策源地。

中国钒钛钢铁共生、产业链耦合的产业生态世界独有。目前，我国钒钛磁铁矿综合利用为钒产业提供了 81%的钒原料，是钛产业的最主要原料来源，为国家钒钛资源与产业安全打牢了基础。

## 第二节　三线建设为中国钒钛产业奠基

### 一、钛化工产业发展

1955 年，我国开始进行用硫酸法生产钛白粉的系统研究；1956 年，开始在上海、广州、天津等地生产非颜料钛白，用于搪瓷和电焊条生产；1958 年，我国制成涂料用 A 型钛白粉；1967 年，初步掌握硫酸法制 R 型钛白粉技术；1993 年，核工业 404 厂建成了年产 1.5 万吨的生产线，我国钛白粉生产进入万吨级阶段。1994 年，辽宁锦州铁合金厂（现中信钛业）通过技术引进及消化，建成首套 1.5 万吨/年氯化法装置，我国实现了硫酸法与氯化法“双法”齐飞的生产格局。21 世纪以来，伴随钒钛磁铁矿综合利用深化带来的钛精矿产量增加，以及市场需求的持续放大，我国钛白粉工业快速发展，诞生了龙佰集团、中核钛白、攀钢集团等龙头企业。2023 年，我国的钛白粉年产能已增至 520 万吨，全球占比约为 58%，钛白粉产量 420.34 万吨，同比增长 7.4%，全球占比 60%以上；2023 年，中国累计出口钛白粉 164.16 万吨，占总产量比重为 39%，成为全球钛白粉第一国。

### 二、钛金属产业发展

1954 年，国家制订《1956—1967 年科学技术发展远景规划纲要（草案）》，

《纲要》包括 57 项“国家重要科学技术任务”，其中一项是“钛冶金及其合金系统的建立”，标志着钛金属产业的起步；1956 年初，国家向北京有色冶金设计总院和抚顺铝厂下达《钛大型试验场设计任务书》，计划建设年产 60 吨的海绵钛试验车间；1958 年 3 月，冶金部建议将包括钛在内的 64 种有色金属全部研制出来，得到了党和国家领导人的肯定和支持，国家在有色金属研究院建成了 10 公斤海绵钛扩大试验场；1959 年 3 月，抚顺铝厂炼出我国第一批海绵钛产品，当年生产 60 吨，填补国内空白；1964 年 10 月，党和国家决定在西南与西北建设海绵钛生产厂和钛材为主的稀有金属加工研发与生产基地，实施“09 工程”，“906”厂（现“遵义钛业”）和在陕西宝鸡建设的“902”厂（现宝钛集团），是国家“09 工程”配套建设重点企业。遵义钛厂计划建设 1000 吨规模，实际上建设 800 吨生产能力，与当时美国、日本的海绵钛厂规模相当，是“共和国之最”。1970 年 9 月 17 日，遵义钛厂生产出第一炉海绵钛，实现了钛系统全流程投产；宝钛集团于 1965 年 3 月破土动工，边建设边投产，1967 年开始出产品。同期，上钢五厂和抚顺钢厂以钛钢结合模式生产钛加工材。这些海绵钛和钛材企业，构建了我国钛金属产业的基本格局。2011 年，中国生产海绵钛 6.5 万吨，钛材 5.1 万吨，均占世界总产量的 30%以上，居于世界第一，成为世界最大的钛金属生产和消费国。

2023 年，中国生产海绵钛 22 万吨，钛材达到 18 万吨左右。其中，海绵钛约占全球产量的 68%，钛材约占全球产量的 70%。值得一提的是，三线建设企业宝钛集团钛材产量达到 4.49 万吨，全球第一。

## 三、钒产业发展

1972 年，攀钢雾化提钒投产，中国钒产业实现规模化生产；1980 年，中国由钒进口国，变成钒出口大国，并一直保持着世界最大产钒国、钒消费国的地位。2023 年，中国钒产能 24.1 万吨，产钒（以 $V_2O_5$ 计）16.2 万吨，占全球的 68%。

在全球和国内钒产业占据重要地位的攀钢集团是三线建设企业。2023 年，攀钢集团生产 4.98 万吨五氧化二钒当量的钒制品，构建了全产业链，产品形成系列化，规模全球第一。同时，全国多家重点钒生产企业的技术来源，与攀钢集团对攀西钒钛磁铁矿综合利用技术有着重要关联性，三线建设为我国钒钛产业发展和打造世界优势起到了重要的奠基作用。

## 第三节　从战略保供到竞争突破

攀钢提钒和宝钛产钛，均源于国家战略需求，使命是保障战略资源供给。在 20 世纪的相当一段时间里，中国钒钛产业受应用领域少、需求不足、关键核心技术有待突破等影响，产量规模和应用规模一直在低位徘徊。以钛金属产业为例，直到 2000 年，我国海绵钛和钛材产量才达到 2000 吨的水平；进入 21 世纪后，特别是 2004 年以后，受需求增加影响，中国海绵钛需求缺口加大，价格快速上涨，吸引海绵钛厂商扩产，民营资本迅速进入；2005 年，中国海绵钛产量近 1 万吨；2008 年，全国海绵钛产能达到 7 万吨，海绵钛产量达到 4.96 万吨，规模居世界第一。伴随着产业创新、产量规模增加和市场需求放大，中国钛材加工业供应链产业链构建快速发展，已形成采选、冶炼、加工、应用和研究等完整的工业体系，战略保供和市场竞争能力双提升。2023 年，海绵钛和钛材规模再上新台阶，钛应用规模持续放大，应用领域持续增加，且在自主可控、高端替代方面取得重大进展，支撑了产业在竞争中发展。

# 第2章

# 中国钒钛产业链的特点

## 第一节　钒钛产业的中国特色

**（1）中国式超越。**“三线建设”是国家重大战略，党和国家举全国之力发展钒钛产业，为钒钛产业打牢基础，基本构建形成中国钒钛产业格局，实现中国式超越。战略式推动，把物质力量和精神力量相结合，能够创造奇迹，而把战略目标与资源耦合，既满足战略需求，又符合产业规律，推动产业快速崛起，则是中国式智慧。例如，国家决策把建设攀钢放在攀西这个战略腹地，把战略决策与攀西资源相结合，构建了中国在世界钒产业格局的中心地位，也为钛资源和钛金属产业播下种子，使攀西成为“中国钒钛之都”和中国钒钛产业与钒钛经济的重要源头。2023 年，攀西的钒制品规模达到 8.01 万吨，占全国的 50%，占全球的 33.7%；攀西钛精矿产量达到 687 万吨，占全国的 77.72%。宝鸡地区本无钛，因国家战略需要建设的宝钛集团，在国家战略和国家力量的推动下建设发展，成为世界最大的钛材加工基地。因国家战略缔造的钒钛产业，成为国家实施战略的重要保证，也成为中国钒钛产业的重要特征。

**（2）龙头带动构建生态。**攀西地区和承德地区的钒企业，主要围绕攀钢集团和承德钒钛等钒钛资源综合利用企业聚集；宝鸡地区的钛材企业，主要围绕宝钛集团成长，并形成了世界独一无二的产业生态；新疆哈密地区逐渐成为我国钛金属产业的重要一极，是新疆湘晟发展和产业链不断延展的结果。龙头企业促进产业集聚，产生“溢出效应”，为产业提供了市场、技术、人才和产业氛围，加快了钒钛产业特别是钛金属产业的分工步伐和细分强度，强化了供应链覆盖能力和产业链韧性，形成产业生态。同时，国资企业的稳定性与民营经济的灵活性“联动”，中央企业、地方国企和民营企业的组合模式，催生和释放产业动能，中国钒钛产业以“世界工厂”方式满足世界对钒钛产品的一般性需求，为迈向产业链顶端做好了准备、实现高端化发展铺设了道路。

**（3）承接成果迅速壮大。**中国钒钛产业围绕龙头发展，龙头企业在人才、技术、市场等方面的优势，成就了自身发展，也以产业“成果”方式，转化为新技术诞生的重要根源和新产品开发的主导基因。在国内钒产业，很容易发现“攀钢”和“承钢”印迹；国内海绵钛和钛材产业，有着强烈的“抚铝”“遵钛”和“宝钛”基因；在当前的钒电池储能产业中，能够找到大连化物所、中科院金属所、清华大学以及中国工程物理研究院等元素。这些成果的承接与转化，包括创业初期的联姻、成果诞生后的转化、创新后的入股等多元化融合，体现出技术创新与应用的完美转化，形成了中国钒钛产业发展不可复制的优势。

## 第二节　钒钛产业链

### 一、钒应用及钒产业链

我国是世界上具有完整工业体系和生产能力的世界第一大钒工业国，钒工业体系主要由钒钛磁铁矿开采/高炉冶炼/转炉提钒以及石煤开采提钒、钒二次资源回收利用，以及原料加工、合金生产和应用等环节构成。钒工业在把制造业提升到世界价值链更高层次和保障能源转型战略实施方面，均起着重要作用，见图 2-1。

**上游产业链**包括钒钛磁铁矿、钒页岩（俗称石煤）等资源开采加工，钒渣的生产，以及包括含钒固废等二次资源等的利用；**中游产业链**包括偏钒酸铵和氧化钒的生产，以及以偏钒酸铵、氧化钒为原料生产钒铁、钒氮、氮化钒铁和钒铝合金、金属钒；**下游产业链**包括含钒钢材、钛合金、钒合金、钒系催化剂、储能用钒电解液、含钒颜料。

从钒产品应用的主要领域方面，可将钒产业分为合金（金属）产业链和化工产业链。其中钒合金（金属）产业链，主要利用包括氧化钒在内的中间原料，生产钢铁领域用钒铁、钒氮及氮化钒铁合金，钛材领域用的钒铝等中间合金，以及钒基金属材料用的金属钒。钒化工产业链则利用中间原料生产钒系催化剂、钒电解液和钒颜料等产品。

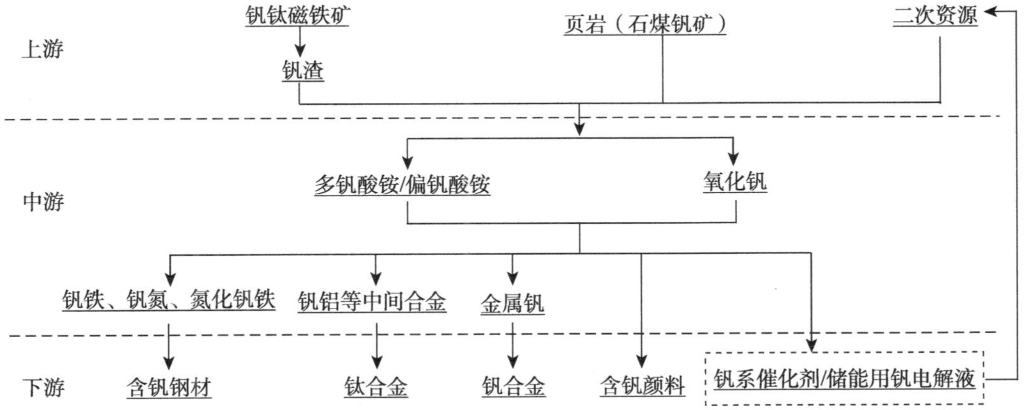


图 2-1 中国全钒产品产业链

## 二、钛应用及钛产业链

我国钛工业体系完整、钛规模世界第一。钛工业体系由钛矿开采、选钛、钛渣、钛白粉、海绵钛、熔铸钛锭、钛及钛合金材成形（钛板、钛棒、钛管、钛丝）、钛材应用等构成，见图 2-2。

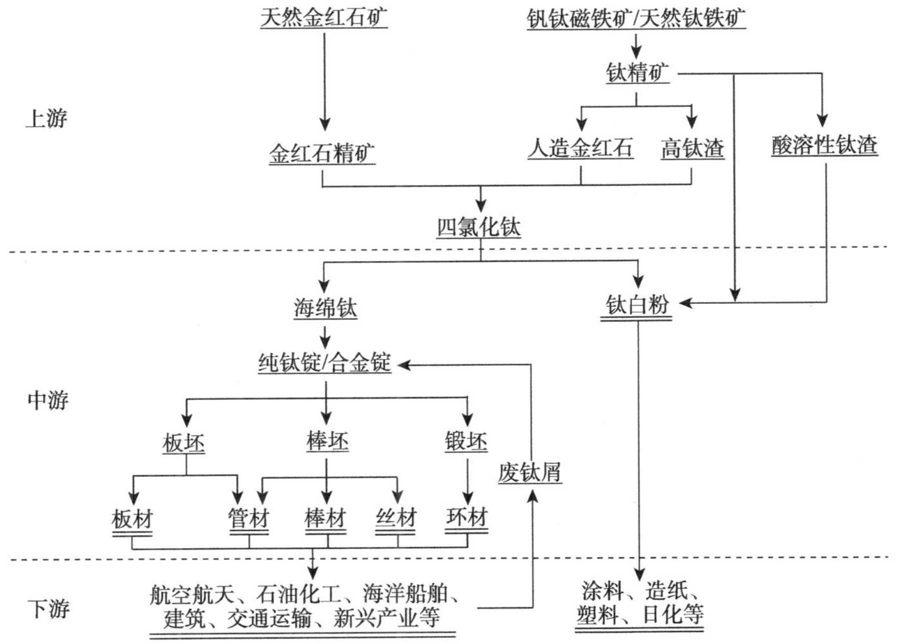


图 2-2 中国全钛产品产业链

**上游钛产业**，包括钒钛磁铁矿、天然钛铁矿及金红石等钛矿资源开采加工，以及以钛精矿为原料的钛渣、人造金红石生产；**中游钛产业**，包括钛金属产业链和钛化工产业链，钛金属产业链包括海绵钛、熔铸钛锭、钛及钛合金（锻件、坯棒板管线丝材、钛粉末等）加工、废钛金属资源循环利用等；**下游钛产业**，包括钛及钛合金零部件，如应用于航空航天、石化、冶金、核电、舰船、海水淡化、汽车、建筑、体育、医药等领域；钛白粉应用于涂料、塑料、造纸和油墨，以及电焊条、电子陶瓷等行业。

## 第三节　钒钛产业的战略地位

钒钛是小金属，但却是衡量一个国家科技实力和综合国力的重要指标。为此，钛金属被美国、日本和欧洲诸国列为重要战略资源管控，对生产制造技术严格控制；美国的智囊机构把“钛经济”称为美国工业复兴的秘密武器。发展钒钛产业和钒钛经济具有战略意义，第一，钒钛资源和产业安全事关国家安全，产业发展的重要性不容忽视、不能打折扣，从战略保供上看钒钛产业，不能缺少、不可替代；第二，钒钛产业支柱性特征明显，对社会经济发展具有强大的带动作用，如发展航空航天用的钛材等关键材料，推动高端应用和关键替代，会成为战略性新兴产业和新的经济增长点；第三，钒钛经济和打造钒钛经济地理中心，是对钒钛产业和钒钛经济的整体提升，引擎作用巨大，同时，中国钒钛产业对世界有着重要影响。中国完善的钒钛供应链产业链，是稳定全球产业链、供应链的关键力量。由全产业链的生产制造模式和由超大规模生产带来的成本分摊与下降，匹配中国超大的市场规模，将推动中国成为世界钒钛供应链纽带和价值链枢纽，创造更大的价值。

# 第3章

# 中国钒钛产业发展趋势

钒钛产业作为战略性新兴产业，其自身拥有的特性和产品功能，决定了钒钛产业具有保障性和竞争性双重特征。

## 第一节　践行战略与竞争发展

占据战略资源并占据产业链顶端，历来是大国博弈的焦点。我国处于百年未有之大变局，在欧美等国家逆全球化下的大背景下，钒钛产业在资源版图、关键技术和重要产品等领域的角逐难以避免。我国钒钛产业面临三大任务。从战略层面看，资源是基石，产业链的韧性和竞争力是关键，钒钛产业要承担战略保障任务，为国家安全作贡献。本报告全面分析了我国钒钛产业资源、产业发展和产业链方面的优势和不足，期待能够从战略视角审视产业，推动产业加快发展；从战术层面看，技术是关键，钒钛产业要担当起突破核心技术的创新任务。钒钛是高技术产业，钒钛利用和应用体现综合国力。我国钒钛领域还存在“清单”式关键技术需要突破，随着钒钛被列入国家重大专项，重大关键核心技术持续进步，很多高端应用不断国产化，满足了国家战略之需。值得关注的是，要追求局部突破，还要追求整体提升和价值创造。目前，我国钒钛产品特别是钛材产品还有很多处于产业链的低中端，产业的价值没有得到充分发挥，在国际上的影响力和话语权还需要增强。钒钛产业需要把技术突破带来的提升，转化成到达产业链顶端的实力，以增强钒钛产业的国际竞争力；从经济层面看，钒钛产业要承担构建万亿级高端产业链的发展任务。钒在储能领域的应用，事关钒产业的未来；钛产业对航空航天、国防军工用材的保障程度、在民用领域的应用广度和规模，直接影响钒钛产业的战略地位和经济价值，这是钒钛产业发展的重要任务和基本发展趋势。

## 第二节 产业向资源集聚

世界钒钛产业向中国转移，中国钒钛产业向资源富集区集聚。中国钒钛产业的产业链理念和资源的吸引力正在不断增强，产业向资源集聚的趋势越来越强。攀西地区拥有丰富的钒钛资源，诞生了攀钢集团、龙佰集团、钢城集团、安宁股份和攀云钛等钒钛企业，产业向超大规模发展，产值向千亿级迈进；承德地区依托钒钛磁铁矿，拥有承德钒钛、承德建龙、天大钒业等钒企业，是中国钒产业的重要一极；宝鸡西安地区、新疆哈密地区和辽宁朝阳地区等，携产业基础、技术优势和供应链产业链优势，以宝钛集团、西部超导、西部材料、新疆湘润、金钛股份等为龙头，成为具有世界影响力的钒钛产业集聚区。由此构建而成的供应链产业链特点突出，完整度和韧性接近或达到世界领先级，已经能够满足国家对高端原料、高端材料和对高端产品的需求，造就着领跑世界的新优势。

## 第三节 产业链向高端迈进

推动钒钛产业高端化发展，延链补链强链是国家战略。国家高度重视保障钒钛战略性矿产资源生产供应，2013 年在攀西设立全国首个，也是目前唯一的战略资源创新开发试验区，把钒钛列入国家重大专项，集中力量搞攻关突破，相关部委和省市支持成立国家钒钛产业联盟，旨在从国家和产业层面构建钒钛产业发展命运共同体，突破关键核心技术，助力钒钛产业高质量发展。各地政府把钒钛产业发展作为工业强省、工业强市、强州的重要措施，加强对钒钛产业指导和政策支持，推动钒钛产业链、产业带和产业生态构建。四川省发布《关于促进钒钛产业高质量发展的实施意见》和《四川省钒钛钢铁及稀土产业高质量发展指南》，把钒钛作为特色优势重点培育，攀枝花市制定实施《“中国钒电之都”——攀枝花市钒电池储能产业发展规划（2023—2030 年）》《世界级钒钛产业基地建设实施方案（2023—2027 年）》；河北省专门制定《关于支持承德国家钒钛产业基地建设实现钒钛产业高质量发展的意见》《关于支持承德钒钛产业高质量发展的意见》等，凉山州、哈密市、内江市等，都对发展钒钛产业提出了规划和行动方案。宝鸡市把钛产业发展目标放得更高更远，成立工作专班，制定《宝鸡市钛及钛合金产业链高质量发展行动方案》等。产业和企业要保障国家重点项目需要、保持发展竞争力、追求经济效益最大化的使命感和危机感，促进企业把工作重点放在创新突破上，迈向产业链中高端已成为公司要解决的迫切问题。同时，钒钛产业链供应链间的协同持续加快，2023 年，攀钢集团与陕钢集团在钒钛磁铁矿冶炼方面合作，承德钒钛与北京普能、承德建龙与北京绿钒在钒电池储能方面牵手，西部超导和西部材料战略入股金钛股份、天大钒业进行“链上合作”，钒钛产业链共建、共建创新生态、融通发展，加快了钒钛产业迈上产业链中高端的步伐。

## 第四节　联盟与协会将发挥重要作用

2023 年 7 月 21 日，由国家发改委和四川省支持的国家钒钛产业联盟（NAVTI）在成都成立。联盟秉承“打造钒钛产业发展命运共同体”的愿景，坚持“政策集成、要素集聚、产业集群”的目标定位和“科技创新、产业协同、成果转化”的功能定位，致力于科技共研、问题共解、资源共享、优势互补、合作共赢，旨在助推我国钒钛产业自立自强、自主可控、高质量发展，为保障国家钒钛等战略矿产资源生产供应作贡献。7 月 23 日，河北省钒钛行业协会成立，国家钒钛产业联盟积极发挥作用，促成了与四川省钒钛钢铁产业协会间的南北呼应、合作共进。同时，推动四川攀枝花、凉山州、内江与河北承德、新疆哈密和喀什等交流、互学互鉴，构建了“多边会谈”机制，形成了难得一见的共助产业发展格局。10 月 18 日，由河北省工信厅、承德市人民政府等主办的“中国・承德 2023 年钒钛产业链对接大会”和由国家钒钛产业联盟主办的“中国钒钛论坛承德峰会”在承德市同期召开，会议“聚焦钒钛优势资源，协同构建产业生态”，共研产业发展。11 月 24 日，由国家钒钛产业联盟主办的中国钒钛论坛暨钒钛资源综合利用战略研讨会在攀枝花市召开。论坛和峰会以“钒钛强国”为重要目标，搭建产、学、研、用、金交流平台，促进产业链对接，推动产业协同和企业合作。同时，联盟和相关协会，积极为钒钛产业咨政献策，推动钒钛资源集聚地政府间交流、企业合作与技术突破，为产业提供资讯与信息服务，在助推产业高端化、智能化、绿色化高质量发展上发挥了重要作用。

# 资源篇

中国以超大规模的钒钛资源储量和独具特色的资源禀赋，为钒钛产业发展奠定了坚实的基础。中国已经成为世界上最大的钒钛磁铁矿及钒页岩（俗称石煤）资源开发、最大的钒制品、钛化工和钛金属生产国。

# 第4章 钒资源情况

钒约占地壳质量的0.02%，主要是和金属矿如铁、钛、铀、钼、铜、铅、锌、铝等矿产共伴生，或与碳质矿、磷酸盐矿共生。在开采与加工这些矿石时，钒作为共生产品或副产品予以回收。

## 第一节 钒资源及其分类

钒资源一般指钒矿资源。钒矿常指含有氧化钒的矿物，主要包括钛铁矿、钒钾铀矿、钒云母、绿硫钒矿、硫钒铜矿等天然钒资源，以及钒渣、含钒冶炼渣等人造钒资源。

作为钒原料，工业上应用较多的天然钒资源是钒钛磁铁矿、钒页岩，人造钒资源应用较多的是钒渣。

### 一、钒钛磁铁矿是主要的钒资源

含钒较高的原矿石或钒钛铁精矿可直接作为提钒原料，也可将钒钛铁精矿经高炉冶炼成含钒铁水后，再进行氧化吹炼得到钒渣，作为生产钒产品的原料。钒钛磁铁矿原矿石虽然含钒较低（一般含0.2%～2.7% $V_2O_5$），但它储量大、分布广。中国四川攀枝花–西昌地区（简称攀西）、河北承德地区、新疆哈密与喀什地区、辽宁朝阳地区，以及国外南非的布什维尔德地区、俄罗斯的乌拉尔地区、芬兰的奥坦梅基地区等，都有储量丰富的不同品位的钒钛磁铁矿。新西兰、澳大利亚、挪威、瑞典、美国、印度、加拿大、菲律宾、波兰、智利、巴西等国家，也都储藏有钒钛磁铁矿资源。

## 二、钒页岩是我国独有的一种钒资源

钒页岩（俗称石煤）的本质是一种炭质页岩，通常由浅海相沉积物在还原环境下经高温和压力作用形成。钒页岩中钒含量通常在 0.2%～1.5%，其特点是发热量低、灰分高，除含碳外，还含有钒、铁、铝、钾、硅、磷等多种元素，属于难选难冶的低品位多金属矿产，是生产钒产品的重要原料之一。我国钒页岩资源储量较丰富，国外仅美国、澳大利亚、俄罗斯、瑞典等少数国家有储量偏低的页岩类钒资源。

## 三、钒钾铀矿

钒钾铀矿主要蕴藏在美国科罗拉多高原和新墨西哥州四角地区，矿石中 $V_2O_5$ 含量为 0.5%～1.5%。此外，意大利、墨西哥和土耳其也有此类钒资源。

## 四、其他钒资源

钒与铜、铅、锌的硫化物共生的复合钒酸盐矿，其 $V_2O_5$ 含量为 0.2%～0.5%，主要产于纳米比亚的欧塔维、赞比亚的布罗肯山、美国南部亚利桑那州、墨西哥和阿根廷等地。

磷酸盐岩产于美国爱达荷、犹他、蒙大拿和怀俄明州，其 $V_2O_5$ 含量为 0.5%～1.5%。这种矿石生产磷和磷肥时的副产物磷铁作为提钒原料。

原油、沥青岩等燃烧灰渣中钒含量较高，已成为重要的钒资源。美国等国家将此作为提钒原料的主要资源之一，中国已经有厂家利用石油渣和石油焦进行提钒；此外，铝土矿中 $V_2O_5$ 含量通常为 0.001%～0.35%，在拜尔法生产氧化铝时钒进入铝酸钠溶液，可从中予以回收。

主要的钒矿种类及资源产地情况见表 4-1。

**表 4-1 主要的钒矿种类及资源产地情况**

| 钒矿种类 | 化学式 | 主要产地 |
|---|---|---|
| 钒钛磁铁矿 | $TiO_2 \cdot FeO \cdot (Fe,V)_2O_3$ | 南非、俄罗斯、中国、美国、芬兰等 |
| 钒钾铀矿 | $K_2O \cdot 2U_2O_3 \cdot V_2O_5 \cdot 3H_2O$ | 美国 |
| 钒页岩 | $2K_2O \cdot 2Al_2O_3(Mg,Fe)O \cdot 3V_2O_5 \cdot 10SiO_2 \cdot 4H_2O$ | 中国 |

续表 4-1

| 钒矿种类 | 化 学 式 | 主 要 产 地 |
|---|---|---|
| 绿硫钒矿 | $V_2S_n$ ($n$=4～5) | 秘鲁 |
| 硫钒铜矿 | $2Cu_2SV_2S_6$ | 澳大利亚、美国 |
| 方硫铁镍矿 | $(Fe,Ni,V)S_2$ | 秘鲁 |
| 磷酸盐钒矿 | $Ca_3((P,V)O_4)_2$ | 美国 |
| 钒铅矿 | $Pb_5(VO_4)_3Cl$ | 墨西哥、美国、纳米比亚 |
| 钒铅锌矿 | $(Pb,Zn)(OH)VO_4$ | 纳米比亚、墨西哥、美国 |
| 铜钒铅锌矿 | $4(Cu,Pb,Zn)O{\cdot}V_2O_5{\cdot}H_2O$ | 纳米比亚、墨西哥、美国 |

资料来源：中国地质调查局成都矿产综合利用研究所。

## 第二节 全球钒资源概况

### 一、全球钒资源储量

全球钒资源储量丰富。根据美国地质调查局（USGS）最新资料显示，全球钒矿储量（折金属钒）约 6300 万吨（不含钒页岩资源）。其中，已认定、符合当前采掘和生产相应要求的钒矿储量约为 2600 万吨。近年来，不断有新的钒矿资源被发现，2015 年全球钒矿储量（折金属钒）为 1640 万吨，截至 2022 年末，全球钒矿储量（折金属钒）已经达到 2600 万吨（不含钒页岩资源），同比增长 55.88%。

### 二、钒资源储量分布及禀赋

据美国地质调查局（USGS）最新统计，全球已探明钒矿储量主要分布在中国、南非、俄罗斯、澳大利亚、巴西、美国等少数国家和地区，即集中分布在非洲南部、北美洲和亚太等地区，超过 98%的钒矿储量集中在中国、澳大利亚、俄罗斯、南非、巴西、美国等国家。其中，中国储量（折金属钒）达 950 万吨（不含钒页岩资源），占比约为 37.2%，澳大利亚储量达 740 万吨，占比约为 28.9%，其他国家储量分别为 500 万吨、350 万吨、12 万吨、4.5 万吨，见表 4-2。

表 4-2　2022 年全球主要国家钒储量分布及所占比例

| 国家 | 中国 | 俄罗斯 | 南非 | 澳大利亚 | 美国 | 巴西 |
|---|---|---|---|---|---|---|
| 储量/万吨 | 950 | 500 | 350 | 740 | 4.5 | 12 |
| 占比/% | 37.2 | 19.57 | 13.70 | 28.9 | 0.17 | 0.46 |

数据来源：USGS。

# 第三节　中国钒资源概况

根据《矿产品概要 2023》统计，2022 年中国钒储量占全球钒储量的比例为 36.54%，排名全球第一。我国钒资源主要赋存于钒钛磁铁矿和石煤中，主要分布在四川、河北、广西、甘肃和湖北等地。其中，四川省攀西地区钒资源储量最大。

## 一、钒钛磁铁矿中的钒资源情况

我国钒钛磁铁矿床分布广泛，四川攀西地区钒钛磁铁矿资源量极为丰富，且集中分布于攀枝花至西昌一带，是我国最大的钒钛磁铁矿区，包括攀枝花、红格、白马、太和四大矿区以及外围中小矿床，共查明大中型矿床 70 余处。

河北承德钒钛磁铁矿资源储量丰富，主要类型有大庙式钒钛磁铁矿、铁磷矿和超贫钒钛磁铁矿三种；河北承德大庙–头沟一带斜长岩杂岩体是我国北方最主要的钒钛磁铁矿富集区。目前在岩体内已发现黑山铁矿、东大洼铁矿、大乌苏南沟铁矿等三处超亿吨大型矿床；承德超基性岩型超贫钒钛磁铁矿主要沿红石砬–大庙–娘娘庙深断展布，主要的大型超贫钒钛磁铁矿均赋存在铁马、孤山子、娘娘庙等超基性岩体中。

## 二、钒页岩中钒资源情况

钒页岩是我国的优势钒资源，储量巨大，储量占国内钒资源总量的 87%。据《南方石煤资源综合考察报告》报道，湖南、湖北、江西、贵州、安徽、河南、陕西、广东、广西等 10 省、自治区的石煤总储量为 592.6 亿吨，其中探明的储量为 41.2 亿吨，综考储量为 551.4 亿吨，见表 4-3。随着勘探工作的不断深入，石煤的总储量及钒的赋存含量数据也在不断地发生变化。

表 4-3 中国主要石煤中的钒资源情况

| 石煤产地 | 含钒矿物 | 矿石中含量/% | $V_2O_5$ 含量/% | $V_2O_5$ 分配率/% |
|---|---|---|---|---|
| 浙江诸暨 | 含钒云母 | 17.0 | 5.66 | 89.9 |
| | 含钒高岭石 | 1.2 | 6.5 | 7.4 |
| | 含钒石榴子石 | 0.5 | 3.6 | 1.7 |
| 湖北广石崖 | 含钒水云母 | 12.55 | 3.97 | 89.29 |
| | 炭质 | 53.02 | | |
| | 石英 | 17.16 | | |
| | 白云石 | 6.81 | 0.005 | 0.05 |
| | 黄铁矿 | 3.33 | 0.003 | 0.02 |
| 江西皈大 | 钒云母 | 0.78 | 37.50 | 33.91 |
| | 含钒水白云母 | 8.53 | 4.41 | 43.52 |
| | 含钒钡水云母 | 17.01 | 0.65 | 12.85 |
| | 石英 | 51.65 | 0.0075 | 0.46 |
| | 炭质 | 5.22 | 0.65 | 3.94 |
| 浙江鸿鸟 | 黏土 | 33.7 | 1.48 | 17.4 |
| | 钙钒榴石 | 2.1 | 24.86 | 57.7 |
| | 钒钛矿 | 1.0 | 33.66 | 37.1 |
| | 橙钒榴石 | 1 | 59.6 | 20.8 |
| 甘肃某地 | 含钒高岭石 | 2 | 2.79 | |
| | 含钒氧化铁矿物 | 6 | 0.48 | 10.9 |
| | 含钒云母类矿物 | 10 | 5.55 | 79.6 |
| | 含钒电气石 | 1 | 8.42 | 9.2 |

## 三、人造钒资源

人造钒资源主要指钒渣以及钒产品生产过程中副产的含钒二次资源。

### （一）钒渣

钒渣是对含钒铁水在氧化吹炼过程中得到的富含氧化钒的炉渣，是冶炼和制取钒合金和金属钒的原料。

据国家钒钛产业联盟数据库，2019 年我国钒渣产量突破百万吨大关，2023 年钒渣产量 164.8 万吨，见图 4-1。国内生产钒渣的企业比较集中，四川有攀钢、川威、德胜和达钢，河北有承德钒钛和承德建龙，近几年玉昆钢铁、新疆大安、水钢也有布局。

图 4-1　2014—2023 年中国钒渣产量变化

数据来源：国家钒钛产业联盟数据库

### （二）含钒二次资源

中国是世界上最大的含钒二次资源生产和消费国之一，含钒二次资源主要为含钒固废。含钒固废种类繁多，但总的来说，含钒固废根据其来源可分为两大类：一是自然界中的含钒源（如钒钛磁铁矿、含钒页岩、含钒原油等）在加工过程中产生的，主要有含钒冶炼渣（含钒钢渣等）、提钒尾渣、含钒飞灰和含钒污泥；二是含钒制品在使用过程中产生的，如含钒废催化剂。不同来源的含钒二次资源性质差异较大，了解含钒二次资源的来源、性质对回收利用与环境资源可持续发展有重大意义。

# 第四节　中国钒资源需求与保障情况

## 一、钒资源消费情况

经报告编制组测算，2023 年全球钒资源在钢铁、钛合金、化工和储能领域的消费量约 20.22 万吨，各领域的消耗占比分别约为 81.2%、6.8%、5.2%和 6.8%，见图 4-2。与 2022 年对比，钒在钢铁领域的消费占比有所下降，在钛合金、化工，特别是储能领域的占比都有所增加。随着全球粗钢产量继续减少和储能需求增加，预计 2024 年钒在钢铁领域的占比可能会继续减少，储能领域占比将持续增加。

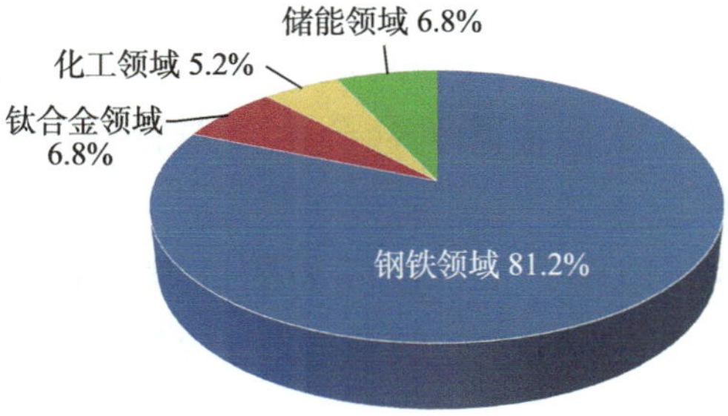


图 4-2 2023 年全球钒资源消费结构
数据来源：国家钒钛产业联盟数据库

2023 年，中国钒资源消费量约 11.48 万吨，占全球的 57%，是全球消费大国。在钢铁领域中的应用占比为 80.5%，钛合金领域占比为 4.4%，化工、催化剂领域和储能领域分别占 4.2%和 10.9%，见图 4-3。

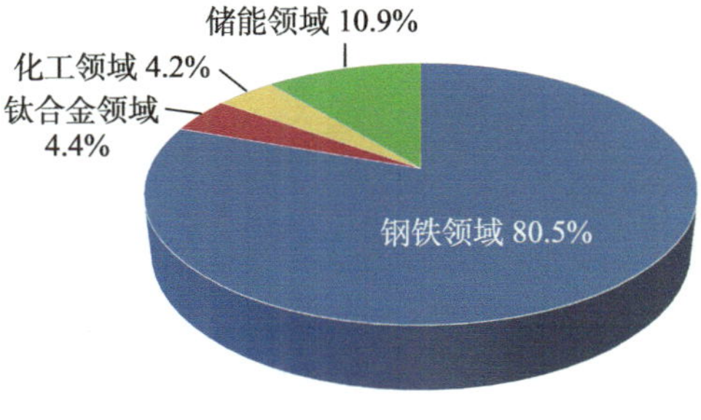


图 4-3 2023 年中国钒资源消费结构
数据来源：国家钒钛产业联盟数据库

## 二、钒资源保障情况

中国是钒资源大国，储量世界第一，也是全球最大的钒产品生产国和消费国。钒钛磁铁矿综合利用流程副产的钒渣等钒原料，可为我国钒需求提供坚实保障。含钒固废的二次利用，可实现有价值元素的循环利用；从储量极为丰富的石煤中提取钒资源，是对钒市场供需的有益补充。按照 2023 年可经济开采的资源储量计算，现有钒资源预计可保证我国使用至少 600 年，即使钒储能项目按照预设的装机规模快速扩张建设，现有钒资源预计也可保证我国持续使用 300 年以上。

我国的钒产业已形成良好的“内循环”。中国是钒产品生产大国，钒产品在钢铁工业中的用量占其产量的 81%左右。目前，钒产业对钒原料的需求处于相对稳定平衡状态，钒渣等人造钒原料产量较大，供应充足稳定，能够满足钒铁合金、钒氮合金等钒合金生产对钒原料的需求，即我国钒产业链已形成“内循环”。

用于储能市场的钒电池产品，正成为最具潜力的钒产品新市场。1 吉瓦的钒电池功率约可拉动 0.8 万吨五氧化二钒产品需求。在现有钒钛铁精矿高炉—转炉流程提钒产能不变条件下，所需的五氧化二钒产品可完全由钒钛铁精矿非高炉流程提钒、石煤提钒工艺技术进步的提钒产能增加来弥补。因为，目前全国钒钛铁精矿的产能和产量均是过剩的，且石煤提钒工艺和产能也未充分发挥出来。

综上所述，我国的钒资源可完全保障相关产业对钒资源的需求，能实现钒资源的持续可靠供应。

# 第5章 钛资源情况

## 第一节 钛资源及其分类

钛资源一般指钛矿资源。而钛矿常指含有氧化钛的矿物，主要包括天然钛铁矿、天然钛磁铁矿、钒钛磁铁矿、天然金红石等天然钛资源，以及经过人为加工过程生产的钛精矿、钛渣、人造金红石等人造钛资源。

依据中国自然资源部（2016）划分方案，钛矿（应为天然钛矿）类型划分为原生钛（磁）铁矿型、钛铁砂矿型、金红石型和金红石砂矿型四类。

天然钛铁矿、天然钛磁铁矿、钒钛磁铁矿属于原生钛（磁）铁矿型，天然砂矿钛铁矿属于钛铁砂矿型，天然金红石属于金红石型或金红石砂矿型。天然钛资源常指钒钛磁铁矿（中国）、天然钛铁矿和天然金红石中的钛资源。

作为钛原料，工业上应用较多的天然钛资源是砂矿型钛铁矿（砂矿型钛精矿）、天然金红石矿，人造钛资源应用较多的是原生型（岩矿型）钛精矿以及钛渣。而钛精矿以原生型居多，钛渣以酸溶性钛渣居多。广义上，含钛二次资源（含钛高炉渣等）属于人造钛资源范畴。

钛资源的具体分类见图 5-1。

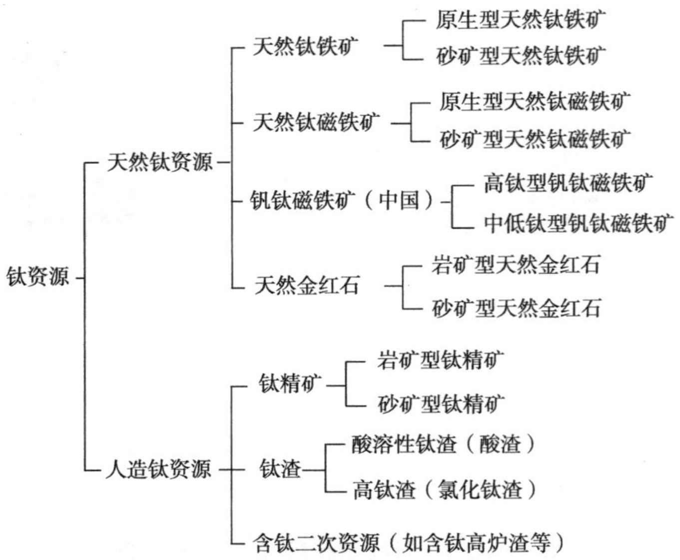


图 5-1　钛资源分类

# 第二节　全球钛资源概况

钛是地壳中含量第九的元素，$TiO_2$的平均含量为 0.7%（质量百分比）。钛几乎存在于所有岩石和沉积物中，含量通常超过 1%，因此，与许多其他具有经济意义的元素不同，钛被认为是一种主要元素，而不是微量元素。钛是一种过渡元素，原子序数为 22，原子质量为 47.867 个原子质量单位。钛的化学性质与硅和锆的化学性质相似。主要氧化态为 $Ti^{4+}$，但也存在 $Ti^{2+}$和 $Ti^{3+}$。钛是一种亲石元素，与氧的亲和力很强，通常会形成氧化物矿物。自然界中找不到纯金属钛，需要经过加工才能生产出低密度、高强度的金属。钛金属具有出色的耐腐蚀性，强度与钢相当，但重量轻 45%。

## 一、全球钛资源储量

据美国地质调查局统计，钛金属全球远景储量估计在 20 亿吨以上，已探明全球钛资源储量约 7 亿吨，其中钛铁矿资源储量约为 6.5 亿吨，约占 92.9%；金红石资源储量 0.49 亿吨，约占 7%，见表 5-1。除南极洲外，其余六大洲均有丰富的钛矿资源，分布在三十多个国家。钛资源在全球分布不平衡，中国（1.9 亿吨）钛资源储量居世界第一位，其次为澳大利亚（1.6 亿吨）、印度（8500 万吨）、巴西（4300 万吨）和挪威（3700 万吨）；金红石钛矿资源则主要分布在澳大利亚（3100 万吨）、印度（740 万吨）、南非（650 万吨）和乌克兰（250 万吨）。其中，加拿大、中国和印度主要是岩矿，澳大利亚和美国主要是砂矿，而南非的岩矿和砂矿都十分丰富。

**表 5-1 全球钛铁矿、金红石储量** 万吨

| 国 家 | 钛铁矿储量 | 金红石储量 |
|---|---|---|
| 美国 | 200 | — |
| 澳大利亚 | 16000 | 3100 |
| 巴西 | 4300 | — |
| 加拿大 | 3100 | — |
| 中国 | 19000 | — |
| 印度 | 8500 | 740 |
| 肯尼亚 | 39 | 17 |
| 马达加斯加 | 2200 | 52 |
| 莫桑比克 | 2600 | 89 |
| 挪威 | 3700 | — |
| 塞拉利昂 | — | 49 |
| 南非 | 3000 | 650 |
| 乌克兰 | 590 | 250 |
| 越南 | 160 | — |
| 其他 | 1400 | NA |
| 总计 | 65000 | 4900 |

注：NA 表示不确定。
数据来源：USGS，2023。

特别说明的是，国外的钛资源主要是指天然钛铁矿、金红石矿中的钛资源，不包括钒钛磁铁矿中的钛资源。

## 二、钛资源储量分布及禀赋

### （一）美国

美国钒钛磁铁矿的矿藏极为丰富，如阿拉斯加州、纽约州、怀俄明州、明尼苏达州都有钒钛磁铁矿矿床。例如，美国纽约州的桑福德湖地区钒钛磁铁矿，位于纽约州东北部埃塞克斯地区，成因与阿迪龙达克山脉的前寒武纪辉长岩、斜长岩的杂岩有密切关系，矿体长 1600 米，下盘岩石为致密粗粒斜长岩，上盘为浸染状或致密、细粒到中粒的辉长岩石，上下盘相互平行，倾角 45°。矿石平均含 34% Fe，18%～20% $TiO_2$，0.45% $V_2O_5$；阿拉斯加州斯内梯斯哈姆矿石类型为层状透镜状，矿颈矿墙式产出，主要岩石为辉长岩、斜长岩、碱性岩和超镁铁质岩石，原矿品位 19% TFe，2.6% $TiO_2$，0.09% $V_2O_5$；科罗拉多州 Powderhorn 矿床含有非常规的钛矿石矿物，钛矿物是透辉石，是一系列连续侵入的碱性岩石，包括碳酸盐岩、霞石、辉绿岩和正长岩等岩石类型。主要由于辉绿岩含有大量的透辉石（一种钙钛氧化物），$TiO_2$ 从 1.9%到 9.6%不等（平均约 5.3%），并含有大量的稀土元素、钍、铌和钒。

### （二）澳大利亚

澳大利亚钛资源主要以砂矿形式存在，主要分布在穆雷盆地、尤克拉盆地和西澳大利亚，以钛铁矿和金红石砂矿为主。根据承载它们的岩石类型，这些矿床的特征可以分为搁浅型矿床或威默拉型（Wimmera-style，WIM）矿床，搁浅型矿床具有线性几何形状（厚达 10 米，长超过 2 千米，宽 300 米），其特点是吨位相对较低，矿砂含量较高（5%～20%），矿砂组合粒度较粗（>100 微米）。相比之下，WIM 型矿床呈片状，厚度可达 10 米，长 10 千米，宽 3 千米，吨位相对较高，品位较低（矿砂含量 2%～5%），具有细粒（<100 微米）矿砂组合。WIM 矿床（例如圣海伦斯和多瑙河）含有总重金属资源总量为 16.5 亿吨，其中包括 31.4%钛铁矿、11.7%金红石和 20.7%锆石。但是，由于铬尖晶石以及钛铁矿复杂的矿物学特性，例如，杂质元素（如锰和镁）的存在以及钛铁矿风化程度的变化，从铬尖晶石中分离钛铁矿极其困难。其次钒钛磁铁矿矿床主要集中在西澳大利亚科茨矿、巴拉矿、巴拉姆比等矿。其中，科茨矿在澳大利亚温多维海滨地区，矿体是磁铁矿辉长岩，具有较佳的矿石成分；巴拉矿含铁钒钛较高，

与南非布什维尔德矿类似；巴拉姆比、加巴番宁撒原矿中 15% $TiO_2$、0.7% $V_2O_5$、26.0% TFe。

### （三）巴西

在巴西，钛资源主要位于 Guaju 矿（水晶集团）、Campo Alegrede Lourdes 和 Maracás Menchen。其中 Campo Alegrede Lourdes 大型铁–钛–钒矿床。由夹层辉长岩、辉长岩、正长岩和钛铁矿–磁铁矿组成，在绿泥石到闪长岩岩相下变质。铁–钛–钒矿化物以块状至条带状钛铁矿–磁铁矿的多个独立矿体形式出现。该矿床含有 45% Fe、21% $TiO_2$ 和 0.71% $V_2O_5$；Maracás Menchen 富钒钛磁铁矿矿床群由辉长岩组成的镁铁质–超镁铁质侵入体，形成了几个离散的富钒钛磁铁矿矿床。钒赋存于钛磁铁矿中，是目前主要的氧化物相。其次最丰富的氧化物是钛铁矿，其中蕴藏着大部分钛。磁铁矿呈 0.3～2.0 毫米长的原生正方体岩浆晶体，可能部分或全部马氏体化。它们与钛铁矿一起形成多边形镶嵌。后者通常以离散的正方体岩浆晶体的形式出现，但也可能以包裹体的形式出现在榍石磁铁矿中，它们通常呈现出外溶解纹理。含有 0.83% $V_2O_5$、8.15% $TiO_2$。

### （四）加拿大

加拿大的钒钛磁铁矿主要分布于纽芬兰省、安大略省、马尼托巴省、不列颠哥伦比亚省和魁北克省等地区，主要有马格庇、莫林、马塔瓦、乐蒂奥矿山等多个矿床。以魁北克省七星岛东北部的马格庇矿床为代表，矿石主要是含钛磁铁矿，主要岩石为辉长岩、镁铁质岩和超镁铁质岩石，原矿品位 43% TFe，10% $TiO_2$，0.2%～0.35% $V_2O_5$。以及 Lac Tio 矿床，它主要由粗钛铁矿（75%）的粗片状晶体组成，其中含有溶出的赤铁矿（25%）共生体。该矿石含有 32%～36%的 $TiO_2$。矿石的次要成分包括磁铁矿、硫化物、磷灰石、铁尖晶石和锆石。脉石矿物主要是斜长石、辉石、黑云母、黄铁矿、磁黄铁矿和黄铜矿。主矿床平均成分为 34.2% $TiO_2$、27.5% FeO、25.2% $Fe_2O_3$、4.3% $SiO_2$、3.5% $Al_2O_3$、3.1% MgO、0.9% CaO、0.1% $Cr_2O_3$、0.41% $V_2O_5$。

### （五）印度

印度钒铁磁铁矿主要集中在南部喀拉拉邦特里凡得浪沿岸，奥里萨邦玛乌尔伯汉吉及哈尔邦锡伯姆和泰米尔纳德邦乌德拉斯附近，有达布拉伯腊和辛格布胡姆等矿点，大部分为海滨矿，几乎所有这些矿床都以钛铁矿、金红石、锆石、白钨矿和独居石为主要的重矿物组合。原矿中含 15%～30% $TiO_2$。

## （六）挪威

挪威可开采的钛主要赋存于两类矿床中：（1）正长岩型铁–钛–钒矿床中的钛铁矿；（2）斜长岩中的变质金红石矿床。挪威已知的总钛资源量为 892217 吨（FODD.2020）。挪威西南部的 Rogaland 火成岩群（RIC）是最重要的正长岩钛矿带。目前，挪威的钛产自 Tellnes 矿床，这是一个富含钛铁矿的黑钼矿，它是欧洲已知的最大的钛矿床，被认为是世界级的钛矿床。Tellnes 露天矿的年产量为 200 万～250 万吨，产出约 52 万吨钛铁矿精矿。它含有 5.75 亿吨已探明和可能的矿石，平均含有 18%的 $TiO_2$（约 30%的“假象钛铁矿”）。挪威西南部 Øygrei（Teksevatn）矿床，含 15.5 亿吨，$P_2O_5$ 品位为 1.74%，$TiO_2$ 品位为 4.95%和 $V_2O_5$ 品位为 0.07%；Storeknuten（Helleland）矿床含 240 万吨，$P_2O_5$ 品位为 2.36%，$TiO_2$ 品位为 4.71%，$V_2O_5$ 品位为 0.07%。挪威西部 Engebøfjel 赤铁矿中的金红石矿床，总探明资源量为 1.332 亿吨，$TiO_2$ 含量为 3.51%。

## （七）南非

南非钒钛磁铁矿，以高钒高钛低钙型钒钛磁铁矿为主。南非的布什维尔德、罗伊瓦特等地的火成岩复合矿中均有钒钛磁铁矿床，浸染式块状产出，主要岩石为辉长岩、斜长岩和碱性岩，而且南非钒钛磁铁矿主要分布在布什维尔德的杂岩中，布什维尔德是目前南非钒钛磁铁矿最主要基地，占世界钒总储备量的 31%，稳居世界第一位，其主要矿山有马伯茨矿山、RHOVAN 公司矿山、肯尼迪河谷矿山等。其中，南非钒钛磁铁矿资源中最大矿山是马伯茨矿山，它的储量可达 2 亿吨，其矿石的特点鲜明，$V_2O_5$ 含量普遍偏高，通常在 1.4%～1.9%，属于高钒型矿产。

## （八）莫桑比克

莫桑比克以砂矿为主，主要分布在南部 Corridor 重矿砂钛铁矿–锆石–金红石矿床、北部海岸线 Moma 重矿砂钛铁矿–锆石–金红石矿床和伊尼扬巴内省 Mutamba 重矿砂矿床，平均含有 3%～7.18%的重矿物，钛铁矿、金红石和锆石的重金属含量合计为 60%～80%。脉石矿物通常包含高岭石和伊利石，以及少量的蒙皂石、绿泥石和云母。

## 第三节　中国钛资源概况

### 一、天然钛资源种类、储量及其分布

**中国钛资源丰富且分布较广泛。**根据《中国矿产资源报告（2023）》数据显示，截至 2022 年末，钛矿查明资源储量（$TiO_2$）为 1.06 亿吨，原生钛（磁）铁矿储量为 1.95 亿吨，砂矿型钛铁矿储量为 1600.68 万吨，金红石类钛矿为 220.46 万吨。

中国钛资源虽较丰富，但多为共生型原矿，品位低、金属多元素共伴生；主要以原生钛（磁）铁矿型存在（包括钒钛磁铁矿中伴生的钛磁铁矿和钛铁矿、原生钛铁矿），占钛资源总量的 91%；金红石型钛矿资源短缺，仅仅占钛资源总量 1%左右。

钒钛磁铁矿中的钛资源主要指其中伴生的钛磁铁矿和钛铁矿资源；原生钛铁矿指钛铁砂矿。金红石型钛矿资源包括金红石砂矿型钛资源、金红石型钛资源。

我国天然钛铁矿、天然金红石的储量很少，但钒钛磁铁矿中的钛资源量很大。根据 2022 年美国地质调查局（USGS）公布的数据，我国天然钛铁矿储量 1.9 亿吨，占全球储量 28.7%，排名全球第一。

需要特别说明的是，我国的钛资源主要统计的是钒钛磁铁矿中钛资源，而国外的钛资源主要是指天然钛铁矿、金红石矿中的钛资源（而钒钛磁铁矿中的钛资源不纳入统计）。

#### （一）钛铁砂矿型钛资源

此类矿床为次生矿床，钛铁矿床中钛铁矿含量为 5%～10%。分为残坡积风化壳砂矿、海滨砂矿和河流（河谷）冲积砂矿 3 类，大部分钛精矿品位 $TiO_2$ 在 48%～52%。矿区比较分散、规模小、原矿品位低。

#### （二）金红石砂矿型钛资源

此类矿床为次生矿床。该类砂矿床中，金红石品位（$TiO_2$）多在 1%～2%。金红石砂矿包括海滨砂矿和残坡积风化壳型砂矿。

### （三）金红石型钛资源

该类矿床主要赋存在基性变质岩系或沉积变质岩系中，是金红石型钛矿床的重要成因类型。中国大型金红石型钛矿床皆为此种矿床类型。

全国 353 个矿区中钒钛磁铁矿型为 132 个，占 37.4%；钛铁矿砂矿型 151 个，占 42.8%；金红石型钛矿 36 个，占 10.2%；金红石砂矿型 34 个，占 9.6%。

## 二、人工钛资源种类、产量及其分布

人工钛资源也是人工钛原料，主要包括钛精矿、钛渣（含酸溶性钛渣、高钛渣）、人造金红石等。钛精矿一般指从钒钛磁铁矿（或天然钛铁矿）中选出的以钛铁矿相为主要矿物的钛矿资源；钛渣一般指钛精矿（或天然钛铁矿）经过电炉高温碳热还原，使其中的氧化铁还原成金属铁并分离后得到二氧化钛高度富集的人造富钛矿物，是生产四氯化钛、钛白粉和海绵钛产品的优质钛原料。酸溶性钛渣的二氧化钛含量一般在 70%～84%，高钛渣的二氧化钛含量一般在 85%～94%。

金红石有天然金红石和人造金红石，二者的主要化学成分都是二氧化钛。天然金红石一般指自然界中存在的以金红石型二氧化钛为主要成分的高品位钛矿物；人造金红石一般指从含钛矿物（如天然钛铁矿、钛精矿等）中经过除杂提质加工而生产的以金红石型二氧化钛为主要成分的高品位钛矿物。

### （一）钛精矿（含钛中矿）

#### 1. 中国钛精矿产量情况

2023 年，我国钛精矿产量共计 883.9 万吨。权重最大的是四川攀西地区，产量 687 万吨，占全国产量的 77.72%，其次是河北承德地区 87 万吨（占 9.84%），云南 41.1 万吨（占 4.65%），新疆 27.8 万吨（占 3.15%），山东 5.6 万吨（占 0.63%）。其他地区包括海南、广西、陕西、内蒙古等 35.4 万吨，占比 4.01%，见图 5-2。

据攀枝花市钒钛产业协会统计，攀枝花地区 2014—2017 年基本在 300 万吨左右，从 2018 年开始，攀枝花地区产量开始大幅提升，2020 年产量突破 500 万吨，2023 年产量近 600 万吨。攀枝花地区主要有攀钢矿业、龙佰矿冶和安宁股份等龙头企业，其他钛精矿生产企业多以中小型矿企为主。

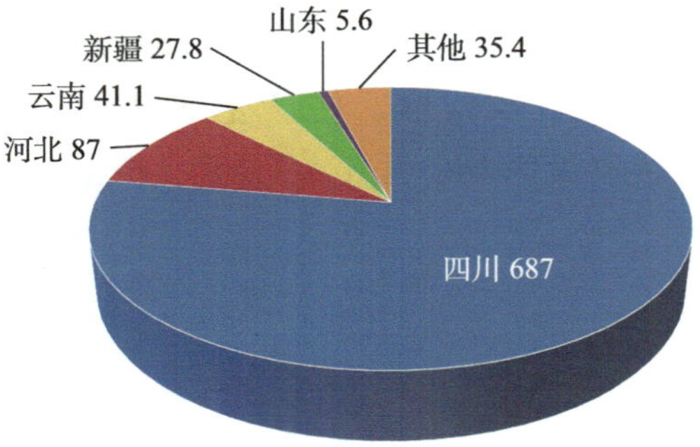


图 5-2　2023 年国内钛精矿产量统计（单位：万吨）

数据来源：国家钒钛产业联盟数据库

2023 年攀枝花钛精矿产量较大，主要得益于攀枝花钒钛龙头企业相继开展了超微细粒级钛精矿回收，成功引入塔磨、浮选柱和高梯度磁选机，攀钢矿业 7.9 万吨超微细粒级钛精矿、龙佰矿冶 17 万吨超微细钛精矿、安宁股份 13 万吨超微细钛精矿、德胜钒钛青杠坪矿冶 16 万吨超微细钛精矿和兴中矿业 10 万吨超微细钛精矿项目先后落地投产，攀枝花地区未来钛精矿产量会有明显的增加，见图 5-3。

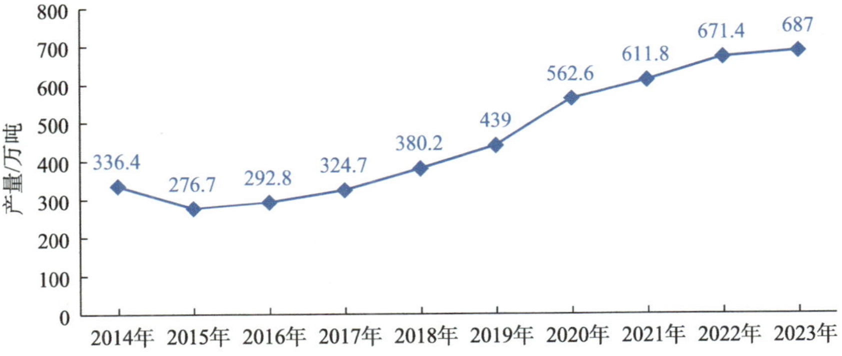


图 5-3　四川攀西地区钛精矿产量

数据来源：攀枝花市钒钛产业协会、相关政府部门

凉山州地区钒钛磁铁矿资源也非常丰富，拥有重钢西昌矿业和川威矿业两大龙头企业，2023 年钛精矿产量 97 万吨，近几年产量一直比较稳定，在 80 万～100 万吨之间。

河北 2013 年钛精矿产量只有 5.7 万吨，远不如云南、山东。2019 年，产量首次超过山东，2020 年追平云南，2021 年开始超过其他地区。2023 年，据河北省钒钛行业协会统计，钛精矿产量达到 87 万吨，现已成为国内产量仅次于四川的重要产区。云南 2013 年产量曾达到 62 万吨，后一路下滑，2018 年只有 13.12 万吨，近几年又开始提升，2023 年 41.1 万吨，仅次于河北。云南因环保检查及检修，生产企业开工受限，钛精矿产量增幅有限。而山东近些年受政策影响，开工率很低，产量也越来越少，见图 5-4。

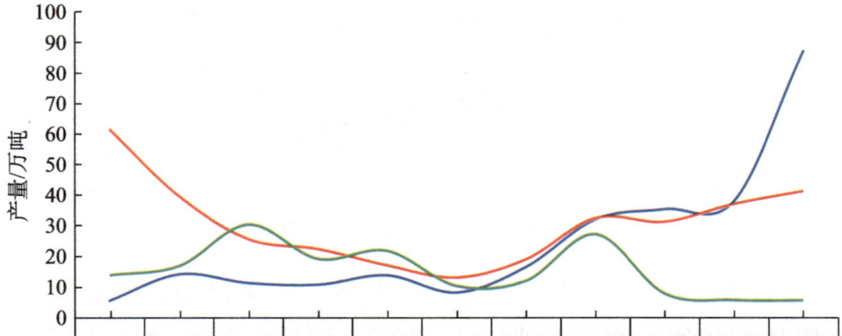


| | 2013年 | 2014年 | 2015年 | 2016年 | 2017年 | 2018年 | 2019年 | 2020年 | 2021年 | 2022年 | 2023年 |
|---|---|---|---|---|---|---|---|---|---|---|---|
| 河北 | 5.7 | 14.3 | 11.45 | 10.9 | 13.96 | 8.3 | 16.6 | 32 | 35.3 | 38 | 87 |
| 云南 | 61.61 | 39.6 | 25.6 | 22.4 | 17.12 | 13.12 | 19 | 32.3 | 31.1 | 36.9 | 41.1 |
| 山东 | 13.9 | 16.9 | 30.3 | 19.2 | 21.8 | 10.35 | 12 | 27.1 | 7.8 | 5.7 | 5.6 |

图 5-4　河北、云南、山东钛精矿产量

数据来源：铁合金在线、河北省钒钛行业协会

值得一提的是新疆，2017 年开始开采，产量逐步上升，2022 年达到了历史最高 33.6 万吨，虽然 2023 年下滑至近 30 万吨，但也已成为国内非常重要的产区之一，见图 5-5。

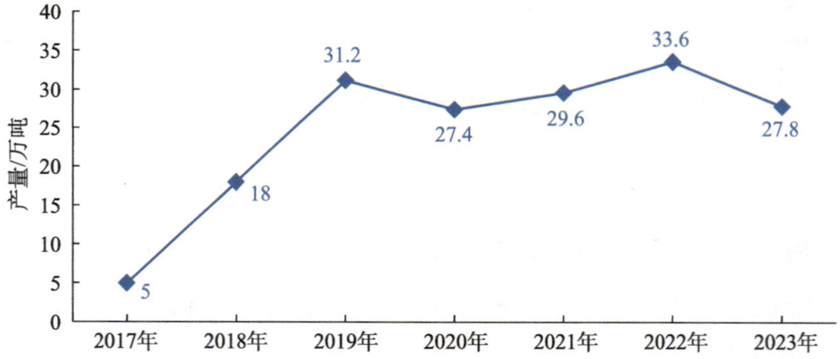


图 5-5　新疆钛精矿产量

数据来源：铁合金在线、相关政府部门

从供给能力看，2023 年，中国除钛精矿产量 883.9 万吨外，还进口钛矿 427.19 万吨，其中进口金红石（含原矿）17.90 万吨。国内人造金红石产

量约 38 万吨，国内钛渣产量 83.6 万吨。

2023 年，中国钛矿市场供需同步增长，2024 年钛矿市场需求将继续大幅增加，国内四川、河北、新疆等地供应量也将有不同程度增加；但国内终端钛产品价格疲软，钛矿价格高位上行压力较大，2024 年钛矿市场预计仍维持紧平衡态势，长期需求仍然强劲。

2. 攀枝花钛精矿价格情况

2020 年开始，月均报价和年均报价波动较大，在 780 元/吨左右。2020 年 1 月开始发生新冠疫情，导致钛精矿生产企业开工率不足，钛精矿价格几乎呈直线上涨（新冠疫情的影响自 6 月份之后才体现出来，6 月份之前价格有升有降）。攀枝花以外地区基本以攀枝花钛精矿作为风向标，价格跟随攀枝花钛精矿价格波动。图 5-6 和图 5-7 所示为攀枝花钛精矿近 5 年价格数据（来源于攀枝花钒钛交易中心）。其中钛精矿细分为 10 钛精矿和 20 钛精矿（10 钛精矿的粒度略粗于 20 钛精矿），其中 10 钛精矿产销量较大，故以 10 钛精矿价格代表钛精矿价格。

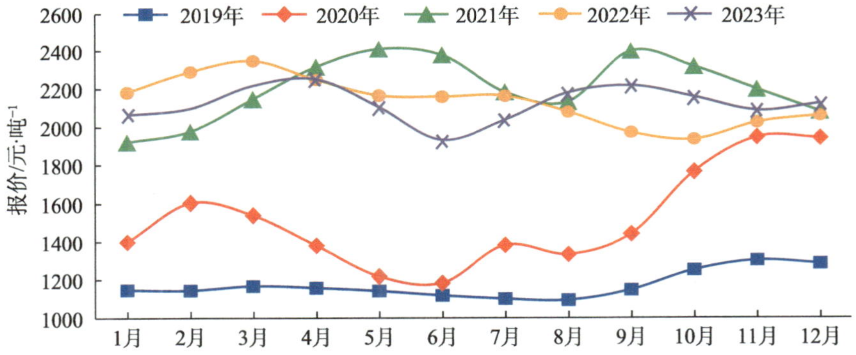


图 5-6　近五年攀枝花钛精矿（10 矿）月均主流报价走势

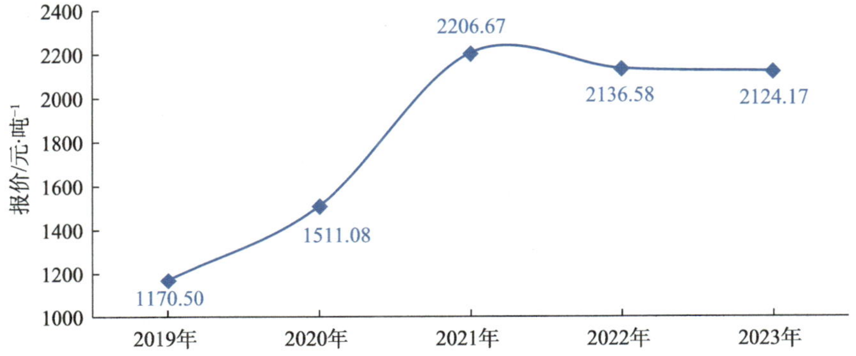


图 5-7　近五年攀枝花钛精矿（10 矿）年均报价走势

### 3. 国际钛精矿市场情况

2023 年我国进口钛矿总量为 427.19 万吨，主要是莫桑比克、挪威、越南等国家和地区，见图 5-8。

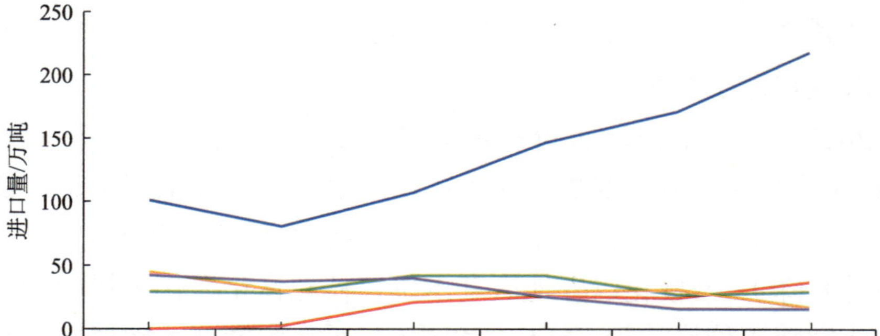


| | 2018年 | 2019年 | 2020年 | 2021年 | 2022年 | 2023年 |
|---|---|---|---|---|---|---|
| 莫桑比克 | 101.1 | 80.6 | 107 | 146.6 | 170.7 | 217.3 |
| 挪威 | 0 | 2.4 | 20.7 | 25.5 | 24.0 | 36.5 |
| 越南 | 29.3 | 28.5 | 42.0 | 41.9 | 27.0 | 29.1 |
| 肯尼亚 | 44.7 | 29.7 | 27.0 | 28.8 | 30.5 | 16.7 |
| 澳大利亚 | 42.3 | 37.3 | 40.0 | 25.3 | 15.9 | 15.9 |

图 5-8　莫桑比克、挪威、越南、肯尼亚、澳大利亚钛矿进口量
数据来源：涂多多

莫桑比克最近几年产量和进口量大幅增加，从 2018 年开始，每年都有 30 万吨左右的增幅，2023 年更是占据我国进口钛矿量的半壁江山。根据 2022 年美国资源调查局数据，莫桑比克有 2700 万吨左右（按 $TiO_2$ 计）钛资源储量，位居全球第八位。随着域潇集团在莫桑比克几个矿地的陆续开发，除比较成熟的长城矿地和海域矿地以外，大部分矿地进入到试生产阶段，安徽外经建设集团的矿地生产线建设也初步完成，莫桑比克钛矿在未来几年会逐步增加，会是我国未来几年最重要的进口矿来源。

与莫桑比克相反，澳大利亚钛矿由于部分矿山资源枯竭及环保问题，最近几年出口中国持续减少。2018 年出口中国 42.8 万吨，到 2023 年出口中国只有 15.9 万吨，其他的都是自用或者出口到西方国家。目前发往中国的澳洲钛矿主要是 Image 矿区的中矿，由国内选厂进行加工后销售给下游客户。2025 年开始，谢菲尔德雷鸟矿山和艾禄卡都会有新矿开发出来，届时会有明显的增量。

肯尼亚钛矿自 2014 年进入中国，曾在 2017 年出口中国达 50 万吨，后来受资源枯竭影响，在 2019 年产量出现大幅下滑，2024 年矿山面临资源枯竭、关停局面。

越南钛矿曾居进口首位，2012 年的进口量高达 102 万吨，2023 年进口不到 30 万吨，主要受出口配额减少及近年来产量减少等影响。

挪威钛矿自 2019 年进入国内，近几年每年都有 24 万～25 万吨的量进入中国，为硫酸法钛白生产使用。

新兴市场中，巴西、印度尼西亚、南非、坦桑尼亚都有不同程度的开发，预计后续增量会比较明显。

表 5-2 为 2023 年我国钛砂矿及其精矿进口情况。

**表 5-2　2023 年我国钛砂矿及其精矿进口情况表**

| 序号 | 进口国 | 2022 年/吨 | 2023 年/吨 | 占比/% | 增幅/% | 涨跌/吨 | 金额/美元 |
|---|---|---|---|---|---|---|---|
| 1 | 莫桑比克 | 1707584.52 | 2173412.59 | 50.88 | 27.28 | 465828.07 | 710320076 |
| 2 | 挪威 | 240370.50 | 364976.00 | 8.54 | 51.84 | 124605.50 | 116391893 |
| 3 | 越南 | 270366.68 | 291269.18 | 6.82 | 7.73 | 20902.50 | 117044776 |
| 4 | 肯尼亚 | 304973.78 | 167452.13 | 3.92 | –45.09 | –137521.65 | 65982784 |
| 5 | 美国 | 248768.93 | 165397.26 | 3.87 | –33.51 | –83371.66 | 54989115 |
| 6 | 尼日利亚 | 73887.06 | 162372.65 | 3.80 | 119.76 | 88485.59 | 38336511 |
| 7 | 澳大利亚 | 158805.45 | 159258.44 | 3.73 | 0.29 | 452.98 | 69852545 |
| 8 | 塞内加尔 | 69701.80 | 152413.27 | 3.57 | 118.66 | 82711.47 | 58711637 |
| 9 | 韩国 | 25784.00 | 111227.02 | 2.60 | 331.38 | 85443.02 | 8729813 |
| 10 | 埃及 | 5093.93 | 89619.38 | 2.10 | 1659.34 | 84525.45 | 26313635 |
| 11 | 印度 | 41170.20 | 71172.00 | 1.67 | 72.87 | 30001.80 | 45465255 |
| 12 | 塞拉利昂 | 25865.92 | 66960.60 | 1.57 | 158.88 | 41094.68 | 64002824 |
| 13 | 马达加斯加 | 25001.21 | 65314.51 | 1.53 | 161.25 | 40313.30 | 26077860 |
| 14 | 巴西 | 58030.61 | 49174.69 | 1.15 | –15.26 | –8855.92 | 15847280 |

续表 5-2

| 序号 | 进口国 | 2022 年/吨 | 2023 年/吨 | 占比/% | 增幅/% | 涨跌/吨 | 金额/美元 |
|---|---|---|---|---|---|---|---|
| 15 | 南非 | 74288.47 | 36506.16 | 0.85 | –50.86 | –37782.31 | 10624826 |
| 16 | 利比里亚 | 15060.76 | 35870.22 | 0.84 | 138.17 | 20809.46 | 15975014 |
| 17 | 冈比亚 | 12181.18 | 35174.28 | 0.82 | 188.76 | 22993.10 | 15997943 |
| 18 | 新西兰 | 1.95 | 22426.03 | 0.52 | 1149952.56 | 22424.08 | 3088305 |
| 19 | 印度尼西亚 | 40070.67 | 21169.00 | 0.50 | –47.17 | –18901.67 | 10408576 |
| 20 | 马来西亚 | 27752.24 | 17984.58 | 0.42 | –35.20 | –9767.66 | 6483275 |
| 21 | 坦桑尼亚 | 9266.80 | 6866.19 | 0.16 | –25.91 | –2400.62 | 1639934 |
| 22 | 德国 | 2205.16 | 5033.94 | 0.12 | 128.28 | 2828.78 | 6945327 |
| 23 | 哈萨克斯坦 | — | 234.00 | 0.01 | — | — | 105300 |
| 24 | 哥伦比亚 | 286.00 | 208.00 | 0.00 | –27.27 | –78.00 | 49355 |
| 25 | 乌克兰 | 15492.35 | 152.00 | 0.00 | –99.02 | –15340.35 | 327582 |
| 26 | 泰国 | 6000.00 | 151.99 | 0.00 | –97.47 | –5848.02 | 74408 |
| 27 | 斯里兰卡 | 11544.10 | 61.02 | 0.00 | –99.47 | –11483.08 | 39851 |
| 28 | 伊朗 | — | 48.90 | 0.00 | — | — | 5998 |
| 29 | 俄罗斯 | — | 4.25 | 0.00 | — | — | 437 |
| 30 | 加拿大 | — | 0.15 | 0.00 | — | — | 1215 |
| 31 | 马拉维 | — | 0.02 | 0.00 | — | — | 13 |
| 32 | 索马里 | — | 0.00 | 0.00 | — | — | 71 |
| 33 | 格陵兰 | 2381.63 | — | — | — | — | — |
| 34 | 阿联酋 | 168.00 | — | — | — | — | — |
| 35 | 丹麦 | 0.15 | — | — | — | — | — |
| 总　计 | | 3472104.04 | 4271910.44 | 100.00 | 23.03 | 799756.40 | 1489833434 |

数据来源：涂多多。

4. 钛矿市场后市预测

（1）2024 年终端钛产品产能逐步释放，钛矿需求大幅增加。

（2）2024 年进口钛矿将继续增加。

（3）钛矿需求向好，国内钛矿产量也将有不同增幅。

## （二）高钛渣（氯化渣）与酸溶性钛渣（酸渣）

目前全球生产钛渣的国家主要有南非、加拿大、挪威、中国、乌克兰、越南等。

中国钛渣（酸溶渣 + 高钛渣）产地主要集中在四川攀西地区、云南滇中地区、内蒙古和辽宁部分地区，其他地区产量较小。

从 2021 年开始，随着近几年高钛渣生产技术的不断成熟以及设备大型化，高钛渣产量大幅提升。同时，酸溶渣产量不断减少，2023 年高钛渣产量达到酸溶渣产量的两倍以上，见图 5-9。

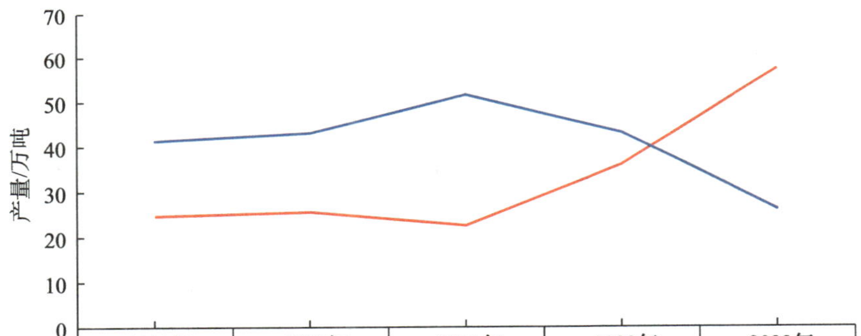


| | 2019年 | 2020年 | 2021年 | 2022年 | 2023年 |
|---|---|---|---|---|---|
| 高钛渣 | 24.6 | 25.5 | 22.5 | 35.9 | 57.5 |
| 酸溶渣 | 41.3 | 43.1 | 51.6 | 43.2 | 26.1 |

图 5-9 近五年中国钛渣产量统计

数据来源：铁合金在线

## （三）人造金红石

2023 年，我国人造金红石行业主要集中在三个企业，龙佰集团的焦作生产基地产量 25 万吨，金海钛业产量 3 万吨，均是自用；只有广西粤桥产量 10 万吨，对外销售，见表 5-3。

**表 5-3　2023 年全国人造金红石生产企业及其产量**

| 人造金红石 | 产量/万吨 | 占比/% | 备　注 |
|---|---|---|---|
| 龙佰（焦作） | 25 | 65.8 | 自用 |
| 金海钛业 | 3 | 7.9 | 自用 |
| 广西粤桥 | 10 | 26.3 | 外销 |
| 合　计 | 38 | 100.0 | |

数据来源：涂多多。

# 第四节　中国钛资源需求与保障情况

## 一、硫酸法钛白产业链已形成“内循环”

中国是钛白粉生产大国，对钛资源需求量巨大。目前，钛产业对钛原料的需求处于非对称状态，且存在明显不确定性。如钙镁含量高的岩矿钛精矿产量较大，供应充足稳定，且其酸解性好，能够满足硫酸法钛白生产对钛原料的需求，即硫酸法钛白产业链已形成“内循环”。

## 二、沸腾氯化法钛白产业链对外依存度高

中国是海绵钛生产大国，但缺乏高品质砂矿型钛精矿及高钛渣资源，对国外依存度较高。即沸腾氯化法钛白产业链尚未形成“内循环”，存在较大的资源与产业风险。目前，因以产量大、钙镁含量高的岩矿钛精矿为原料生产高钛渣（氯化渣）的关键核心技术尚未取得突破和工业应用，故在今后较长时间将会困扰中国沸腾氯化钛白产业的健康可持续发展。

# 第6章

# 全球及中国钒钛磁铁矿情况

## 第一节　全球钒钛磁铁矿情况

钒钛磁铁矿是以铁、钛、钒元素为主并共伴生多种有价元素（如铬、钴、镍、镓、钪、硫、磷等）的复合型铁矿。钒钛磁铁矿中的铁主要赋存钛磁铁矿、磁铁矿和钛铁矿中，其余的含铁矿物则包括硫化物和脉石矿物。矿石中的钛元素主要以 $TiO_2$ 形式存在并赋存于钛铁矿和钛磁铁矿中。钒在钒钛磁铁矿中不以独立矿物存在，大部分以类质同象形态分布在钛磁铁矿中，极少赋存于钛铁矿和脉石矿物中。根据钛含量（$TiO_2$）的不同，可分为高钛、中钛和低钛型钒钛磁铁矿；根据铬含量（$Cr_2O_3$）的高低，又可以分为低铬型和高铬型钒钛磁铁矿。

全球钒钛磁铁矿资源总量估计在 400 亿吨以上，其中岩矿型钒钛磁铁矿主要分布在中国、俄罗斯、南非、加拿大、芬兰、挪威等国家；砂矿型钒钛磁铁矿主要分布在新西兰、印尼、菲律宾、澳大利亚等环太平洋国家。中国钒钛磁铁矿储量丰富，居全球前列。

## 第二节　中国钒钛磁铁矿情况

### 一、钒钛磁铁矿资源分布

我国钒钛磁铁矿储量丰富，已探明储量约 100 亿吨（不含超贫矿），远景储量在 300 亿吨以上。主要分布在四川攀西、河北承德、新疆哈密和喀什、陕西汉中、辽宁朝阳、广东兴宁、山东临沂、山西代县及湖北均县等地区。

以四川攀西和河北承德为重要分布地。中国主要钒钛磁铁矿资源分布情况见表 6-1。

**表 6-1　中国主要钒钛磁铁矿资源分布及其主要元素品位情况**

| 省份 | 矿区 | 储量/亿吨 | TFe/% | $TiO_2$/% | $V_2O_5$/% | $Cr_2O_3$/% |
|---|---|---|---|---|---|---|
| 四川 | 攀枝花① | 86.7 | 16.7～43.0<br>（攀枝花）<br>17.2～34.4<br>（白马） | 7.7～16.7<br>（攀枝花）<br>3.9～8.2②<br>（白马） | 0.16～0.44<br>（攀枝花）<br>0.13～0.15②<br>（白马） | < 0.01<br>（攀枝花、白马）0.02～0.60（红格）③ |
| | 凉山州① | 42.0 | 18.1～36.6 | 7.7～17.0 | 0.16～0.42 | <0.01 |
| 河北 | 承德① | 约 87 | 19.44～47.44<br>（大庙式）<br>10.82～24.05<br>（超贫矿） | 3.15～13.41<br>（大庙式）<br>1.00～6.00<br>（超贫矿） | 0.09～0.67<br>（大庙式）<br>0.12～0.33<br>（超贫矿） | <0.01 |
| 辽宁 | 朝阳① | >100（超贫铁矿） | 10 | 2~4 | 0.3~0.6 | <0.01 |
| 山西 | 代县 | — | 22.85 | 5.33 | 0.35 | — |
| 广东 | 兴宁 | 4.50 | 27.40 | 7.87 | 0.37 | — |
| 湖北 | 均县 | — | 15.05 | 5.53 | 0.13 | — |
| 陕西 | 洋县 | 10 | 27.89 | 5.85 | 0.29 | <0.08 |
| | 安康 | 20 | | | | |
| 新疆 | 哈密① | 29 | 20～45 | 4～8 | 0.24～0.6 | — |
| | 喀什① | 15.67 | 17.21 | 7.02 | 0.15 | — |

①攀枝花、凉山州、承德、朝阳、哈密、喀什数据根据最新调研结果修正。

②白马矿区钒钛磁铁矿中钛品位、钒品位相对偏低。

③红格矿区钒钛磁铁矿的铬品位相对偏高。

数据来源：《钒钛磁铁矿综合利用技术手册》，冶金工业出版社，2021。

## 二、攀西钒钛磁铁矿资源

四川攀西地区钒钛磁铁矿资源量极为丰富且分布集中，是我国最大的钒钛磁铁矿矿区。依据《攀枝花现代化产业体系 2023 年发展报告》，全市已探明钒钛磁铁矿资源储量 86.7 亿吨，其中，钒资源（以 $V_2O_5$ 计）储量 1408.5 万吨，钛资源（以 $TiO_2$ 计）储量 5.55 亿吨；钒、钛储量分别位居世界第三和第一。依据《凉山州“十四五”工业经济发展规划》，全州已探明钒钛磁铁矿资源储量 42 亿吨，其中，钒资源（以 $V_2O_5$ 计）储量 433 万吨，钛资源（以 $TiO_2$ 计）储量 4.1 亿吨。

攀西钒钛磁铁矿是一种多金属元素共生赋存的复合磁性铁矿石。化学光谱分析表明，攀西钒钛磁铁矿资源含有各类化学元素 30 余种，有益元素 10 余种。以含铁、钒、钛、铬等重要金属为主，伴生有微量的钴、镍、镓、钪等多种有用元素。

攀西钒钛磁铁矿中的主要矿物相有钛磁铁矿、钛铁矿和磁铁矿；其次为赤铁矿、褐铁矿、黄铁矿，硫化物以磁黄铁矿为主；还有钴镍黄铁矿、硫钴矿、黄铜矿等。钛磁铁矿是一种含有钛铁矿、钛铁晶石、铝镁尖晶石的固溶体分离物，经固相变化结晶为钛铁矿和磁铁矿；其含钛矿物主要是粒状钛铁矿和钛铁晶石。

与国外钒钛磁铁矿相比，攀西地区钒钛磁铁矿开发利用难度较大，主要原因是钛铁致密共生，钛、钒、铬等元素取代了磁铁矿中的铁使矿物呈类质同象存在，同时矿石中 90%以上的钒赋存于钛磁铁矿的主晶磁铁矿中。矿石的铁钛组合是由钛铁矿和钛磁铁矿组成铁钛混合物，而钛磁铁矿的钛铁晶石和片状钛铁矿的粒度极细，并以网络状镶嵌，用机械选矿方法难以实现铁钛分离，只有约 50%的粒状钛铁矿可以通过选矿流程获得分离。钛磁铁矿中含有 4%～7%的镁铝尖晶石，进入铁精矿后会使 MgO 和 $Al_2O_3$ 含量偏高，钛铁矿中的镁铝尖晶石也会造成钛精矿氧化镁含量偏高。

### （一）攀枝花矿区

攀枝花矿区位于攀枝花市东区境内，矿区从北东至南西依次为朱家包包、兰家火山、尖包包、倒马坎、公山、纳拉箐等六个矿段，矿区已探明储量 8.22 亿吨，平均 TFe 含量 29.03%，$TiO_2$ 含量 11.50%，$V_2O_5$ 含量 0.26%。

攀枝花矿区经过几十年的生产，开采境界内保有储量仅余 2 亿多吨，根据《四川省铁矿勘查规划》，通过对其深部及外围的资源勘查，可新增资源量 7 亿吨左右。攀枝花矿区六个矿段中，朱家包包、兰家火山、尖包包三个矿段由攀钢矿业公司开采，年开采原矿 1350 万吨，年产钒钛铁精矿 530 万吨，钛精矿 95 万吨。攀枝花矿区倒马坎矿段原由攀枝花谷田科技公司开采，现已经停止采矿。公山、纳拉箐矿段目前尚未设置采矿权。

### （二）白马矿区

白马矿区位于攀枝花市米易县白马镇境内，矿区从北向南，依次由夏家坪、及及坪、田家村、青杠坪及马槟榔五个矿段组成，其中及及坪和田家村是主要矿段。白马矿区探明储量 11.78 亿吨，平均 TFe 含量 28.06%，$TiO_2$ 含量 6.42%，$V_2O_5$ 含量 0.34%，属于高铁低钛型矿石，钒高、钛低，可选可磨性较好，钒钛铁精矿品位比攀枝花矿区高。

白马矿区及及坪和田家村矿段由攀钢矿业公司开采，设计年产原矿 1550 万吨，年产钒钛铁精矿 510 万吨，钛精矿 15 万吨。青杠坪矿段由德胜、中禾开发，马槟榔矿段由中禾开发，夏家坪矿段目前尚未设置采矿权。

### （三）红格矿区

红格矿区位于攀枝花市红格新九乡和会理小黑箐乡交界的路枯一带，分为南矿区和北矿区，已探明储量 37.23 亿吨，其中，表内矿储量 18.29 亿吨，平均 TFe 含量 27.48%，$TiO_2$ 含量 10.87%，$V_2O_5$ 含量 0.24%，是目前攀枝花地区探明储量最大的钒钛磁铁矿床。南矿区分为铜山、马松林、路枯三个矿段，北矿区分为东西两部分。

红格矿区属低铁高钛型矿石，不仅体量大，而且富含铬资源，$Cr_2O_3$ 品位 0.34%。目前北矿区攀枝花部分由龙佰矿冶公司开采，年产钒钛铁精矿 350 万吨、钛精矿 90 万吨，凉山会理部分庙子沟矿由攀枝花丰源矿业公司开发。南矿区已探明储量 32.56 亿吨，矿权于 2023 年 11 月 16 日由四川省钒钛产业投资发展有限公司竞得。

### （四）太和矿区

太和铁矿位于凉山州西昌市，已探明储量 9 亿吨。矿石中富含铁、钒、钛、钴、镍、硫、磷等多种资源，金属矿物主要为钛磁铁矿和钛铁矿，其次为黄铁矿和磁黄铁矿等；脉石矿物主要为钛普通辉石、斜长石、镁铝尖晶石、钛角闪石。平均 TFe 含量 27.79%，$TiO_2$ 含量 14.41%，$V_2O_5$ 含量 0.28%。重钢西昌矿业公司取得太和矿区采矿权，年产钒钛铁精矿 230 万吨、钛精矿 45 万吨。

### （五）其他中小型矿区

米易潘家田钒钛磁铁矿位于米易县垭口镇，潘家田铁矿岩体为含钒钛磁铁矿基性～超基性岩体的一部分，属岩体最北转折端部位。资源量 4.11 亿吨，其中低品位矿约 1.42 亿吨。平均 TFe 含量 26.7%，$TiO_2$ 含量 10.86%，$V_2O_5$ 含量 0.24%。潘家田矿区由安宁铁钛公司进行开采利用，年产钒钛铁精矿 180 万吨，钛精矿 55 万吨。

红格矿区外围铁矿分为中干沟、湾子田、中梁子三个矿段，合计钒钛磁铁矿资源储量 3.66 亿吨，尚未设置矿权。

## 三、承德钒钛磁铁矿资源

河北省的钒钛磁铁矿资源主要集中在承德市。承德市是我国乃至世界重要的钒钛资源基地，是国家发展改革委认定的国家钒钛资源综合利用产业基地，是科技部认定的国家钒钛新材料高新技术产业化基地，是我国北方最大的钒钛资源基地。

### （一）资源类型及储量

承德钒钛磁铁矿资源储量丰富，资源优势明显。主要类型有大庙式钒钛磁铁矿、铁磷矿和超贫钒钛磁铁矿三种。到目前，全市已探明大庙式钒钛磁铁矿资源储量 8.8 亿吨、铁磷矿资源储量 5.23 亿吨，TFe 品位：19.44%～47.44%、$TiO_2$ 品位：3.15%～13.41%、$V_2O_5$ 品位：0.09%～0.67%，共伴生钒金属量（$V_2O_5$）376.4 万吨、钛金属量（$TiO_2$）7909.5 万吨；超贫钒钛磁铁矿资源储量 78.25 亿吨，TFe 品位：10.82%～24.05%、$TiO_2$ 品位：1.00%～6.00%、$V_2O_5$ 品位：0.12%～0.33%，共伴生钒金属量（$V_2O_5$）703 万吨、钛金属量（$TiO_2$）1.28 亿吨；磷矿中（$P_2O_5$）品位：2.53%～10.21%，共伴生磷（$P_2O_5$）8767 万吨。

据以往勘查资料显示，大庙式铁矿除具有上磷下铁规律外，矿体在延深方向有增厚变富的特点（如东大洼铁矿在 –200 米标高以下 TFe 品位在 40%左右）。从成矿规律上看，该矿集区远景资源量在 20 亿吨以上；超贫钒钛磁铁矿 219 亿～224 亿吨。另外，大庙一带铁矿中还伴生有钪、钴、铜、铬、铂族等多种有益元素，具有重要的经济意义和战略意义。

### （二）资源分布

承德市钒钛磁铁矿床经勘查开发实践证实，可归纳为三类不同的矿床工业类型。

第一类是驰名中外的“大庙式”岩浆晚期钒钛磁铁矿床。自 1929 年发现，逾 70 年持续勘查开发不止，为承德市传统优势矿产；第二类是具北方特色的“罗锅沟式”岩浆晚期低品位铁磷矿床。20 世纪 70～80 年代勘探，原为呆滞矿产，现已适度开发；第三类是新开发的“孤山子式”岩浆型超贫钒钛磁铁矿床；是近年来承德地区普遍开发的非传统矿产资源。

承德市钒钛磁铁矿资源主要集中在双滦区和隆化县、承德县、宽城县、滦平县、平泉市、丰宁县、围场县等一区一市六县境内。其中，大庙式钒钛磁铁矿有 1 个主矿体，处于承德市双滦区大庙、隆化县韩麻营至中关及承德县黑山、高寺台至头沟一带两县一区交界的斜长岩杂岩体中；超贫钒钛磁铁矿共有 15 个区块主矿体，其中，宽城县 1.5 个、平泉市 1.5 个、滦平县 4 个、隆化县 1 个、承德县 2 个、丰宁县 3 个、围场县 1 个、双滦区 1 个。

## 四、新疆钒钛磁铁矿

新疆钒钛磁铁矿主要分布在天山地区，估算远景资源量超过 35 亿吨。主要分布在哈密、喀什地区巴楚县、克州、阿勒泰地区青河县。哈密市东天山尾亚、鱼峰山、红柳河等地有多处矿床和矿点，是新疆钒钛磁铁矿分布最为密集的地带，西南天山的巴楚县瓦吉尔塔格、阿图什市普昌，也是新疆钒钛资源重要的分布地带。此外，巴里坤县锅底山、若羌县塔特拉、和布克赛尔蒙古自治县喀勒勒河均有分布。

1. 哈密市

钒钛磁铁矿查明资源量 6 亿吨，预测资源储量 29 亿吨，平均 TFe 品位 20%～45%，$TiO_2$ 品位 4%～8%，$V_2O_5$ 品位 0.24%～0.6%，已形成“钛精矿—高钛渣—四氯化钛—海绵钛—钛（合金）锭—钛材”全产业链，具备年产钛精矿 31 万吨、高钛渣 6 万吨、海绵钛 3 万吨、钛材 2 万吨生产能力。

2. 喀什地区巴楚县

钒钛磁铁矿为辉石岩型高钛型贫矿石，估算资源量 15.67 亿吨，已探明储量 9.17 亿吨。原矿中 TFe 品位 17.21%，$TiO_2$ 品位 7.02%，$V_2O_5$ 品位 0.15%，主要金属矿物为钛磁铁矿、钛铁矿、磁黄铁矿和黄铁矿等。原矿中的主要矿物钛磁铁矿、钛铁矿、脉石矿物粒度都比较粗，直径大于0.2毫米的占大部分。粗粒抛尾–阶段磨选工艺选铁可获得TFe含量57.08%、$TiO_2$含量11.90%的铁精矿。采用强磁选—粗粒再磨—浮选工艺流程，可获得含$TiO_2$含量48.20%的钛精矿产品。

3. 阿勒泰地区

阿勒泰地区的青河县、富蕴县也有储量不菲的钒钛磁铁矿资源。

## 五、陕西南部地区钒钛磁铁矿

汉中市洋县钒钛磁铁探明储量0.43亿吨，资源量3.6亿吨，主要金属矿物为磁铁矿和钛铁矿，属于钒钛磁铁矿贫矿。平均TFe含量15.85%，$TiO_2$含量2.94%，$V_2O_5$含量0.14%。经选矿后铁品位较高，而钒、钛等含量较低。

陕西延长石油公司在安康地区拥有紫阳县安沟–朱溪河一带和岚皋县官元一带钛磁铁矿资源。其中，紫阳县安沟–朱溪河一带矿石资源量12427万吨，TFe平均品位20.06%，$TiO_2$资源量921万吨，平均品位7.44%；岚皋县官元一带矿石资源量14351万吨，TFe平均品位16.18%，$TiO_2$资源量759.58万吨，平均品位5.29%。两矿区矿石资源量共计约2.6亿吨。矿石资源特点：上述矿石TFe平均品位、$TiO_2$平均品位均较低，属于低铁、低钛型钛磁铁矿，均属于北大巴山地区岩浆岩型铁矿床。矿石中主要金属矿物为钛磁铁矿、钛铁矿（粒状钛铁矿），少量为硫化矿（黄铁矿），脉石矿物以绿泥石、斜长石为主。矿石中含钛磁铁矿16.80%，钛铁矿8.81%，硫化矿1.10%，脉石矿物73.29%；矿石资源禀赋欠佳，主要表现在矿石品位低、铁矿物绿泥石化蚀变严重、铁钛镶嵌紧密；通过选矿获得高质量的精矿产品较为困难。

## 六、辽宁朝阳地区钒钛磁铁矿

辽宁朝阳地区的钒钛磁铁矿属于铁含量超贫钒钛磁铁矿，资源量超过100亿吨。目前已开采的钒钛磁铁矿经选矿得到的精矿品位为：TFe含量42%～45%，$V_2O_5$含量1.5%～2.0%，$TiO_2$含量22%～25%。由于钛含量高，传统的高炉炼铁工艺不适用。由于其钒品位高、钒钛铁精矿中含钛高，随着技术突破，综合利用价值潜力大。

## 七、广东兴宁市

钒钛磁铁矿矿床赋存于霞岚基性杂岩体中下部及风化壳中，可分风化矿体和原生矿层两类型。风化矿体出露地表，呈条带状（似层状）分布，矿化较均匀，层状原生矿体，含矿品位贫。由于长期受风化水解和氧化作用，硅酸盐矿物大多数遭破坏，而钒钛磁铁矿、钛铁矿大多数风化残积保存完好，少数风化成赤铁矿和褐铁矿。该矿区钒钛磁铁矿和钛铁矿多数粒径较粗，原矿含钒 0.37%。具体资源量不详。

## 八、其他地区钒钛磁铁矿

山东临沂市沂水县、黑龙江的呼玛县也有少量钒钛磁铁矿储量，具体资源量不详。

# 第三节　中国钒钛磁铁矿资源开发利用情况

## 一、攀西地区钒钛磁铁矿“三率”情况

### （一）开采回采率

攀西地区 13 座在产钒钛磁铁矿矿山中，全部采用露天开采，采矿方法全部采用组合台阶采矿法；设计年采原矿量为 5564.44 万吨，设计平均开采回采率 93.29%。据中国地质调查局成都矿产综合利用研究所的数据，2022 年度在产矿山的实际平均开采回采率 95.88%。开采回采率全部合格。

### （二）选矿回收率

据中国地质调查局成都矿产综合利用研究所的数据，攀西地区钒钛磁铁矿在产 13 座矿山 2022 年实际入选矿石量 8709.68 万吨，设计平均选矿回收率 69.81%，实际平均选矿回收率 72.88%。部分矿山由于在生产过程中将部分废石及表外矿加以利用，导致实际选矿回收率低于设计选矿回收率。若单独以表内矿资源利用计算，大部分矿山选矿回收率均能合格。

### （三）综合利用率

攀西地区钒钛磁铁矿中共伴生资源较多。其中钒元素基本经磁选进入钒钛铁精矿产品，在冶炼过程中综合利用。根据《攀枝花钒钛磁铁矿综合

利用水平测度研究报告》，截至 2022 年，攀西地区铁、钒、钛的利用率分别为 75%、50%和 35%。

2023 年，攀西地区共生产铁矿石原矿 10550 万吨，生产钒钛铁精矿 3628.6 万吨，钛精矿 687 万吨。

## 二、承德钒钛磁铁矿资源利用情况

承德的钒钛磁铁矿均为共伴生矿产，矿物成分以磁铁矿、钛铁矿、磷灰石为主，矿物结晶颗粒粗，矿石结构松散，单体解离度高，开采技术条件和水文地质条件简单，属易采易磨易选矿石。

### （一）矿石生产及加工技术

对于基性和超基性岩型超贫磁铁矿，结合矿石性质以及围岩含有品位的现状，为了充分发挥资源节约、集约化利用，矿山在开采过程不分矿岩，采取混采，混采后的矿岩均进行干选，干选后的矿石进入各选厂。

选矿采用两段磨矿，两段选别的阶磨阶选的工艺流程，获得最终铁精粉矿，尾矿经压滤后进入尾矿库堆存。根据生产实际情况来看，对选矿性能影响最明显的因素是矿石中磁铁矿的粒度因素，磁铁矿粒度越大选矿性能越好。矿石经过湿式磁选，摇床富集钛后强磁精选钛、然后浮选磷，可得含钒铁精矿品位最高达 68%、钛精矿达 45%、磷精矿达 36%。

### （二）开采回采率

承德的钒钛磁铁矿矿山多采用露天开采，采矿方法为台阶式采矿法。根据对重点企业的调查，设计平均开采回采率为 95%，2023 年矿山的实际平均开采回采率在 96%以上。

### （三）选矿回收率

根据对重点企业的调查，承德的重点采选企业资源多以含铁较低的超贫钒钛磁铁矿利用为主，多数企业的选矿回收率以磁性铁的回收率设计和计算，重点企业的设计选矿平均回收率为 90.5%，实际平均选矿回收率在 95%以上。

### （四）综合利用率

承德钒钛磁铁矿中共伴生资源较多。其中钒元素基本经磁选进入钒钛铁精矿产品，在冶炼过程中综合利用。钛、磷等元素除部分进入铁精矿外，其余进入选铁尾矿，经过湿式磁选，摇床富集钛后强磁精选钛，然后浮选磷。部分企业对伴生铜和金元素已开展回收利用，伴生钪元素富集回收技术上已有较大突破。尾矿砂、其他废弃毛石生产建筑砂石骨料（由于采选企业较多，目前还没有具体的综合利用率数据）。

2023 年，承德市共生产铁矿石原矿 3.688 亿吨，钒钛铁精矿 3365 万吨，钛精矿 87 万吨；生产磷精矿 326 万吨。

#### （五）磷综合利用

近几年，随着河北省各级政府不断出台鼓励政策和选矿技术的进步，承德磷铁矿资源实现了综合采选，带动了下游磷化工、新型建材产业发展。根据承德市“十四五”规划，承德市将“推进矿产资源整合，延长钛、磷、硫综合利用产业链条”，打造“钒钛磁铁矿综合采选—磷精粉—磷复肥—新型建材”循环产业经济。

2021 年 7 月，史丹利农业集团控股承德黎河肥业，立足磷硫资源、地理区位、市场渠道等各方优势投资 9.25 亿元建设年产 100 万吨磷复肥项目。目前，一期年产 2×15 万吨高端硫基专用复合肥生产线已经建成投产，二期扩建项目正在建设中，项目建成后年消耗磷精粉 110 万吨，预计 2024 年底全面建成，项目全面投产后，成为北方百万吨级大型磷复肥生产基地，将对北方铁钛磷综合选及磷化工产业健康发展起到重要的引领作用。

## 第四节 中国钒钛磁铁矿综合利用新技术

### 一、气基竖炉—电炉熔分工艺流程

气基竖炉—电炉熔分工艺流程，是以钒钛铁精矿粉生产的球团矿为原料，以天然气、焦炉煤气、页岩气、氢气等气源为还原气，经原料气转化后在竖炉内将球团矿还原为海绵铁。再将竖炉排出的高温海绵铁加入熔分电炉内深还原熔化分离，得到含钒铁水（或纯净铁水）和 $TiO_2$ 含量大于 45%的富钛渣（或钒钛渣）。含钒铁水可按现有工艺继续深加工，得到 $V_2O_5$ 和钢铁制品，$TiO_2$ 含量大于 45%的钛渣可直接作为钛产品加工的原料，见图 6-1。

中冶赛迪自主开发的 CISDI HYRIF 氢基竖炉工艺和装备技术，并基于我国钒钛矿资源，特别是攀西地区钒钛磁铁矿结构特点，联合国内科研院所开展了大量钒钛磁铁矿竖炉直接还原的相关研究，并结合自身在炼铁工程技术领域深厚的工程技术经验，提出了以钒钛磁铁矿冶炼为典型应用的气基竖炉—熔分电炉冶炼工艺新流程，见图 6-2。

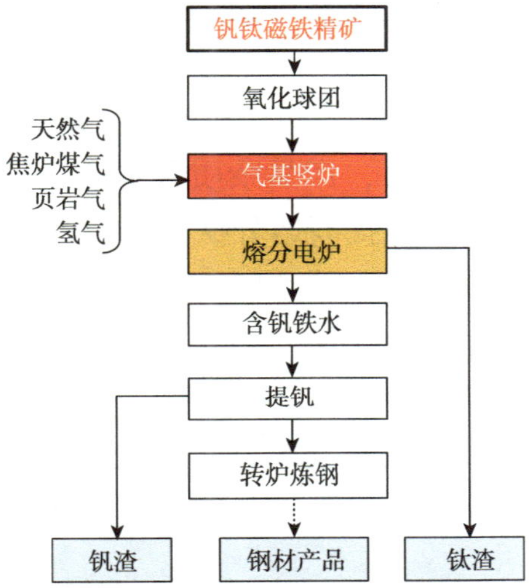


图 6-1　钒钛铁精矿气基竖炉—熔分电炉综合利用工艺流程

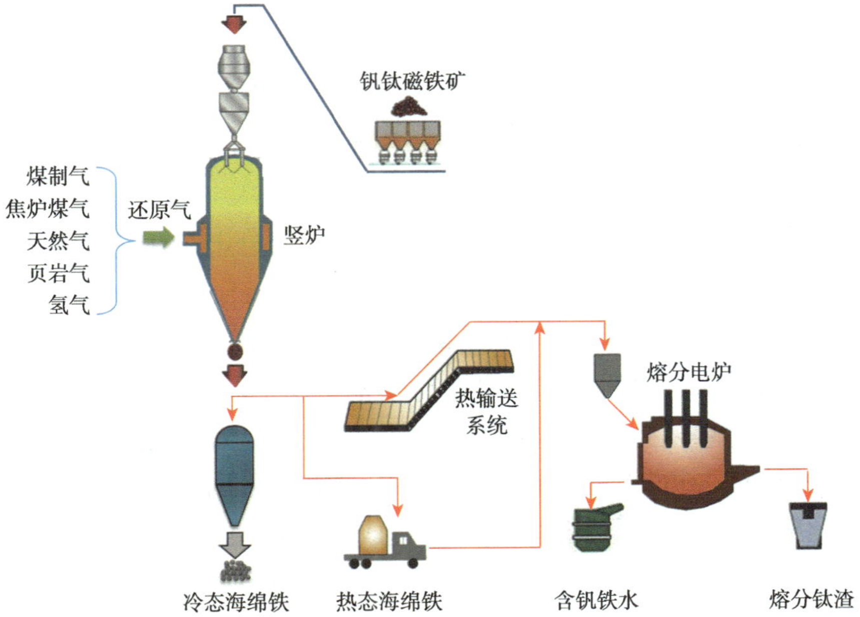


图 6-2　中冶赛迪钒钛铁精矿气基竖炉—熔分电炉冶炼工艺新流程

## 二、技术特点

（1）能够大幅度提高钒钛磁铁矿中铁、钒、钛资源的利用率，尤其可解决目前高炉冶炼钒钛磁铁矿流程中钛资源无法利用的问题。

（2）工艺流程能耗低，无需冶金焦、煤等碳质能源，污染物及碳排放量大幅度降低，更适于低品位矿的处理，可实现全钒钛矿冶炼，无需配加普通（进口）铁精矿。钒钛金属化球团热送至电炉深还原熔分获得含钒铁水和 $TiO_2$ 含量大于 45%的富钛渣，铁精矿中钛的收得率不小于 92%。

（3）竖炉采用洁净的还原气（焦炉煤气、天然气、页岩气、氢气等）作为还原剂，原料气适应性广，产品杂质含量低，钒钛金属化球团金属化率达 85%以上，可最大限度地提高熔分钛渣品位。

（4）竖炉单机产能大，最大可达年产 250 万吨 DRI，生产效率高。

（5）突破大型矩形熔分电炉装备技术，补足国内技术空白，大大提高了熔分炉产量，有助于降低能耗和节约运行成本。

（6）通过人工智能和可视化技术，实现关键生产技术指标的人工辅助决策，助力企业在生产效率、高效和安全操作方面建立优势。

## 三、核心优势

（1）钒钛铁精矿气基竖炉–熔分电炉冶炼工艺，属于 2024 版最新国家产业结构调整目录中的鼓励类（气基直接还原低碳炼铁）技术，可实现钒钛矿中铁、钒、钛等有价元素的高效利用，改变了传统高炉–转炉流程中钛资源无法回收利用的问题，钛的综合利用率可从 35%提高到 60%以上，显著提高了钒钛磁铁矿资源综合利用水平。

（2）采用具有自主知识产权的氢基竖炉、熔分电炉工艺技术与装备，成熟可靠，项目投资及建设周期大幅度降低。

（3）工艺流程生产能力大，可满足我国钒钛磁铁矿资源大型化、规模化综合利用的需求。前期，中冶赛迪与攀钢集团已基于“气基竖炉+熔分电炉”技术路线对攀西地区典型成分的钒钛磁铁矿高效冶炼进行技术方案研究与经济性论证。近期，中冶赛迪已与川威集团采用“气基竖炉＋熔分电炉”技术路线冶炼钒钛磁铁矿中试项目达成合作意向，该项目计划将于 2024 年 6 月建成并开展第一阶段的氢基竖炉中试试验验证。

# 第7章 钒钛二次资源情况

## 第一节 钒钛二次资源概况

我国钒钛产业在创造巨大经济效益的同时，也产生了大量副产物或废弃物，称为钒钛二次资源。按形态分为固态、液态和气态三大类。随着钒钛产业发展，钒钛二次资源产生量不断增加，需要利用处置。

### 一、攀西地区钒钛二次资源概况

攀西地区认真贯彻落实国家节能减排政策法规，加大治污投入力度，加大对工业废弃物的综合利用，构建了钢铁–钒钛“双位一体”的资源综合利用产业链，二次资源综合利用已成为循环经济新模式，基本覆盖了从钒钛磁铁矿采选到“烧结—炼铁—炼钢—压力加工”等钢铁产业各个环节。

如攀枝花市实现了年处理2000万吨剥离围岩、6000多万吨钒钛尾矿、50万吨含钒钢渣、25万吨提钒尾渣、10万吨高炉瓦斯泥等能力。钒钛二次资源综合利用产业链取得较大进展。如通过10余年攻关，攀钢集团研发并拥有自主知识产权的高钛型高炉渣“高温碳化—低温氯化”生产四氯化钛项目，工艺技术已取得突破性进展，打通了工艺流程，建成了1.5万吨/年工业试生产线。该项目工业化、规模化生产后，每年可利用700万吨高钛型高炉渣生产四氯化钛，再利用四氯化钛生产出110万吨氯化法钛白粉，达产后年产值预计超过200亿元，利税10亿元左右。

攀西地区在对钒钛尾矿、含钒尾渣等固态二次钒钛资源，以及对钛石膏、磷石膏、硫酸渣、钛白废硫酸等钛磷硫化工固态/液态二次资源综合回收利用方面，不断加快步伐，发展空间和发展潜力巨大。

### 二、河北承德地区钒钛二次资源情况

2023 年，河北承德地区钒钛磁铁矿及超贫钒钛磁铁矿尾矿产量 3.3 亿吨，目前的堆存量 30 亿吨以上；提钒尾渣年产量约 20 万吨，主要用于高炉回吃和二次提钒，分别占 40%和 60%；含钒钢渣年产量约 50 万吨，选铁后高炉回吃；承德钒钛新材料有限公司（原承钢）含钛高炉渣年产量约 280 万吨，目前堆存量约 3300 万吨，全部堆放在渣场。

承钢提钒尾渣产量不多，主要供给承钢柱宇公司（承德只此一家）用于二次提钒原料（含钒 0.7%以上部分），年产多钒酸铵约 1000 吨。含钒低于 0.7%的提钒尾渣未能再利用。建龙的提钒尾渣含钒低于 0.7%，主要用于高炉回吃。

## 第二节　钒钛二次资源利用及其产业情况

### 一、钒钛二次资源产业发展现状

#### （一）钒钛二次资源的来源及种类

以攀西地区为例，钛精矿及钒钛铁精矿生产企业、钛白粉生产企业、氯化钛及海绵钛生产企业、钛及钛合金机械加工企业、高钛渣生产企业、钒产品生产企业，分别产生了钒钛选矿尾矿、钛白废酸及酸性废水、硫酸亚铁、钛石膏、酸解渣、氯化残渣、提钒尾渣、废硫酸钠、炉窑尘灰，以及钛渣电炉尾气、海绵钛氯化及精制工序废气、钠电解工序废气、五氧化二钒焙烧废气等钒钛二次资源。

按钒钛二次资源的形态不同，可分为固态钒钛二次资源、液态钒钛二次资源和气态钒钛二次资源。其中，与钛产品生产相关的固态钒钛二次资源量最大，与钒制品生产相关的固态钒钛二次资源量相对较小。

#### （二）固态钒钛二次资源利用

目前，固态钒钛二次资源多以堆放渣场方式处理，如钒钛尾矿、高钛

型高炉渣、钛石膏、炉窑尘灰、海绵钛熔盐氯化渣废盐、钛渣除尘灰、选矿尾砂、选矿泥浆等，仅有少部分不堆入渣场，企业进行内部自行消化或循环利用，或直接出售给下游相关企业处理或应用。

从总体上看，得到利用的固态钒钛二次资源量仅占总产生量的5%。主要原因是固态钒钛二次资源产量规模大、技术难度大、市场范围小、经济性有待提高，急需技术突破和市场拓展。

### （三）液态钒钛二次资源利用

**液态钒钛二次资源来源：**主要有选矿废液、硫酸法钛白废酸及酸性废水、渣场渗滤液、硫酸企业与海绵钛企业产生的废水等。

**综合处理现状：**选矿废液主要源自中小型选矿企业，废液经处理后企业内部循环使用不外排；硫酸法钛白酸性废水大部分经污水处理站处理后部分回用，部分排至工业污水集中处理厂处理，达到《污水综合排放标准》一级标准后再排放或循环利用。此外，有大量的废酸需要处理，目前的处理方法是用石灰进行中和，产生的钛石膏小部分用于水泥厂原料，大部分堆放入渣场；还可从废酸中结晶出绿矾（七水硫酸亚铁），用于净水剂产品销售以及与硫铁矿一起掺烧制硫酸。

### （四）气态钒钛二次资源利用

气态钒钛二次资源主要有钛渣电炉尾气、海绵钛氯化及精制工序废气、钠电解工序废气、五氧化二钒焙烧废气等。目前，正加大烟气脱硫脱硝一体化技术攻关，以期实现尾气治理与余热利用。但是，气态钒钛二次资源中的热能价值尚未得到有效的回收利用，其回收利用空间和潜力较大。

## 第三节　钒钛二次资源回收利用企业情况

钒钛二次资源回收利用企业相对较少，地区发展很不平衡。攀西是我国进行钒钛资源二次资源利用开展较早、利用较好的地区，培养造就了一批钒钛二次资源优势企业。以攀枝花钒钛高新产业园区为例，内有攀枝花市润泽建材有限公司、攀枝花市天盟建材有限责任公司、攀枝花钢城集团瑞天安全环保有限公司钛洁分公司等11家二次资源综合利用企业，处置和利用能力不断提升。此外，承德地区也有承钢柱宇钒钛有限公司等二次资源综合利用企业。

# 第四节　主要问题和对策建议

多年来，我国钒钛产业在钒钛二次资源回收、处置、加工利用方面积累了一定经验，形成了一批综合利用企业，在处置利用规模、厂内循环利用及资源综合利用市场化等方面取得了一定的成效，但还存在一些问题。

## 一、主要问题

（1）认识需要提高。受多种因素影响，对钒钛二次资源综合利用的经济价值和环保效应认识存在不足，影响钒钛二次资源综合利用。要把钒钛二次资源利用作为钒钛资源综合利用的重要组成部分，制定完善的鼓励政策，支持企业搞好综合利用；既要重视钒钛资源开发中的眼前利益，又要关注长远利益，实现资源开发与环境保护并重；要建立钒钛二次资源利用的惩戒制度，形成从政策上、效益上和企业行为上多维度的利用机制，以思想认识的提高带动行动的实施，搞好钒钛二次资源综合利用。

（2）企业需要做强。认识上的差距以及钒钛二次资源利用效益性较差的问题，导致对钒钛二次资源利用企业少，实力较弱，未形成集聚效应。以钒钛二次资源利用处置较好的攀枝花国家级高新技术产业开发区为例，目前仅有 11 家钒钛二次资源利用企业，利用和处置能力不足，资源再生利用率和产品转化率需要提高。其他地区的钒钛二次资源利用和处置处于起步阶段，企业少、技术装备水平较低、能力弱，与主体产业的发展配套不系统、不完整，急需优化壮大。

（3）技术需要突破。基于钒钛磁铁矿自身的特点，造成钒钛二次资源开发利用技术研发难度大。许多既能够极大提高资源利用率又能减少废弃物排放，以及实现主要废弃物综合利用的重大关键技术，还没有完全实现产业化，部分技术需要进行工艺完整性、稳定性以及经济性的验证。如对钒钛磁铁矿选矿尾矿（特别是选钛尾矿）、高炉渣的全资源化综合利用关键技术、钛石膏全资源综合循环回收利用关键技术等，还需要关键核心技术突破。

## 二、对策建议

钒钛二次资源回收利用既解决了二次资源堆放给企业和园区带来的负担，又能实现一定的社会效益和经济效益。相关政府和企业，要把钒钛二次资源综合利用作为产业，重点推动和发展，设立钒钛二次资源综合利用研发中心，围绕以下方向重点突破：

一是规模化回收处理钛石膏、磷石膏、脱硫石膏、黄磷渣、钛白废酸工艺技术及其应用；二是与钒钛共伴生的稀贵金属提取技术及其应用，主要提取钛渣烟尘、钛白废酸中的钪、镓、铟等稀贵金属元素；三是废钛及钛合金回收处理工艺技术及其应用。

### （一）钛、铁、硫、磷二次资源耦合循环利用

钛化工企业产生的固态钒钛二次资源主要以钛石膏为主，年排放量约占工业园区内固态二次资源排放量的 90%，这些钛石膏堆放在渣场既浪费资源、占用土地，又不利于环境保护。实现对钛石膏的全资源化利用，符合国家战略性新兴产业发展要求，且市场潜力巨大。

结合钛化工和磷化工生产产生的气态、液态及固态二次资源现状，提出一种“钛、铁、硫、磷”二次资源耦合循环利用新工艺技术路线，见图 7-1，二次资源的处理能力及生产新产品产量平衡表见表 7-1。

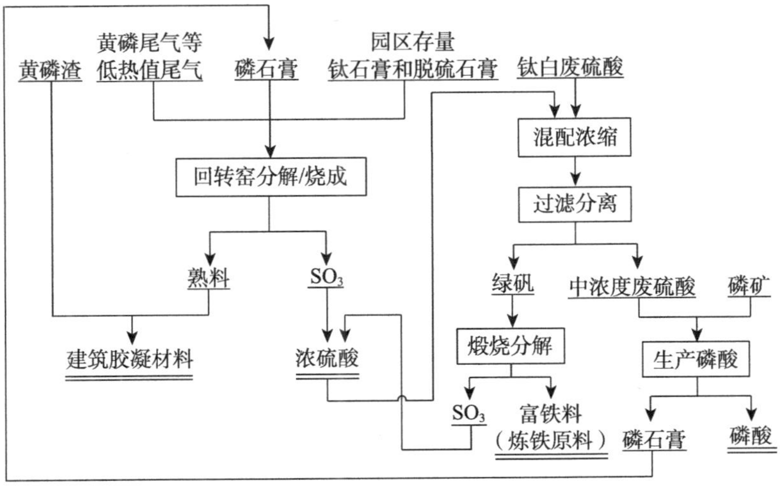


图 7-1　钛、铁、硫、磷二次资源耦合循环利用技术路线

**表 7-1　新工艺技术处理二次资源量及生产新产品产量平衡表**

| 种　类 | 处理二次资源 | | | | | 生产新产品 | | | | |
|---|---|---|---|---|---|---|---|---|---|---|
| | 园区存量石膏 | 增量磷石膏 | 黄磷渣 | 钛白废硫酸（浓度 23%） | 黄磷尾气/亿立方米·年$^{-1}$ | 建筑胶凝材料 | 绿矾（一水） | 富铁料（含铁60%） | 浓硫酸 | 磷酸 |
| 处理/生产量/万吨·年$^{-1}$ | 124 | 300 | 300 | 240 | 9 | 444 | 36 | 30 | 120 | 2 |

注：绿矾煅烧生产硫酸时掺硫化矿。若掺烧硫化矿时，则处理园区存量石膏量相应减少。

此新工艺技术的主要优势：以硫资源的耦合与循环利用为纽带，实现钛化工耦合磷化工，二者协同生产。实现产业化后，可解决硫酸法钛白生产中产生的钛石膏处理利用问题，不产生新的钛石膏；同时可大量消化存量钛石膏、磷石膏及脱硫石膏，以及副产的大量浓硫酸再返回硫酸法钛白生产流程，实现硫资源的循环利用，推动磷化工、钛化工和硫化工的高质量可持续发展。建议组织全国力量研发此新工艺技术并尽快推广应用。

### （二）大力推进海绵钛熔盐氯化废熔盐等二次资源综合利用

攀钢目前正在开发的“熔盐高温水淬—氧化沉淀—蒸发结晶”新工艺，可回收氯化废盐中的钠、镁、铁、锰等元素，该新工艺的产品及走向见表 7-2。此工艺可实现对氯化废盐的资源化、减量化、无害化处理和应用。

**表 7-2　此新工艺项目主要产品及走向**

| 序　号 | 产品名称 | 走　　向 |
|---|---|---|
| 1 | 粗盐 | 回用氯化系统，外售 |
| 2 | 碱式碳酸镁 | 送攀钢集团利用 |
| 3 | 氢氧化铁混合物 | 送攀钢集团利用 |
| 4 | 含碳渣 | 园区渣场填埋 |
| 5 | 终渣 | 园区渣场填埋 |

### （三）对共伴生金属的提取利用

加大科技攻关力度，支持骨干企业加大科技投入，加快从钛白废酸和钛渣烟尘中提取钪、镓、铟等共伴生稀贵金属步伐，把共伴生稀贵金属提取产业化，培育领军型企业，为新能源材料、特色钢铁、机械制造、相关功能材料等产业发展提供原料。

## （四）回收利用废钛及钛合金

钛及钛合金加工具有特殊性，成品率不高，会产生大量废海绵钛、废钛合金、钛屑或砂轮灰，统称为废钛及钛合金，是宝贵的二次钛资源，应回收利用。不同废钛及钛合金的回收利用方式如下：

（1）未被污染的废海绵钛，包括加工后的边角余料和钛屑，量大质好，应尽量作为熔炼钛锭的添加料。

（2）块状的废海绵钛，由于其纯度和成分不同，可分别作为钢铁工业中的脱气剂或合金添加剂。

（3）等外废海绵钛、钛粉末废料宜作为烟火工业中的爆燃剂，也可作为制取铝加工工业中的添加剂。

（4）混料或杂质多的钛屑或砂轮灰，可加工成粉末，作为烟火工业中的爆燃剂。

# 第8章

# 市场主体

## 第一节　市场主体分布概况

全国钒钛资源市场主要分布在四川省的攀西地区以及河北省承德地区，云南、新疆等地也有少量分布。

四川省攀西地区钒钛资源开发重点企业主要有攀钢矿业、龙佰矿冶、宝武资源重钢西昌矿业、安宁股份、川威矿业、德胜钒钛、四川省钒钛产业发展投资有限公司（2024 年开工建设）等。

河北省承德地区钒钛资源开发企业主要有承德京城矿业集团有限公司、河北远通矿业有限公司、承德天宝矿业集团有限公司、承德兆丰钢铁集团有限公司、河钢集团矿业有限公司承德黑山铁矿、承德宝通矿业有限公司等。

## 第二节　重点企业

### 一、攀钢集团矿业有限公司

#### （一）公司概况

攀钢集团矿业有限公司始建于 20 世纪 60 年代中期的三线建设。1973 年 5 月 1 日，原冶金工业部决定成立攀枝花冶金矿山公司。1993 年 6 月并入攀钢（集团）公司，2008 年 4 月，改制为攀钢集团矿业有限公司。公司主要经营范围为：选矿；矿物洗选加工；常用有色金属冶炼；技术服务、技术开发、技术咨询、技术交流、技术转让、技术推广；建筑用石加工；有色金属合金销售；有色金属铸造；金属矿石销售；非金属矿及制品销售；再生资源销售；土地使用权租赁；矿产资源（非煤矿山）开采；道路货物运输（不含危险货物）；危险废物经营；矿产资源勘查。

“十四五”期间，公司围绕“二三三”工作主线，即安全保障、资源保障两个保障，矿山深度开采、选矿深度回收、全系统深度降本三个深度，改革创新、科技创新、管理创新三个创新开展工作，打造国内最具竞争力、控制力的钒钛磁铁矿生产及经营企业。

作为攀钢高炉冶炼的主要原料供应基地，公司拥有钒钛磁铁矿、白云石矿等矿山。截至2023年底，境界内可采资源量约3.93亿吨。其中：攀枝花矿区1.15亿吨（露天0.68亿吨，地下0.47亿吨），白马矿区2.78亿吨。主要生产钒钛磁铁矿（钒钛铁精矿）、钛铁矿（钛精矿）、硫钴精矿、冶金辅料矿（石灰石粉、生石灰粉、高镁石灰粉）等矿产品。经过五十年发展，已形成年产钒钛铁精矿1340万吨（TFe品位54%～57%），钛精矿176万吨（$TiO_2$品位46%～48%），冶金辅料矿80万吨的实际生产能力。钒钛铁精矿产量位居全国前三，钛精矿产量持续保持全国第一。

### （二）生产经营

**（1）柔性生产，产品规模实现新跨越。**2023年组织生产钒钛铁精矿1340万吨，同比增加3.7万吨；钛精矿176万吨，同比增加25.4万吨，钒钛铁精矿产量位居全国前三，钛精矿产量持续全国第一（市场份额占全国四分之一），同时钛精矿提前两年实现“十四五”规划目标，铁、钛精矿产量再攀历史新高。

**（2）市场导向，产品销售实现新突破。**全年钒钛铁精矿产销率100.66%、钛精矿产销率103.17%，实现“双百”目标。特别是钛精矿销售实现了“三个首次”的突破，即首次外销突破100万吨大关、首次外销量实现大于集团内部自用量、首次走出国门进入国际高端钛产业链市场。

**（3）全面提质，产品质量迈上新台阶。**密地和白马自有产线钒钛铁精矿品位同比提高0.85、0.96个百分点，其中白马提质钒钛精矿按期实现达产达效，TFe品位年累计57.01%，为历史新高；密地和白马外委加工钒钛铁精矿品位同比分别提高0.27、0.36个百分点；2023年，按现行价工业生产总产值累计81.52亿元，较2022年（75.83亿元）增加5.69亿元。

**（4）资源深度开采与回收实现新突破。**率先建成超细粒级钛精矿回收示范线，并提前3个月实现达产达效。2023年，生产超细粒级钛精矿7.44万吨，密地钛资源综合回收利用率由51%提高至53%，资源综合利用率实现大步跨越；全国首创技术投入工业应用，解决了世界性难题，将对全国乃至全世界超细粒级钛铁矿高效工业回收起到良好的示范效应；铁路排土场资源回收利用项目建成投产，土场资源回收年新增规格矿生产能力900万吨/年（外委加工钒钛铁精矿80万吨），大幅提高外委加工资源保障能力。

### （三）科技创新

**研发经费、申请专利与获得专利授权。**全年累计研发投入3.5亿元，其中公司专项费用直接投入6925万元，完成年度目标。加强专利申请工作，保质保量完成年度任务。全年累计申请专利69项，其中发明专利33项；授权专利47项，其中发明专利10项。完成了省级（行业协会）科学技术奖2项，鞍钢科学技术奖1项和攀钢科技进步奖2项的申报工作，获得攀钢科技进步奖二等奖1项，三等奖1项。

## 二、龙佰集团四川矿冶有限公司

### （一）基本概况

龙佰集团四川矿冶有限公司成立于2002年3月，是龙佰集团的全资子公司，是集科研、生产、销售为一体的钒钛磁铁矿采选冶资源综合利用大型民营企业。现已形成年产原矿1500万吨（其中综合利用低品位矿700万吨）、铁精矿400万吨、钛精矿110万吨、硫钴精矿3万吨、氯化钛渣30万吨、含钒生铁16万吨的生产能力。公司坚持科技创新、节约资源、绿色发展，在钒钛磁铁矿资源综合开发利用领域上多项技术处于国内、国际先进水平，获授权专利60项，是“全国矿产资源节约与综合利用专项优秀矿山企业”“全国矿产资源开发整合先进矿山”“矿产资源综合利用示范基地”“国家级绿色矿山”、冶金矿山“十佳厂矿”“四川省优秀民营企业”、四川省“全面创新改革试验先进集体”“安全生产清单制露天矿山示范单位”。

### （二）科技创新

**坚持科技创新引领，持续提升资源综合利用水平，促进钒钛产业升级，实现高质量发展，有力支撑攀西国家级战略资源创新开发试验区提档升级，**

**推动世界钒钛产业中心向攀西转移。**龙佰矿冶公司自2003年进驻攀枝花以来，在钒钛磁铁矿资源综合开发利用领域上多项技术处于国内、国际先进水平，资源综合利用效率和水平持续提升，现已经对攀西地区钒钛磁铁矿中的铁、钛、钒、钪、硫、钴、镍、铜八种元素进行回收利用。采矿回采率98.73%，较国家资源综合利用示范基地规划目标值高出2.73个百分点，位于全球同行业前列；选铁总回收率66.49%，较国家资源综合利用示范基地规划目标值高出5.96个百分点；钛资源综合利用率45%，远高于攀西地区35%的平均水平，达到国际领先水平。

“十四五”期间，龙佰集团立足于攀西地区，深耕钒钛资源开发与产业链建设，投资逾180亿元建设“龙佰产业园”：矿山、冶金、化工和资源综合利用四大版块项目，形成矿山、钛化工、有色金属、新材料产业集约发展产业体系。

已建成的50万吨攀西钛精矿升级转化氯化钛渣创新工程，奠定了钛产业高质量发展的基础；代表世界最先进水平的20万吨大型沸腾氯化钛白粉在攀生产，将有力促进四川钛白粉产业升级；代表西方主流钛金属制造技术的6万吨/年转子级海绵钛在攀落地，将实现世界钛金属最高的制造技术在攀产业化；钒、钪等稀有金属综合回收示范工程代表了攀西钒钛多金属矿的资源综合利用最高水平，为攀西钒钛工业技术提档升级提供强力支撑，实现了攀西地区钒钛产业的高质量发展。

### （三）使命担当

**平凡坚守践行初心，攻坚克难担当使命。**

一是建成绿色生态示范基地，实现绿色发展。公司坚持“绿水青山就是金山银山”发展理念，在资源节约、节能减排、降低能耗、减少污染物排放、覆土绿化等环境治理和生态修复方面投入3.58亿元，颗粒物、$NO_x$、$SO_2$分别减排134.6吨、51.67吨、110.72吨，较国家行业标准分别减排80%、58%、75%，基本实现了矿区环境天蓝、地绿、水净。

二是创新工作机制，锤炼过硬本领。公司积极探索产学研用联合技术创新，推进建立创新人才在企业、高等院校、科研院所之间的流动机制，立足于促进行业及企业发展，以课题式“引智”为媒介，衔接“产业链+人才链＋创新链”，积极与中国地质调查局成都矿产综合利用研究所、北京矿冶科技集团、长沙矿冶研究院、有色金属研究院、北矿机电科技有限责任公司、中铝郑州有色金属研究院有限公司、昆明理工大学、攀枝花学院等多个大学、研究机构和企业开展人才技术交流，通过企业“搭桥”，采取“项目＋人才”模式，解决行业关键问题、瓶颈问题，使企业真正成为科技成果创新人才的重要集聚地和各显其能的用武之地。

从发展起步到不断壮大，从夯基垒台到积厚成势，龙佰四川矿冶有限公司在时代的沃土上奋力成长，在大国崛起的征程中谱写新的篇章。

## 三、宝武资源有限公司

### （一）基本情况

宝武资源有限公司隶属于宝武集团“绿色资源产业”板块，总部在上海，主要从事境内矿山、海外矿山、贸易与营销、物流四大板块业务。截至 2022 年末，公司实现营收 1100 亿元，利润总额 67 亿元，在岗员工 16160 人；下属公司共 144 家，其中全资控股公司 94 家，参股公司 50 家；经营实体覆盖我国安徽、江苏、湖北、新疆、浙江、云南、重庆，以及澳洲、非洲、东南亚等。

### （二）公司战略

宝武资源有限公司的愿景是坚定成为中国宝武创建世界一流的压舱石。中国宝武以“共建产业生态圈、推动人类文明进步”为使命，将企业命运与国家富强、民族复兴以及构建人类命运共同体结合起来，体现了宏大的战略价值。作为中国宝武的子公司，宝武资源在践行中国宝武使命的同时，也明确了自己的企业使命。公司致力于全球开拓铁矿资源，为钢铁业打造最可靠、最绿色、最安全的原料供应链。公司定位为保障铁矿供应链安全，支撑钢铁绿色低碳转型。核心竞争力包括供应链服务能力、成本优势、极致效率。以客户为中心，构建绿色低碳冶金炉料资源保障基础，为钢铁业打造可靠、绿色、安全的数智化供应链解决方案。

### （三）生产经营

立足资产经营层功能定位，有效承接中国宝武战略规划，全力打造宝武新型低碳冶金现代产业链供应链“链长”，构建具有宝武资源特色的勇担当、强绩效、创一流的新型经营责任制。2023 年，宝武资源面对各种风险挑战，迎难而上、积极作为，推进精益管理，增强价值创造，追求极致效率效益，在经营规模、经济效益和运行质量上保持稳中向好，全面完成各项经营指标。全年实现国内自产铁精矿产量同口径增产 5.0%，自产铁精矿单位制造成本较 2022 年下降 3.5%，顺利实现成本三年削减规划控制目标，利润总额居宝武集团一级子公司前列，为宝武集团稳增长作出了积极贡献。

## （四）科技创新

2023 年，公司深入贯彻落实国家、集团公司强化战略科技力量的要求，全面完善科技创新体系，夯实科技自立自强根基，为公司勇当冶金矿产资源产业链供应链“链长”提供强大科技支撑。公司成立了科技创新研究院和若干专业研究所，召开了专业化整合以来的首次科技创新大会，发布了新一轮科技创新规划纲要及规划期重点创新任务，出台了激励保障机制建设的一系列具体实施细则。公司强化使命担当，面向战略性新兴产业和未来产业，聚焦战略性矿产资源高效开发利用、深部矿产资源勘探开发、关键装备开发应用等重大科技攻关领域，加大科技创新资源投入，积极承担国家重点科技任务。通过积极打造具有矿业特色的科技创新“国家队”，围绕绿色低碳发展战略和无人采矿、无人选矿、无废矿山、无碳矿山目标，组织开展战略性、前瞻性、突破性创新研发工作。

## （五）绿色低碳发展

宝武资源作为资源型企业，高度重视生态环境保护和绿色发展，在习近平生态文明思想引领下，按照新形势下国家和宝武“双碳”目标要求，锚定“为宝武碳达峰碳中和目标实现提供绿色炉料保障”“实现宝武资源生产环节的低碳、零碳运营”两个行动目标，力争达成“2023 年碳排放强度达峰，2030 年前碳排放总量达峰，2035 年减碳 30%，2050 年前实现碳中和”的总体目标，助力宝武打造新时代低碳创新转型新标杆。

宝武资源积极研究铁精矿、球团矿等主要产品的碳足迹，参与制定产品种类规则（PCR），做第一个主动披露 EPD 的铁矿石产品企业，协同下游钢铁产业链更好地减碳降碳，帮助产业链生态圈实现绿色低碳发展。2022 年 10 月，宝武资源参与制定的铁矿石 PCR 正式评审、批准发布，内容涉及矿业开发及生态恢复过程，产品生命周期实现了从摇篮到用户大门。2023 年 1 月，宝武资源 6 份铁矿石（球团矿）EPD 全球首发。公司锚定绿色低碳冶金路径，持续推进节能降碳，推陈革新成为主攻方向。

## 四、承德京城矿业集团有限公司

### （一）基本情况

承德京城矿业集团有限公司（以下简称“京城集团”）始建于 1998 年，经过 25 年的励精图治，京城集团逐步实现由单一的资源开发向多元发展、多产融合转型，现已发展成为集铁矿采选、冶炼铸造、房地产开发、酒店旅游、文化教育为一体的多元化企业集团，形成“矿业造血资金支撑、其他产业吸纳就业”的发展模式。下辖子公司 19 家，总资产达 139 亿元，有员工 5000 余人，上下游产业发展惠及 5 万多人。同时，带动了地域内建筑、建材、加工、服务等行业共同发展。2018 年，京城集团将绿色矿山建设纳入“绿色发展、百年京城”战略，实施绿色矿山建设系列工程。2019 年成功验收入库国家级绿色矿山名录，获全国绿色矿山突出贡献奖。2021 年度位居全国冶金矿山 50 强第 15 位，2022 年度位居全国冶金矿山 50 强第 12 位，并被评为全国冶金矿山“十佳厂矿”、国家高新技术企业，2022 年 3 月被国家发改委列入国家战略矿产资源供应“基石计划”重点企业名单。

京城集团矿山主要为钒钛磁铁矿，属国内大型稀有战略资源矿山，处于承德国家级钒钛新型材料产业基地核心产区——河北省宽城满族自治县碾子峪镇孤山子村，矿区面积 6.3285 平方千米，采区 315 米标高以上储量 4.3 亿吨，315～136 米标高储量 27 亿吨，全铁平均品位 15.32%，磁性铁平均品位 8.54%，钒、钛、磷平均品位分别为 0.11%、1.94%、1.49%。目前，品位大于 MFe 3%全部回收，已探明储量 100 亿吨，开发利用前景广阔。京城集团已累计开发钒钛磁铁矿资源 25 年，采区矿石所供各选厂累计上缴税金 112 亿元。2023 年京城集团生产铁精粉 630 万吨，实现销售收入 60 亿元、利税 23.7 亿元 。

### （二）科技创新

经过 20 多年的发展，京城集团装备水平和生产工艺也得到极大进步和提升，采选工艺、技术、设备等成熟、可靠，生产规模化、工艺先进化、设备大型化以及现代化程度均处于国内领先水平。

一是采用混采法采矿。京城集团矿区内矿体赋存于超基性岩体–辉石岩体中，矿石平均 MFe 品位 5%，根据矿体赋存条件和围岩中含有低品位矿石的实际情况，矿山在开采过程不分矿岩，采取混采法，其中 40%为 MFe

品位 8%以上工业矿石，60%为 MFe 品位 6%以下低品位矿石和围岩，有效提升了资源综合利用水平。二是采用皮带廊运输。投资 2.6 亿元实施原矿运输技术改造项目，建成全长 3.3 千米、年运输矿石能力达 1 亿吨的国内最大的单体皮带运输项目。正在建设 4.5 千米的尾矿皮带输送工程，年设计皮带运输尾矿 5000 万吨。总长 7.8 千米的两条地下皮带廊全部建成后，可实现从破碎、筛分、选别、尾矿排放全封闭加工处理、地下密闭运输，年可减少车辆运输 200 余万车次，减少废气排放 3.2 亿立方米、烟尘 305 万千克、二氧化硫 26 万千克，使铁精粉生产成本降低 36 元/吨，进一步提升节能、低碳、清洁、绿色发展水平。三是选矿设备工艺先进。矿山破碎系统采用"三段一闭路 + 干选"工艺流程，磨选系统采用高压辊磨机代替一段磨矿，阶段磨矿阶段选别，工艺流程先进、合理，有效降低了生产成本，符合节能减排的高标准要求。如通过集中破碎，在采区内建立大型破碎站，采用大型化、高效、低能耗的新型设备，提高破碎效率，使铁精粉生产成本降低 24 元/吨；通过增加干选工艺，破碎后将大量废石提前抛掉，抛废率 45%以上，实现了大量尾矿干排，延长了尾矿库使用寿命，减少环境污染，提高入磨品位，综合选比 13：1，使产量增加 40%，降低铁精粉生产成本 61 元/吨；通过高压辊磨机代替一段磨矿，使生产效率进一步提高，实现规模化生产，降低铁精粉生产成本 47 元/吨。总之，通过采用新设备、新工艺使铁精粉生产成本综合降低 168 元/吨。四是规模开发长远发展。京城矿业集团扩产 400 万吨铁精粉项目和 2 座尾矿库建设等配套项目已纳入"基石计划"重点项目。为推动项目落实，投资 27 亿元开工建设了 3 座旋回破碎站、2 条皮带运输通廊、1 座梯级资源智能回收中心、1 座 300 万吨铁精粉选矿厂和 1 座技改扩产 220 万吨铁精粉选矿厂，下一步还要投资 10 亿元建设 2 座尾矿库。项目建成后，年产铁精粉将达到 1100 万吨。

与国内单一磁铁矿山相比，京城集团总排尾量占比较低，生产 1 吨铁精粉，排尾 11.9 吨，单一磁铁矿石生产 1 吨铁精粉，排尾（岩石 + 尾矿）平均约为 19 吨。单一磁铁矿矿山总采矿量（岩石 + 矿石）进入排土场约 82%，进入尾矿库约 12%，铁精粉占 6%左右，京城集团钒钛磁铁矿总采矿量进入排土场 48%左右，进入尾矿库 31%，建筑用砂占 13%，铁精粉占 8%左右。

京城集团坚决树牢绿色发展理念和循环经济思想，从伴生元素、固废综合利用、生态修复治理等方面着手，力促变废为宝。一是开发伴生元素。新增浮选设施，综合回收选铁尾矿中的磷矿，正在建设 2 家提磷综合回收选厂，年产磷粉 100 万吨，可实现利润 4 亿元。二是固废综合利用。筹建废料资源化利用项目，年处理选矿废料 3150 万吨，生产砂石骨料 1650 万吨，减轻固废处理压力的同时，产出砂石骨料等副产品，增加经济收益。

## 五、河北远通矿业有限公司

### （一）基本情况

河北远通矿业有限公司隶属于北京大地远通（集团）有限公司，成立于 2004 年，由 1995 年成立的承德远通冶金物资有限公司发展而来。

历经二十年的发展积淀，公司现已发展成为一家以资源为核心依托，集矿产品开发、研究、深加工、水电、光伏发电、化工、酒店、金融投资为一体的跨行业、跨地区的综合性集团公司，承德地区最大的铁精粉、磷精粉、氧化球团生产基地。

公司注册资本 1.3 亿元人民币，现在职员工 3865 人，技术管理人员 248 人。年销售额达 55 亿元，年利税达 20 亿元。拥有 6 个采矿权，分布在双滦区、隆化县、滦平县。其中双滦建龙、新村、新源、伟源、宝通被评为国家级绿色矿山。

### （二）生产经营

公司资源保有储量 30 亿吨以上，原矿铁指标 15%左右，含磷 1.7%左右，现年产铁精粉 550 万吨以上，年产磷精粉 150 万吨以上，年产氧化球团 500 万吨以上。品位 58%～68%的铁精粉粒度细，半自熔、冶炼性能好、有害杂质低，并且还含有能提高钢材耐磨性、韧性、抗拉强度的钒和钛。高品位钛精粉，用于冶炼钛渣，制作金红石、钛白粉，还可以制成球团，作为高炉护炉剂，保护炉衬，延长炉龄。氧化球团产品品种齐全，可生产高钛护炉球团、中钛护炉球团、钒钛球团、高品低钛球团、普通球团、镁质球团、高硅球团，其中高钛护炉球团是公司开发的特色产品，为全国规模最大的特色精品、优质商品球团生产基地。多规格的优质产品备受市场青睐，产品主要销往承钢、首钢、宝钢、太钢、天钢、建龙、川威钢铁等主要钢铁企业，并在天津、河北、山西、河南、陕西、山东、辽宁、黑龙江、安徽、江苏等省份与地方钢铁企业有着广泛的合作，市场销售前景广阔。

公司积极致力于尾矿库的综合利用，变废为宝，开发光伏清洁能源。

公司现持有已并网光伏发电装机 100 兆瓦，凭借独特的资源优势和高效快捷的管理理念，与北京首钢矿业投资有限责任公司、北京华夏建龙矿业科技有限公司、河钢股份有限公司承德分公司、云南云天化股份有限公司等国内多家知名大中型企业建立良好的合作关系。

远通所属矿业公司主流程为：碎矿流程为“三段一闭路”，公司未满足于现有的处理量和破碎粒度，于 2023 年年初投入近亿元对伟源、新村和双滦建龙的碎矿设备进行了更新。随着新设备的投入使用，破碎车间的处理能力得到了很大提升，伟源矿石月处理量由 90 万吨提高到了 105 万吨，新村由 70 万吨提高到 80 万吨，双滦建龙由 40 万吨提高到 70 万吨，同时各生产单位破碎粒度也得到了有效控制，碎矿改造后破碎粒度–10 毫米粒级含量达到了 80%，多数时间段–8 毫米粒级含量也能达到 80%，现在还不是远通的最终目标粒度，公司将在不断学习和探索的道路上继续摸索，将破碎粒度降到 5 毫米，直至 3 毫米。选铁流程采用“两段磨矿三段磁选”选别流程，选铁尾矿进行磷、钛选别，选磷为“一粗一扫三精浮选”选别流程，选钛为“磁—重联合选别旋流”，螺旋溜槽重选流程为“一粗一扫三精”。

### （三）科技创新

河北远通不拘泥于传统选矿工艺，勇于创新，突破瓶颈。近几年公司技术人员一直研究细粒级磷的回收，均未取得明显效果，后与中南大学及中浮科技有限公司技术联合，在现场进行了半工业试验，引进了浮选柱用于细粒级磷的回收。2022 年先后在建龙、广福、伟源、新村进行技术和资金投入，实现了从细粒级尾矿中回收磷的新突破，提高了磷综合回收率 5～8 个百分点，提高了公司效益，创新了传统工艺，同时根据新村矿石的性质，在选细磷前又进行了回收铜元素的探索。目前新村选厂已经实现了铜回收，铜回收率在 4%～8%，后期双滦建龙也将进行改造,进行铜的回收，整体提高资源回收率。在回收硫铜元素的同时，并未停止对其他元素探索回收，因钪元素应用广泛而且具有很高的价值，现正探索钪的回收，目前处于起步阶段，后期会在这方面投入大量的技术和资金进行回收科研工作。

## 六、承德天宝矿业集团有限公司

### （一）基本情况

承德天宝矿业集团有限公司（以下简称“天宝集团”）坐落于风景秀丽

的历史文化名城——河北承德，是一家以矿业为主，酒店、地产和装备制造业多元化经营的、蓬勃发展中的民营企业集团。下辖承德天宝矿业集团有限公司（以下简称“天宝矿业”）和河北天宝投资有限公司（以下简称“天宝投资”）两大集团公司。目前集团员工总人数超5000人，总资产超88亿元，被视为地方经济的支柱，先后被河北省、承德市等有关单位授予“十强民营明星企业”“河北省百强民营企业”“河北省重点行业排头兵企业”等荣誉。

天宝矿业是一家以铁精粉生产销售为主营业务的大型民营矿业企业集团，注册资本2.76亿元。天宝矿业组建于2003年，其前身为2001年成立的宽城天宝矿产有限责任公司。天宝矿业通过新设成立、重组并购等方式，不断发展壮大，先后在承德市宽城县、平泉市、滦平县、隆化县成立13家矿业公司，总资产56亿元，员工总数2000人，产能达到550万吨，是本地区较大的民营矿业企业之一。2019年宽城、滦平矿区入库全国绿色矿山名录，多年入围河北省民营经济企业100强，位居全国冶金矿山企业50强第17位，荣获“2021年河北地区铁精粉优质供应商”荣誉称号，2022年被评为“绿色矿山突出贡献单位”。

## （二）企业经营

2009年以来，先后投资兴建了三家80万吨高标准、现代化选厂，新选厂采用了国际先进的破碎、磨选和除尘设备以及自动控制技术，在生产能力、设备先进性和节能环保方面居本地区同行业之首。2010年开始，矿业集团积极推进企业内部控制体系建设，加强内部管理，先后实施了ERP和办公自动化系统，实现了自由粗放型管理向精细化、信息化方向转变。

2016年，天宝矿业开始新一轮的技术改造项目。金海高压辊磨技术改造工程，设计年处理原矿700万吨，铁精粉产能45万吨，采用高压辊磨、量恒式干选机、风力分级、干式磁选机组成干磨干选粉磨系统，节能降耗、环保高效。处理量提高到600吨以上，月产量提高到3.5万吨，铁泰、铁丰两公司也引进此项技术，产能迅速增大，综合成本大幅度降低。

自2017年起，分两期进行滦平铁泰公司破碎技改及磷综合回收利用项目，设计年处理原矿4000万吨。一期2000万吨技改工程于2017年5月份一次性联动试车成功并投产；二期2000万吨技改项目于2018年4月份投产。投产后，干选精矿磁性铁含量可达 35%以上，大大提高球磨机利用效率及干选效率，大幅降低生产成本，同时进入尾矿库的尾矿量大幅减少。技改后，铁马矿区铁精粉年产能达到 220 万吨。

2021 年，天宝集团结合磷粉广阔的市场发展远景，投资兴建选磷项目，进一步延长产业链条，推动企业可持续发展。2021 年 1 月，德坊选磷投产，目前年产量 33 万吨。同年 10 月，民坊选磷一期投产，年产量达到 29 万吨，2023 年 9 月，启动二期扩建项目，预计 2024 年 3 月投产，投产后年产量可增至 58 万吨。2023 年 4 月，金海选磷投产，年产量 6.45 万吨。选磷工艺充分实现尾矿综合回收利用，既可减少尾矿排放量，又能延长尾矿库服役年限，最大限度地实现尾矿综合回收利用。

天宝矿业在宽城、滦平和隆化拥有三个独立的采矿权，分别是天宝采区、铁马采区和大昌采区，矿区总面积达到 9.3 平方千米，探明资源储量 10.78 亿吨，保有资源储量 8.4 亿吨，全部为露天开采的超贫钒钛磁铁矿，全铁品位较低，一般在 16%～18%，磁性铁平均品位为 6%～8%。原矿共伴生资源主要有钒、钛、磷、硫等,二氧化钛（$TiO_2$）平均含量为 2.73%，五氧化二钒（$V_2O_5$）平均含量为 0.35%，五氧化二磷（$P_2O_5$）平均含量在 2.1% 左右。

未来天宝集团将继续延长矿业产业链条，发展锂电池制造加工产业。

## 七、哈密市富宏矿业有限公司

### （一）基本情况

哈密市富宏矿业有限公司于 2016 年 9 月 30 日注册成立,注册资本 8000 万元。公司现有员工 270 人，管理及专业技术人员 11 人。办公地点位于哈密市伊州区东河区迎宾大道 338 号，主要从事范围为铁、钛矿的开采；矿产品加工、冶炼、销售；机械加工、设备安装业务。主要产品为铁精粉、钛精粉等。

哈密市富宏矿业有限公司拥有哈密市双井子西铁矿采矿权，矿山位于哈密市伊州区双井子乡大马庄山，该矿山距离哈密市 255 千米，采矿权核准面积 2.4207 平方千米，矿石储量约 1 亿吨。同时还拥有坡子泉北金矿、大马庄山铜矿、大马庄山铜多金属、双井子乡铜多金属等 4 处探矿权。公司下设西铁矿采区、钛铁矿选厂两个生产单位，项目建成投产以来，各项生产设备运行良好，生产状况持续稳定，经济效益良好。

### （二）生产经营

2023 年，公司实现营业收入 12987.37 万元，利润为–2066.30 万元。采区精料产量 138.50 万吨；选厂铁精粉产量 17.61 万吨；43%品位钛精粉产量 3.43 万吨，37%品位钛精粉产量 1.67 万吨。

### （三）项目建设

2023 年度公司计划项目投资 16055.11 万元，实际完成 25621.84 万元，累计完成全年投资年计划的 159.60%。

公司加快推进重点新建项目启动工作，新破碎线（三号线）2022 年 7 月 16 日开始施工，2023 年 11 月 13 日投料试机，投产后日均破碎量 1.6 万吨，月入破量 40 万吨，达到设计产能的 80%，2024 年 1 月 1 日正式移交至德方公司运营生产；采区生活区自 2023 年 7 月 20 日启动施工建设，宿舍楼已完成验收，已安排员工有序入住，可容纳职工 170 余人，宿舍楼设施完备，可满足职工日常生活需求。职工食堂主体建设已完成，预计 4 月中旬可投入使用，建成后可供内部员工及外协单位员工 500 余人就餐使用；选厂重选车间（一期）自 2023 年 9 月 15 日施工，2023 年 12 月 25 日建设完成，2024 年 1 月 1 日投料试机，1 月 5 日正式运行，目前车间生产正常。日处理量约 1.2 万吨，新建重选车间较老车间增加螺旋机组 352 组，进一步改进生产工艺，增加 1 组精选、2 组尾选流程，经验证可有效提升钛中矿品位，降低抛尾。

公司积极开展项目筹备计划，完成前期手续办理，其中盈泰三等尾矿库建设项目，已完成用地预审，建设用地手续正在办理中，尾矿库工勘已完成，初步设计正在编制；富宏新建三等尾矿库正在选址过程中。

## 八、哈密市泰源矿业有限公司

### （一）基本情况

哈密市泰源矿业有限公司成立于 2017 年 11 月 1 日，注册资金 2.1 亿元，出资已实缴到位，泰源公司是哈密市长城实业有限责任公司的全资子公司。项目地点：哈密市伊州区双井子乡大马庄山，距哈密市直线距离 202 千米，公司员工 200 余人。经营产品主要为：钛精矿粉、铁精矿粉。大马庄山采矿权许可证矿区面积 3.1693 平方千米。采矿权内控制的矿石量总计 2.6 亿吨，为一大型钒钛磁铁矿床。矿石平均品位 MFe 4.70%，伴生的（$TiO_2$）

含量 3.7%。矿体具有埋藏浅（露天开采）、形态简单、延伸稳定、有益组分分布均匀、矿石质量良好，易选冶、露天开采成本低等特点。项目已取得采矿权许可证，安全生产许可证，环评批复、用地手续等经营资质，项目公辅设施较为完善。泰源公司向国家专利局申报了多项选矿技术专利，已列为自治区高新技术企业。依据西部鼓励类产业目录，新疆将“钒钛磁铁矿开发、选冶联合工艺生产、综合利用及深加工”列为鼓励类产业，哈密市未来规划要建成世界级钛产业集群地。在产业政策和产业发展规划的指导下，泰源公司将持续优化选矿工艺，积极拓展市场，努力将公司打造成为行业内标杆企业。

### （二）生产经营

目前铁精矿粉选厂已达产达标，月产铁精矿粉 3 万吨，年产铁精矿粉 35 万吨。产出的铁精矿粉含 $V_2O_5$ 大于 0.8%，具有较高的利用价值。钛选厂一期已建成投产，月产钛精矿粉 0.7 万吨；2023 年 12 月钛选厂二期达产后，钛选厂整体可达到月产钛精矿粉 1.7 万吨、年产钛精矿粉 20 万吨的生产能力。产品主要成分为：铁精矿粉：TFe > 63.5%；$V_2O_5$ > 0.8%。钛精矿粉：$TiO_2$≥42%占比 50%，45% > $TiO_2$≥42%占比 50%。铁精矿粉销往酒泉钢铁集团、哈密大安钢铁；钛精矿粉销往新疆湘晟、安徽铜陵、甘肃金昌龙佰公司等地。

### （三）创新能力

泰源公司研发能力卓著，研发费用投入大，2023 年研发费用 799.85 万元，研发费用占收入总额的比例达到 4%。

2023 年研发项目 5 个：低能耗大倾角粒级分级预筛装置的研发、铁矿超细粉干磨干选磁选机的研发与应用、高效环保矿料输送装置的研发与应用、均匀布料高频振动给料装置的研发与应用、尾矿综合回收利用技术的应用研究。

通过工艺的设计与研发，解决了在铁矿、钛冶炼上的技术问题，项目产品通过自主研发，通过研究设计铁精粉、钛精粉的结构和生产工艺流程、设备改进，获得 31 项实用新型专利，目前 5 个发明专利处于实质审查阶段，在铁精粉、钛精粉生产中既保护了产品的核心技术又起到了关键技术支撑作用。

# 第9章

# 大 事 记

1. 2023 年 1 月 1 日，攀钢新白马公司铁精矿提质改造工程建成投入试生产，2 月 15 日，密地选矿厂提质改造工程建成投入试生产。

2. 2023 年 2 月，攀枝花市钒钛新材料产业集群入选四川省战略性新兴产业集群名单。

3. 2023 年 2 月 15 日下午，攀钢与陕西钢铁集团有限公司战略合作协议签约仪式在西安举行。双方将积极发挥各自优势，通过紧密合作，实现资源共享、优势互补，共同推进钒钛磁铁矿资源综合利用，构建双赢、可持续发展的战略合作伙伴关系。

4. 2023 年 3 月，攀钢超细粒级钛铁矿高效回收示范线项目提前 3 个月实现月达产。至 4 月 30 日，该项目仅用 90 天成功实现达产达效目标，平均品位 47.34%，超细粒级旋流器回收率、浮选回收率、产线回收率均超过设计能力，生产成本低于设计指标。

5. 2023 年 3 月 17 日，国家标准化管理委员会发布 2023 年第 1 号中国国家标准公告，由承德钒钛牵头起草的《钒钛磁铁矿综合利用术语和定义》（GB/T 42346—2023）获得通过并发布实施。该项国家标准具有中国钒钛磁铁矿综合利用领域的特色，填补了国内空白，在国际处于领先水平。

6. 2023 年 5 月 11 日，河北省工信厅、省发展改革委、省科技厅、省自然资源厅印发《关于印发〈关于支持承德钒钛产业高质量发展的若干措施〉的通知》。

7. 2023 年 11 月 15 日，四川省钒钛产业投资发展有限公司以 61 亿元正式竞得红格南矿。红格南矿出让年限为 30 年，矿出让采矿权面积 5.78

平方千米，资源储量为 32.56 亿吨铁矿石，其中含 2.85 亿吨 $TiO_2$、598.56 万吨 $V_2O_5$、48.84 万吨 Co。并于 2024 年 3 月 26 日正式启动开发。

8. 承德市隆化县金谷矿业携手中国联通智慧矿山军团、承德电智尚节能科技有限公司共同建设了金谷 5G+智慧绿色矿山项目。2023 年 11 月 17 日，隆化县金谷矿业 5G 智慧矿山入选工信部《2023 年 5G 工厂名录》。

9. 12 月 6 日，中冶赛迪参建的攀钢西昌钒钛钢铁等三项目获工信部等 5 部门评为国家级智能制造示范工厂。

10. 2023 年 12 月 7 日，攀钢矿业公司 5G 全连接智能采矿技术研究项目荣获世界 5G 大会-5G 融合应用揭榜赛三等奖；12 月 30 日，四川省重点建设项目攀钢矿业公司中沟湾尾矿库成功完成第一次热负荷试车。

11. 2024 年 2 月，华北地质勘查局五一四地质大队传出消息，在河北承德地区探获一处中型钒钛磁铁矿。该矿床位于大庙-黑山铁矿矿集区的东部，是典型的“大庙式”钒钛磁铁矿。目前，该矿床查明资源量已超千万吨，达中型规模，而且深部还有良好的远景储量，其中钒钛氧化物量达百万吨，伴生磷矿物量数十万吨。

# 钒业篇

钒被誉为“现代工业的味精”，美国、欧盟等国家将钒列为关键矿产。钒以合金、化合物和金属等形式广泛应用于冶金、化工、航天、储能、颜料、环保、医药等诸多重要领域。中国钒产业在产能产量、技术水平、产品系列和消费量等方面，居于世界领先地位，对世界钒产业具有重要影响力。

# 第10章

# 概　述

据美国地质调查局最新数据显示，2022年全球已探明的钒（折金属钒）储量大于6300万吨，其中可利用的资源量约为2600万吨，主要集中在中国（950万吨，不含石煤资源，占比37.2%）、澳大利亚（740万吨，占比28.9%）、俄罗斯（500万吨，占比19.6%）及南非（350万吨，占比13.7%）。

全球的钒原料主要来源于三个方面，分别是钒钛磁铁矿冶炼产生的钒渣、含钒矿物（钒钛磁铁矿、石煤等）和含钒二次资源（石油渣、废催化剂、电厂灰以及氧化铝生产过程副产品等）。2023年，全球钒原料的以上三大来源占比，分别约为66%、16%和18%，中国相应的占比为83%、7%和10%。

市场销售的钒产品主要有偏钒酸铵、片状五氧化二钒、粉状五氧化二钒、钒铁合金、钒氮合金、钒铝合金。钒产品主要用于钢铁、化工、钛合金、储能等领域。据初步统计，2023年钒在钢铁、钛合金、化工和储能领域的消费量约20.22万吨。从各领域的消耗占比分析，全球分别为81.2%、6.8%、5.2%和6.8%。相应地，中国消费量约11.48万吨，占全球57%，各领域的消耗占比分别为80.5%、4.4%、4.2%和10.9%。

据中国海关数据统计，2023年我国钒产品进口折五氧化二钒当量为7266吨，其中五氧化二钒6082吨，同比增加4802吨；中钒铁（V<75%）700吨，同比减少252吨；高钒铁（V≥75%）349吨，同比减少220吨；钒氮合金1.7吨。

2023年，我国钒产品出口折五氧化二钒当量为15272吨，其中五氧化二钒5546吨，同比增加976吨；高钒铁（V≥75%）5470吨，同比减少963吨；中钒铁（V<75%）81吨，同比增加9吨；钒氮合金941吨，同比减少43吨。

# 第 11 章 钒产业发展情况

## 第一节　全球钒产业的产区分布、产能、产量

### 一、产能分布

全球各大洲均分布有钒产业。以原料加工处理能力（以 $V_2O_5$ 计）统计，2023 年，全球总产能约 35.35 万吨，其中亚洲 25.5 万吨、欧洲 3.5 万吨、非洲 2.4 万吨、北美 1.65 万吨、南美 1.3 万吨、大洋洲 1.0 万吨。2023 年全球分地区钒产能分布图见图 11-1。

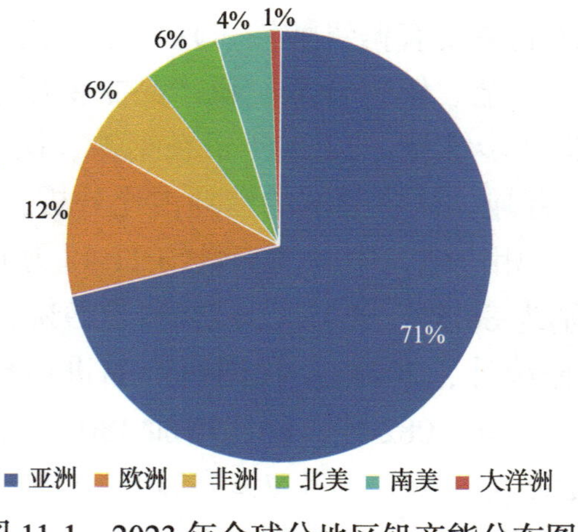


图 11-1　2023 年全球分地区钒产能分布图

全球约 53 家年处理能力超过 1000 吨的规模企业。亚洲地区共 44 家，其中中国大陆 31 家、中国台湾 3 家、日本 2 家、韩国 5 家、印度 3 家，所采用的原料包括钒渣、含钒矿物和含钒环保废弃材料；欧洲 3 家企业，其

中俄罗斯 2 家、奥地利 1 家，所采用的原料包括钒渣和含钒环保废弃材料；非洲 2 家企业（南非）和南美洲 1 家企业（巴西）均为钒钛磁铁矿直接提钒；北美（2 家企业，美国）采用含钒环保废弃材料作为原料、大洋洲（1 家企业，澳大利亚，停产状态）利用钒钛磁铁矿直接提钒。

## 二、2023 年的钒产量

2023 年，全球产钒量约 23.784 万吨（以 $V_2O_5$ 当量计，下同），同比增加 1.772 万吨。其中亚洲产量 16.840 万吨，占比 70.8%；欧洲产量 2.826 万吨，占比 11.9%；非洲产量 1.570 万吨，占比 6.6%；北美产量 1.400 万吨，占比 5.9%；南美产量 0.968 万吨，占比 4.1%；大洋洲产量 0.180 万吨，占比 0.8%。整体产能利用率 67.3%。2014—2023 年全球分地区钒产品产量统计见表 11-1，2023 年全球分地区钒产量分布见图 11-2。

**表 11-1 2014—2023 年全球分地区钒产品产量统计表** 吨 $V_2O_5$

| 年份 | 2014 | 2015 | 2016 | 2017 | 2018 | 2019 | 2020 | 2021 | 2022 | 2023 |
|---|---|---|---|---|---|---|---|---|---|---|
| 亚洲 | 103620 | 92100 | 90030 | 98300 | 105480 | 135590 | 145680 | 147140 | 153560 | 168400 |
| 欧洲 | 23410 | 23900 | 25570 | 26050 | 26510 | 28540 | 30170 | 31070 | 31200 | 28260 |
| 非洲 | 27990 | 23490 | 14770 | 14210 | 14430 | 15820 | 15460 | 15840 | 15980 | 15700 |
| 北美 | 10570 | 10070 | 6040 | 4670 | 4900 | 6130 | 7130 | 6800 | 11000 | 14000 |
| 南美 | 0 | 1650 | 8000 | 9300 | 9830 | 10580 | 11830 | 10320 | 10440 | 9680 |
| 大洋洲 | 1800 | 1800 | 1800 | 1800 | 1800 | 1800 | 1600 | 1800 | 1800 | 1800 |
| 合计 | 167390 | 153010 | 146210 | 154330 | 162950 | 198460 | 211870 | 212970 | 223980 | 237840 |

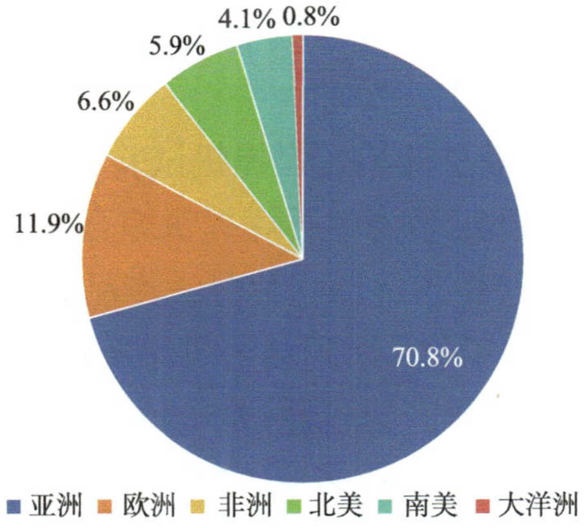


图 11-2 2023 年全球分地区钒产量分布图

数据来源：国家钒钛产业联盟数据库

# 第二节　中国钒产业的产区分布、产能、产量

## 一、产区分布

### （一）钒渣提钒

我国钒渣提钒及钒渣处理企业主要分布在四川攀西、河北承德等地区。攀西地区提钒企业主要有攀钢集团钒钛资源股份有限公司、成渝钒钛科技有限公司、四川德胜集团钒钛有限公司（云南德胜钢铁有限公司）、四川省达州钢铁集团有限责任公司、云南玉溪玉昆钢铁集团有限公司等；河北承德主要有承德钒钛新材料有限公司、承德建龙特殊钢有限公司。同时，还有黑龙江建龙钢铁有限公司、吉林金钢钢铁股份有限公司、新疆大安特种钢有限责任公司等。以上企业钒渣产能在 6 万～50 万吨/年不等。2023 年，全行业钒渣产能在 200 万～220 万吨左右（折 $V_2O_5$ 16.6 万～18.3 万吨），钒渣产量 164.8 万吨（折 $V_2O_5$ 13.4 万吨）。

### （二）石煤提钒

石煤提钒企业主要分布在陕西、湖北、河南、甘肃等地，代表性企业有陕西五洲矿业股份有限公司、陕西华源矿业有限责任公司、陕西福盛钒业科技有限公司、湖北平凡矿业有限公司、淅川县玉典钒业有限责任公司、淅川县浩洋钒业有限公司、淅川金阳储能科技有限公司、南阳汉鼎高新材料有限公司、肃北蒙古族自治县西矿钒科技有限公司等。以上企业产能（折 $V_2O_5$）在 0.1 万～0.6 万吨/年不等。截至 2023 年底，全行业石煤提钒年产能 4 万～5 万吨左右，产量 1.2 万吨。

湖北崇阳从 1976 年最早开始石煤提钒试验，到 1978 年初步实现工业化生产，1982 年被煤炭部定名为“石煤提钒综合利用试点县”，1989 年年均产钒近 200 吨，产品获得省优部优称号，产品大部分免检出口，在当时国内可谓一家独大。2008 年前，崇阳县内可年产钒 7000 吨，加上遍布国内的崇阳投资的 30 多家企业年产钒也超过 7000 吨，总共年产钒 14000 吨以上。转型后，全县市场主体 1000 多家，其中规模以上企业 17 家（包括 5 家高新技术企业），全县共有以钒氮合金占主导地位的生产线 17 条，年进出钒产品 2 万吨以上。崇阳形成全产业链，从偏钒酸铵提纯精钒到片钒、

50 钒铁、80 钒铁、钒氮合金、钒铝合金、高纯钒、钒电池电解液等高新产品一应俱全。根据 2023 年底的数据，在产企业不到 5 家。

### （三）二次资源提钒

二次资源提钒企业主要分布在四川、山东、陕西、福建及辽宁等地，代表性企业有广汉市川汉冶金炉料有限公司、山东滨州鑫程新材料有限公司、陕西聚泰新材料科技有限公司、福建泉州丰鹏环保科技有限公司、大连东泰集团有限公司、葫芦岛市新衡泰环保科技有限公司等。以上企业产能（折 $V_2O_5$）在 500～2000 吨/年不等。截至 2023 年底，全行业二次资源提钒年产能 2 万吨左右，产量 1.6 万吨。

## 二、产能及产量

2023 年，我国折五氧化二钒产能 24.1 万吨，产量 16.2 万吨。分品种来看，偏钒酸铵产能 83760 吨，产量 23810 吨，产能利用率 28.4%；粉钒产能 38760 吨，产量 13490 吨，产能利用率 34.8%；片钒（含 $V_2O_3$）产能 249240 吨，产量 126980 吨，产能利用率 50.9%；钒铁合金产能 129360 吨，产量 44280 吨，产能利用率 34.2%；钒氮合金产能 141480 吨，产量 50440 吨，产能利用率 35.6%。值得指出的是，我国有相当数量的铁合金生产企业同时生产钒铁合金和其他铁合金，因此，本报告中统计钒铁合金产能仅作为参考。我国主要钒产品产量统计见表 11-2。

**表 11-2　我国主要钒产品产量统计表**　　吨

| 产品 | 2015 年 | 2016 年 | 2017 年 | 2018 年 | 2019 年 | 2020 年 | 2021 年 | 2022 年 | 2023 年 |
|---|---|---|---|---|---|---|---|---|---|
| 片钒 | 60390 | 65090 | 75120 | 78810 | 94600 | 113160 | 108970 | 108840 | 126980 |
| 偏铵 | NA | NA | 5480 | 11220 | 11400 | 9840 | 12290 | 15400 | 23810 |
| 粉钒 | 3300 | 3370 | 3350 | 7720 | 10260 | 7660 | 9050 | 10180 | 13490 |
| 钒铁 | 20380 | 30590 | 31640 | 37950 | 44080 | 41210 | 47790 | 45370 | 44280 |
| 钒氮 | 21730 | 23860 | 27670 | 35140 | 51440 | 62750 | 62580 | 55530 | 50440 |

注：NA 表示未能统计。

数据来源：铁合金在线（www.cnfeol.com）。

# 第三节　中国对钒制品的需求与主要应用领域

## 一、钒需求

2023 年，我国共消耗 114800 吨钒（以 $V_2O_5$ 计，下同），较 2014 年增长 45670 吨，增幅 66.1%。其中，钢铁领域消耗 92400 吨，占比 80.5%；钛合金领域消耗 5100 吨，占比 4.4%；化工领域消耗 4800 吨，占比 4.2%；钒储能领域消耗（按采购量统计）12500 吨，占比 10.9%（表 11-3）。2014—2023 年我国主要行业钒需求占比变化情况见图 11-3。

**表 11-3　2014—2023 年我国主要下游行业对钒产品需求统计表**　　吨

| 行业 | 2014 年 | 2015 年 | 2016 年 | 2017 年 | 2018 年 | 2019 年 | 2020 年 | 2021 年 | 2022 年 | 2023 年 |
|---|---|---|---|---|---|---|---|---|---|---|
| 钢铁 | 65280 | 57890 | 59950 | 68000 | 72570 | 90900 | 107430 | 110830 | 100300 | 92400 |
| 钛合金 | 1730 | 1650 | 1710 | 2070 | 2190 | 2810 | 4390 | 4640 | 5490 | 5100 |
| 化工 | 1900 | 1950 | 2110 | 2520 | 2400 | 3300 | 4000 | 4500 | 4800 | 4800 |
| 储能 | 220 | 250 | 1890 | 3200 | 2100 | 2000 | 3800 | 5000 | 7800 | 12500 |
| 合计 | 69130 | 61740 | 65660 | 75790 | 79260 | 99010 | 119620 | 124970 | 118390 | 114800 |

注：表中数据均为折 $V_2O_5$ 当量。
数据来源：国家钒钛产业联盟数据库。

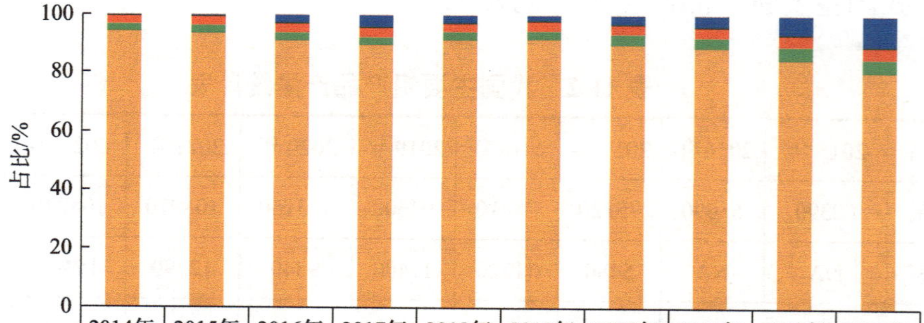


| | 2014年 | 2015年 | 2016年 | 2017年 | 2018年 | 2019年 | 2020年 | 2021年 | 2022年 | 2023年 |
|---|---|---|---|---|---|---|---|---|---|---|
| 储能 | 0.3 | 0.4 | 2.9 | 4.2 | 2.6 | 2.0 | 3.2 | 4.0 | 6.6 | 10.9 |
| 化工 | 2.7 | 3.2 | 3.2 | 3.3 | 3.0 | 3.3 | 3.3 | 3.6 | 4.1 | 4.2 |
| 钛合金 | 2.5 | 2.7 | 2.6 | 2.7 | 2.8 | 2.8 | 3.7 | 3.7 | 4.6 | 4.4 |
| 钢铁 | 94.4 | 93.8 | 91.3 | 89.7 | 91.6 | 91.8 | 89.8 | 88.7 | 84.7 | 80.5 |

图 11-3　2014—2023 年我国主要行业钒需求占比变化情况
数据来源：国家钒钛产业联盟数据库

## 二、传统应用领域

钢铁产业是钒应用最主要的领域，应用在钢铁中的钒以钒铁（FeV50、FeV80）和钒氮（以 VN16 为主）为主，是钢中重要的微合金化元素（钢中含 0.01%～0.2% V）和合金化元素(1%～20% V)，广泛地应用于高强度热轧带肋钢筋、高强度低合金钢、合金结构钢、微合金非调质钢、弹簧钢、螺栓钢、超高强度钢、模具钢、高速钢、马氏体耐热钢等钢类。例如，含钒热轧高强度钢筋的使用，可以节约钢材、降低碳排放，还可以提升建筑物的抗震性能，为生命和财产安全提供保障。根据国家统计局最新数据，2023 年我国产 22638.1 万吨螺纹钢，占粗钢产量的 22.2%。据了解，螺纹钢中所消耗的钒量占钢铁领域用钒量的 67%。2014—2023 年我国螺纹钢用钒量占钢铁钒需求总量的比例变化见图 11-4。

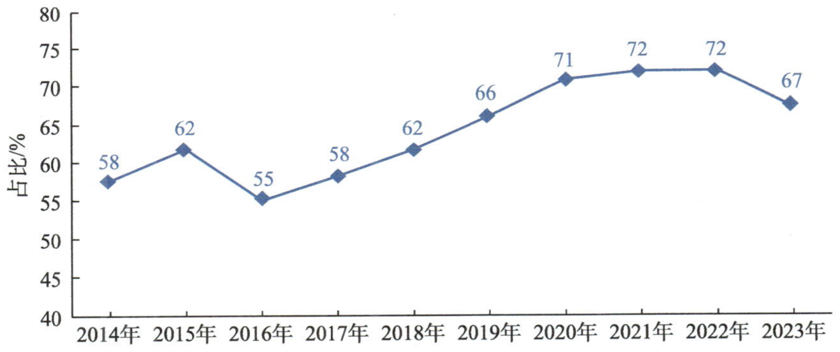


图 11-4　2014—2023 年我国螺纹钢用钒量占钢铁钒需求总量的比例变化

数据来源：国家钒钛产业联盟数据库

在钛合金应用方面，钒以铝钒合金（AlV55、AlV65 和 AlV85）形式添加，以提高钛合金的力学性能、热稳定性、抗腐蚀性能以及加工性能，使钛合金在航空、航天、船舶、医疗器械等领域得到广泛应用。

在精细化工领域，高纯粉状五氧化二钒和偏钒酸铵用于生产钒系催化剂。钒系催化剂具有活性高、稳定性强及成本低廉等特点，广泛应用于工业化合成反应和工业脱硝，包括硫磺制酸、制氨、合成甲醇、煤制油和火电、玻璃、水泥、钢铁、船舶及汽车尾气等领域的脱硝。含钒颜料如钒酸铋是一种绿色环保油漆，现已代替镉黄成为优良的黄色颜料。

在玻璃制备领域，将钒添加到玻璃原料中，能够有效提高玻璃的耐热性能和透明度。由于钒在玻璃中出现的氧化态不同，会使玻璃呈现出不同的颜色，如蓝色、绿色等。此外，在某些透明玻璃中添加钒可以防止紫外线侵害，提高玻璃的光学性能。在一些高硅酸盐玻璃中添加钒可以改善玻璃的化学稳定性和导热性能。

### 三、钒在储能领域的应用

全钒液流电池是一种以钒为活性物质呈循环流动液态的氧化还原电池。钒具有多种价态，V(Ⅴ)、V(Ⅳ)、V(Ⅲ)和V(Ⅱ)，其化学行为活跃，在酸性介质中可形成相邻价态的电对、电极电位可表示其中，V(Ⅴ)/V(Ⅳ)与V(Ⅲ)/V(Ⅱ)两电对的电位差约1.25伏。钒电池电能以化学能的方式存储在不同价态钒离子的硫酸电解液中，通过外接泵把电解液压入电池堆体内，在机械动力作用下，使其在不同的储液罐和半电池的闭合回路中循环流动。采用质子交换膜作为电池组的隔膜，电解质溶液平行流过电极表面并发生电化学反应，通过双电极板收集和传导电流，从而使得储存在溶液中的化学能转换成电能。

钒电池储能技术具有功率无限扩大、寿命长、安全性高、响应速度快、可瞬间充电、可循环利用回收（清洁环保）等突出优势，已成为世界公认的大容量储能主流技术之一，具有竞争优势。

钒电池电解液含钒浓度通常为1.6～1.7摩尔/升，存储1千瓦时电量的电解液理论上需5.6千克$V_2O_5$，利用率按70%计，实际约需要$V_2O_5$ 8千克，1兆瓦时约需要$V_2O_5$ 8000千克（8吨），1千兆瓦时约需要8000吨$V_2O_5$。

## 第四节　钒制品进出口情况

### 一、进口情况

据中国海关数据统计，2023年我国钒产品进口折五氧化二钒当量为7266吨，其中五氧化二钒6082吨，同比增加4802吨，其中从俄罗斯进口6079吨；中钒铁（V＜75%）700吨，同比减少252吨，其中从捷克进口600吨；高钒铁（V≥75%）349吨，同比减少220吨，其中从奥地利进口340吨；钒氮合金1.7吨。值得指出的是，从捷克及奥地利进口产品所需原料均由俄罗斯供应。2014—2023年我国进口钒产品统计见表11-4。

表 11-4　2014—2023 年我国进口钒产品统计表　　吨

| 品种 | 2014 年 | 2015 年 | 2016 年 | 2017 年 | 2018 年 | 2019 年 | 2020 年 | 2021 年 | 2022 年 | 2023 年 |
|---|---|---|---|---|---|---|---|---|---|---|
| $V_2O_5$ | 40 | 0.2 | 48 | 96 | 76 | 1459 | 9230 | 2583 | 1280 | 6082 |
| FeV80 | 40 | 1 | 66 | 65 | 6 | 280 | 907 | 614 | 569 | 349 |
| FeV50 | — | — | — | — | 0 | 772 | 2996 | 1930 | 952 | 700 |
| VN | 286 | 445 | 118 | 77 | — | 296 | 693 | 9 | 12 | 2 |
| 折 $V_2O_5$ | 457 | 640 | 317 | 305 | 85 | 3046 | 14379 | 5323 | 3047 | 7266 |

注：根据海关数据整理。

## 二、出口情况

2023 年我国钒产品出口折 $V_2O_5$ 当量为 15272 吨，其中 $V_2O_5$ 5546 吨，同比增加 976 吨，目的国前三名分别是韩国（3108 吨）、荷兰（910.6 吨）、日本（743 吨）；高钒铁（V≥75%）5470 吨，同比减少 963 吨，目的国前三名分别是韩国（1752 吨）、荷兰（1621 吨）、日本（1281 吨）；中钒铁（V<75%）81 吨，同比增加 9 吨；钒氮合金 941 吨，同比减少 43 吨。2014—2023 年我国出口钒产品统计见表 11-5。

表 11-5　2014—2023 年我国出口钒产品统计表　　吨

| 品种 | 2014 年 | 2015 年 | 2016 年 | 2017 年 | 2018 年 | 2019 年 | 2020 年 | 2021 年 | 2022 年 | 2023 年 |
|---|---|---|---|---|---|---|---|---|---|---|
| $V_2O_5$ | 5964 | 5676 | 8386 | 8556 | 6893 | 5042 | 4523 | 3819 | 4570 | 5546 |
| FeV80 | 7066 | 7743 | 6914 | 5142 | 6143 | 4906 | 4492 | 4832 | 6433 | 5470 |
| FeV50 | — | — | — | — | — | 65 | 12 | 72 | 72 | 81 |
| VN | 832 | 498 | 657 | 579 | 517 | 521 | 539 | 974 | 984 | 941 |
| 折 $V_2O_5$ | 17933 | 18198 | 19872 | 17227 | 17003 | 13333 | 12128 | 12613 | 15812 | 15272 |

注：根据海关数据整理。

近 10 年间，我国钒产品出口量在 1.2 万～2.0 万吨之间。进口量主要是近 5 年才规模化进口。尤其是 2020 年海外需求急剧萎缩，历史上首次出现净进口（图 11-5）。

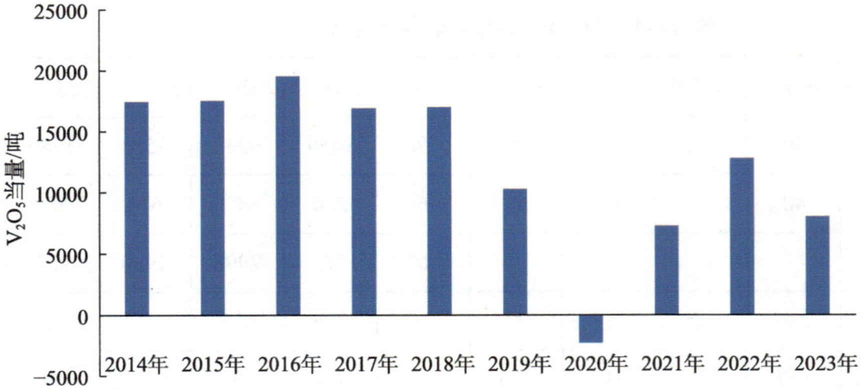


图 11-5　2014—2023 年我国钒产品净出口情况
数据来源：根据海关数据整理

# 第五节　钒制品市场价格走势

## 一、2014 年以来价格走势

### （一）片状五氧化二钒价格走势

近 10 年，我国市场片钒价格在 2.9 万元/吨（2015 年 12 月份）到 52 万元/吨（2018 年 11 月份）之间波动，均价 11.30 万元/吨。高、低价格振幅达到 1793%（图 11-6）。

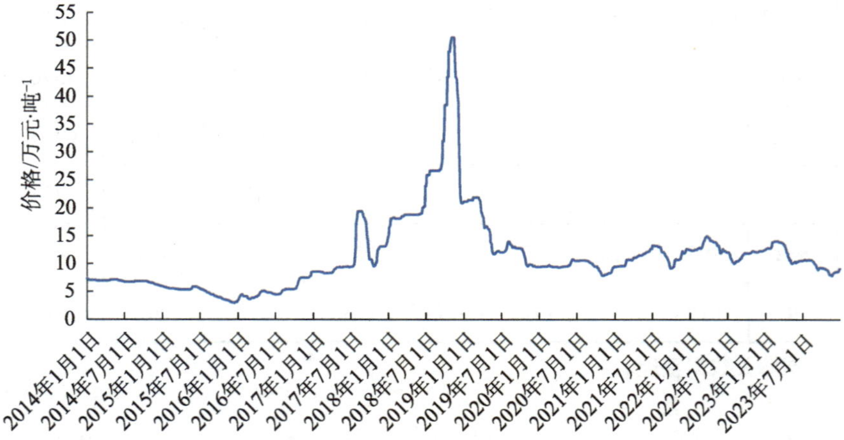


图 11-6　2014—2023 年我国市场片状五氧化二钒价格走势
数据来源：铁合金在线（www.cnfeol.com）

## （二）钒铁价格走势

近 10 年，我国市场钒铁价格在 3.9 万元/吨（2015 年 12 月份）到 49 万元/吨（2018 年 11 月份）之间波动，均价 11.95 万元/吨。高、低价格振幅达到 1256%（图 11-7）。

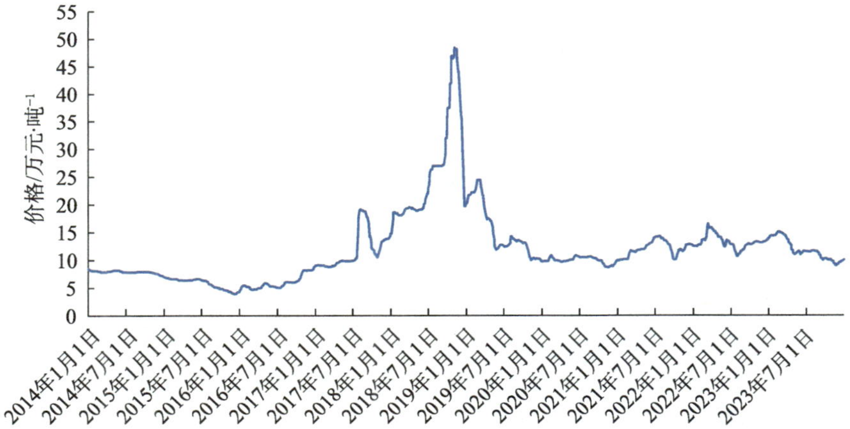


图 11-7　2014—2023 年我国市场中钒铁价格走势

数据来源：铁合金在线（www.cnfeol.com）

## （三）钒氮合金价格走势

近 10 年，我国市场钒氮合金价格在 5.6 万元/吨（2015 年 12 月份）到 80 万元/吨（2018 年 10 月份）波动，均价 17.58 万元/吨。高、低价格振幅达到 1428%（图 11-8）。

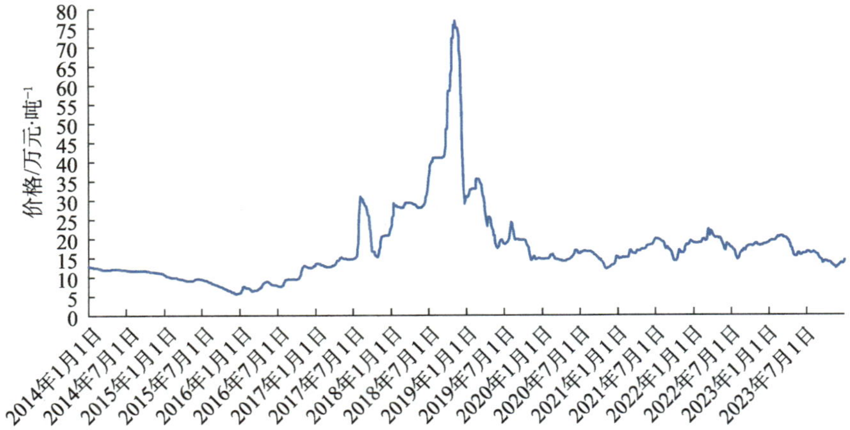


图 11-8　2014—2023 年我国市场钒氮合金价格走势

数据来源：铁合金在线（www.cnfeol.com）

### （四）供需平衡表及年度均价

2023 年我国钒产品供应过剩 39200 吨，由此带来市场价格同比下滑。其中，片钒价格 10.85 万元/吨（含税），同比下降 1.60 万元/吨，降幅 12.8%；钒铁价格 11.81 万元/吨，同比下降 1.43 万元/吨，降幅 10.8%；钒氮合金价格 16.32 万元/吨，同比下降 2.19 万元/吨，降幅 11.9%。2014—2023 年我国钒市场供需平衡见表 11-6，2014—2023 年我国市场钒产品年度价格见图 11-9。

**表 11-6　2014—2023 年我国钒市场供需平衡表**　　吨

| 年份 | 2014 | 2015 | 2016 | 2017 | 2018 | 2019 | 2020 | 2021 | 2022 | 2023 |
|---|---|---|---|---|---|---|---|---|---|---|
| 平衡表 | 10734 | 12092 | −752 | −6942 | 857 | 5945 | 14161 | −1033 | 12800 | 39200 |

注：1. 平衡 = 产量 + 进口量 − 需求量 − 出口量。
　　2. 2023 年钒储能产业采购量约为 12500 吨，较实际需求多 9640 吨。
数据来源：国家钒钛产业联盟数据库。

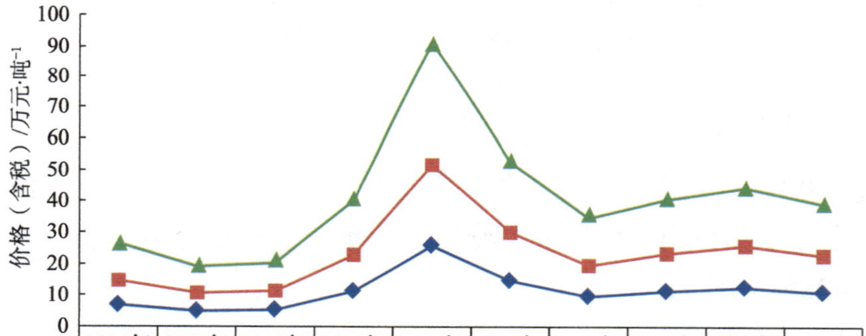


| | 2014年 | 2015年 | 2016年 | 2017年 | 2018年 | 2019年 | 2020年 | 2021年 | 2022年 | 2023年 |
|---|---|---|---|---|---|---|---|---|---|---|
| VN | 11.77 | 8.54 | 9.01 | 17.34 | 39.59 | 22.61 | 14.93 | 17.12 | 18.51 | 16.32 |
| FeV50 | 7.91 | 5.79 | 6.02 | 11.59 | 25.84 | 15.30 | 9.98 | 12.06 | 13.24 | 11.81 |
| $V_2O_5$ | 6.85 | 4.90 | 5.31 | 11.29 | 25.82 | 14.66 | 9.59 | 11.26 | 12.44 | 10.85 |

图 11-9　2014—2023 年我国市场钒产品年度价格
数据来源：国家钒钛产业联盟数据库

## 二、2023 年价格走势

整体而言，2023 年我国市场钒产品价格呈下行趋势。分季度看，一季度片钒价格 13.53 万元/吨，钒铁价格 14.56 万元/吨，钒氮合金价格 19.98 万元/吨；二季度片钒价格 10.94 万元/吨，钒铁价格 11.76 万元/吨，钒氮合金价格 16.48 万元/吨；三季度片钒价格 10.21 万元/吨，钒铁价格 11.16 万元/吨，钒氮合金价格 15.48 万元/吨；四季度片钒价格 8.70 万元/吨，钒铁价格 9.75 万元/吨，钒氮合金价格 13.34 万元/吨（图 11-10）。

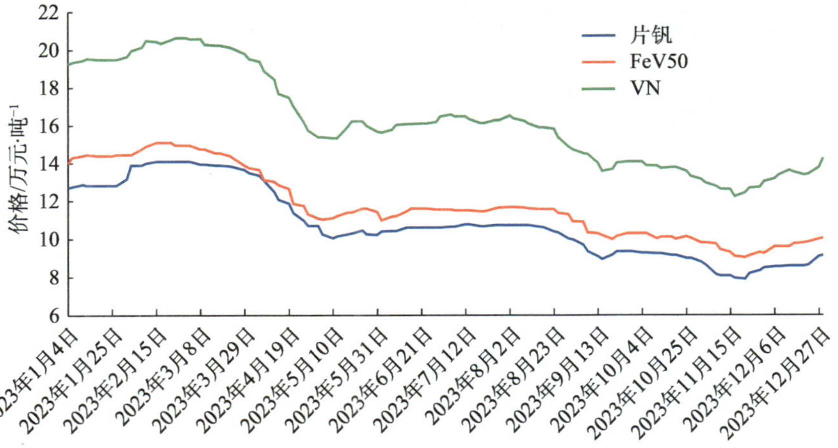


图 11-10　2023 年我国市场钒产品价格走势

数据来源：国家钒钛产业联盟数据库

# 第12章 钒产业的发展趋势、存在的主要问题及建议

## 第一节 发展趋势

### 一、生产技术

#### （一）钒渣提钒

钒渣提钒技术需继续开发清洁高效的提钒新技术，从源头上解决钒提取率低、“三废”环境污染严重的问题。

钒渣中不添加任何物质而直接焙烧后进行热碱浸出提钒的新方法。该方法可以将钒渣中的低价钒转化为五价钒化合物，在焙烧温度达到750℃以上时，钒的转化率达95%以上。半工业化放大试验已经取得了良好的效果。由于焙烧过程中无任何添加剂加入，回转窑内可实现高效焙烧，且窑内无烧结结圈现象，同时有害气体和废水的产生量大幅减少，所以该工艺属于清洁提钒技术，未来具有良好的发展前景。

#### （二）石煤提钒

（1）国内外钒页岩生产企业大多仍采用脱碳—焙烧—浸出—富集复杂提取工艺或直接酸浸、拌酸陈化等提取方法。

一步法流化焙烧短流程技术具有转价效率高、流程简单、成本低和装备先进的优势，已得到规模化推广应用。

传统火法提取技术改进升级除关注钒转价效果外，要着重考虑焙烧装备节能减排技术的优化，实现焙烧过程能耗和污染的可控性。

直接酸浸技术简单，但除对钒页岩矿石性质有较高要求外，且需要辅助助浸缓释强化技术手段，以降低浸出酸耗量，提高浸出选择性。

微波、加压、超声等外场强化技术效果可行，但工程化相对困难，主要难点在于大型特种装备及系统的研制和开发。

（2）选择性萃取分离是实现页岩钒单金属分离提纯的最有效方法，工业应用的 P204 溶剂萃取法存在分离效率低、有机相耗量高、乳化等问题。

同单一 P204 或 P507 萃取体系相比，协同萃取不仅提高了钒萃取效率，并能强化元素间的分离效果。利用协同效应兼具高萃取率与高分离性能，已成为萃取工艺的重要发展方向之一。

离子液体、螯合萃取剂等高成本萃取剂的离子选择性高，但反萃非常困难，部分存在有机相无法再生、萃取剂分解等问题。

离子交换法受杂质影响大，无法满足针对多杂酸性环境的高选择性高容量吸附要求。

（3）产业链下游钒产品逐步向多元化、高端化方向发展，国内利用页岩钒资源成功生产出 2N 级以上高纯钒氧化物、钒氮（VN）合金、钒铝（AlV）合金、金属钒（V）等高端产品。

低氨/无氨沉钒技术一直是高纯钒氧化物制备的研究热点，发展的均相沉钒、微波/超声外场沉钒、动态水解沉钒、氢还原沉钒等前沿新兴技术，可从页岩富钒液中直接获得纯度大于 99%的高纯钒氧化物，杂质含量满足制备高品质 VN、航空航天级 AlV 和金属钒等的品质要求。

我国钒页岩行业长期面临技术与环境的双重挑战，在历经了从常规低效生产，绿色高效分离通用技术建立，高端适配链接产品迭代升级，到钒基材料制造四个艰难发展阶段，初步建立了全产业链绿色、高效、高端利用技术与工程体系，无疑对行业走出低谷，实现高质量可持续发展具有重要意义。

### （三）二次资源提钒

废催化剂提钒主要采用焙烧法，工艺相对成熟。氧化铝过程副产品提钒主要采用拜耳法氧化铝母液除杂提钒“双效”工艺，属于工艺流程较短、成本较低、钒回收率高、节能；最重要的特点是纯物理方法，对氧化铝生产无任何负面影响。

## 二、钒供给

从钒的主要来源钒渣、石煤以及二次资源来看，现有的产能利用率均不超过 70%，尤其是石煤提钒，产能利用不足 30%。基于市场对钒储能电池规模化应用带来的需求预期，无论在哪个资源方面，都存在扩能计划。

### （一）钒渣

未来 1～2 年内，公开的已经建设或计划建设的包括建龙集团西林钢铁项目（黑龙江建龙西林钢铁公司：年产 $V_2O_5$ 近 1.5 万吨。项目计划 2024 年 1 月开工，2024 年 12 月投产）、陕西汉钢（4000～10000 吨/年）、酒泉钢铁公司（规模未知）、新兴铸管沧州短流程资源综合利用项目（计划 10000 吨/年片钒规模的钒渣）、秦皇岛佰工（产能 6000 吨的氧化钒生产线正在建设中，预计 2024 年 8 月投产，主要产品片剂五氧化二钒，粉剂五氧化二钒）、秦皇岛宏兴等。

### （二）石煤提钒

在石煤提钒项目方面，以甘肃敦煌地区为例，1995—2010 年该地区有 7 家产钒企业，总产能 3000 吨/年。2011—2021 年因工艺落后、环保及钒价格降低等问题，停产整顿。目前胡杨林钒业、金地钒业和汇宏矿业取得采矿权，其中汇宏矿业 3000 吨五氧化二钒项目约在 2023 年 6 月份开工建设。五一山钒矿取得探矿权，计划 2024 年春节开工建设 3000 吨/年规模。

### （三）二次资源

在二次资源利用方面，石油渣及相关废渣和废催化剂提钒地域性特点较强，目前石油渣及石油废催化剂原则上不允许跨省运输，并且严格管理运输过程，该类企业主要依托大型炼油厂而建，有明显的地域特点。石油渣及相关废渣和废催化剂提钒受环保制约明显，一方面国家禁止该类含钒废物进口，另一方面对国内该类企业执行严格审批制度，并按废催化剂产生量审批配置与其产能规模相当的处理厂，减少产能闲置，较高的环保要求也抬高了准入门槛。多方面因素综合作用，使得以此类废物为原料的提钒企业产能规模较为稳定。

氧化铝提钒在未来具有增量空间。2023 年氧化铝提钒产钒量约 6200 吨 $V_2O_5$ 当量。据了解，铝土矿中通常含 0.001%～0.35% $V_2O_5$，我国生产氧化铝主要原料通常含 0.038%～0.17% $V_2O_5$。拜耳法溶出过程中 25%～30%钒进入溶液，随着氧化铝流程中溶液循环，钒浓度逐步积累，当达到一定浓度时，会抑制氢氧化铝晶粒长大及氧化铝产品中钒含量增加，从而影响铝电解过程电导率。据初步测算，我国以此类铝土矿生产氧化铝，每年约有 5 万吨以上的 $V_2O_5$ 将进入拜耳法流程。

## 三、钒应用趋势

### （一）钢铁领域发展趋势

2023 年我国钢铁领域钒消耗强度（金属钒/吨钢）50 克/吨，基本达到世界平均水平。其中，钢筋单一品种用钒量在 2023 年却达到钢铁领域用钒量的 67%。除螺纹钢之外的其他钢材消费强度仅 21 克/吨，远低于欧美 90 克/吨水平。

根据冶金规划研究院发布的我国 2024 年钢材需求预测数据，2024 年建筑领域用钢需求量 48600 万吨，同比减少 4.0%。相反，对钒铁需求有贡献的机械、汽车、能源及造船用钢需求量预测为 29420 万吨，同比增长 2.7%。在建筑用钢方面，房地产用钢或继续小幅下降，基建工程用钢小幅增加。基建工程用钢使用 HRB500 及以上钢筋比例高于房地产用螺纹钢。此外，在钢结构方面，“十四五”规划目标是到 2025 年底，用量达到 1.4 亿吨左右，占粗钢产量 15%以上。钢结构建筑占新建建筑面积比例达到 15%以上。新开工桥梁钢结构应用达到 10%左右。钢结构目前 80%左右均使用 Q235 和 Q355 低级别钢材，后续向 Q345＋Q390（Q420、Q460、Q550、Q690）等更高级别钢材发展。

当前我国施行的普通热轧螺纹钢标准 GB/T 1499.2—2018 属于推荐性标准。根据钢铁研究总院对 2023 年全国螺纹钢抽查检测，结果认为 2023 年约 23%热轧钢筋不符合国标。据了解，国家为了保证建筑物的安全，正考虑将 GB/T 1499.2—2018 由推荐性标准更改为强制性标准，从而提高市场监督执法部门的主动执法依据，提升建筑用螺纹钢的质量。

综上，在粗钢及钢材减量化的整体趋势下，随着我国高质量发展对制造强国的必然要求和“双碳”目标的推进，更高强度级别高性能钢材的比例也将会越来越高，钢筋更高强化以及除钢筋以外的钢材的吨钢钒消费强度向发达国家看齐，未来钢铁领域用钒仍有增加空间。

## （二）钒储能领域发展趋势

### 1. 钒电池技术及产业发展概况

全钒液流电池（钒电池）1985 年诞生于澳大利亚新南威尔士大学，由于从根本上克服了之前液流电池的交叉污染难题，逐渐成为液流电池的主流技术形式。21 世纪以来，日本、德国、澳大利亚、美国和中国等国家投入大量资源开展钒电池技术研究开发，并于 10 年前结合可再生能源并网、微网发电、调峰调频等电力目标应用，开始实施从千瓦级到兆瓦级的工程应用示范。近年来，随着技术不断成熟及各国能源发展战略需要，钒电池作为大规模长时储能手段，其对基于新能源发展的支撑作用显著上升。

就钒电池技术发展角度而言，10 年前先进研发及成果集中在日本、澳大利亚等几个发达国家，现阶段我国无论在基础理论研究还是关键技术开发及应用，均进入先进行列，甚至引领世界发展。

澳大利亚新南威尔士大学作为钒电池的诞生地，40 年来持续进行系统研究，取得了大量开拓性研究成果，一度引领该领域发展，但近期在推进面向产业技术开发及应用方面稍显薄弱。日本住友电工是国际上最早也是目前技术领先的钒电池制造商之一，是致力于推进钒电池储能产业化的典型机构，完成了一系列从几百千瓦到几十兆瓦的示范工程，其始建于 2013 年的 15 兆瓦/60 兆瓦·时北海道储能项目，是当时投运的最大钒电池储能项目，对钒电池储能技术的规模化应用具有标志性意义。

国内钒电池的研究始于 20 世纪 90 年代中后期，早期研究机构包括中国工程物理研究院、中科院金属所、中科院大连化物所、清华大学、中南大学等单位。随着 2007 年北京普能公司收购加拿大 VRB Power，2008 年中科院大连化物所与博融公司共同成立大连融科储能公司，国内以产业化为目标的研发显著加快。随后，新新钒钛公司、大力电工、伟力得能源等一批公司将钒电池作为重要发展方向；与此同时，攀钢集团、川威集团、国家电网（国网电科院武汉南瑞）、国家能源集团（北京低碳研究院）等先后开始研发或进行产业发展布局。

自 2020 年我国提出“双碳”目标以来，国内钒电池发展步入快速发展阶段，不断有新的企业和资本加入，技术和产品开发及应用验证，呈现前所未有的蓬勃发展局面。2022 年投运的由大连融科承建的 100 兆瓦/400 兆瓦·时国家储能电站，为更多的 100 兆瓦级电站的规划和建设发挥了重要的示范和引领作用。

2. 钒电池技术与产业发展现状

钒电池的独特优势在于：具有安全性好、抗过充能力强、功率与能量相互独立、电池结构相对简单、可循环利用、易于构建大型储能系统等，是支撑“双碳”目标的大规模长时储能技术之一，技术基本成熟，具备实施产业化发展条件。

钒电池技术可分为以电池堆为核心的功率部分和以电解液为主的容量部分。对于电池堆，关键性技术指标已大幅度提升，工作电流密度（在约定的能量转换效率下，能实现的单位电极面积上工作电流值）在能量效率为 80%时（该值现已被业界约定俗成地作为可接受的入门条件），当前已达到 200 毫安/平方厘米。此外，作为储能系统的核心部件，电池堆的可靠性获得了实质性改善。

电解液是活性物质所在，在电池中通过钒离子的价态变化实现能量存储，是价值占比最大的部分（占储能系统成本的 50%～60%，甚至更高）。传统的电解液制备是在提钒工艺过程所获得钒产品（如 $V_2O_5$ 等）的基础上再进行还原（化学还原或电化学还原），流程较长，但技术成熟、工艺可靠，是当前制备电解液产品主要的工艺方式（各生产企业在所使用的具体还原剂或工艺上有所不同）。电解液制备技术的一个发展趋势就是将提钒与电解液制备两个工艺过程加以融合，使制成电解液的全流程变短，即所谓的短流程电解液制备。已经有企业开发成功了更低成本的钒渣浸出液直接制备电解液产品的短流程技术。

当前，钒电池及储能产业已形成了初步完整的产业链，包括电堆及其关键材料双极板、隔膜、电极，以及电解液等，都有相应企业从事细分的产品开发、制造或服务工作，表 12-1 是产业链上的部分企业。

**表 12-1　钒电池产业链主要企业**

| 产　品 | 企　业 |
|---|---|
| 电堆与系统集成 | 大连融科，北京普能，伟力得能源，大力储能，上海电气储能，新新钒钛，寰泰储能，北京绿钒，北京星辰新能，国网南瑞，能源集团北京低碳院，德海艾科，德泰储能，开封时代，河南辉煌科技，液流储能公司，宿迁时代、美森储能，中和储能，天府储能，恒久安泰，中钠储能 |
| 双极板 | 威海南海，博融材料，辽宁科京，宁波信远碳材，百能汇通，中科能材（大连），伟力得能源，开封时代，杜科新材料 |

续表 12-1

| 产　品 | 企　　业 |
|---|---|
| 隔膜 | 江苏科润，辽宁科京，山西国润，格瑞帕洛孚，山东东岳，贵州聚能，新新钒钛 |
| 电极 | 辽宁金谷，四川润生，富莱碳纤维，骐杰碳素 |
| 电解液 | 川发兴能，钒融科技，湖南银峰，湖南汇峰，承德钒钛，博融材料，平凡矿业，陕西华秦，液流储能公司，川能永甫 |

3. 钒电池产业化

钒电池储能在国内规模化示范验证从 2012 年开始，对钒的规模需求也由此开启。当前，长时储能处于市场化前期，行业发展以少数项目推进为主，项目集中在发电侧和电网侧储能，绝大多数项目来源于新能源强配政策驱动及产业化落地投资。至今已完成交付的兆瓦级钒电池储能电站项目见表 12-2 所列，大致可划分三个阶段。

**表 12-2　迄今国内完成的兆瓦级钒电池储能项目**

| 年份 | 项 目 名 称 | 规　格 | 主要参与单位 |
|---|---|---|---|
| 2023 | 内江用户侧全钒液流电池示范项目 | 2 兆瓦/12 兆瓦 · 时 | 内投集团、大连融科、川威集团 |
| | 国家电投诸城储能示范项目 | 1 兆瓦/6 兆瓦 · 时 | 国家电投 |
| | 枞阳海螺水泥钒电池示范电站 | 6 兆瓦/36 兆瓦 · 时 | 海螺集团 |
| | 宁波海螺新材料钒电池示范电站 | 1 兆瓦/6 兆瓦 · 时 | 海螺集团 |
| 2022 | 山东台儿庄台阳电网侧储能项目 | 1 兆瓦/2 兆瓦 · 时 | 枣庄台阳新能源科技有限公司 |
| | 中核郯城储能电站 | 1 兆瓦/4 兆瓦 · 时 | 中核汇能 |
| | 大连恒流储能电站 | 100 兆瓦/400 兆瓦 · 时 | 大连融科 |
| | 盐酸基钒电池储能电站 | 1 兆瓦/4 兆瓦 · 时 | 液流储能公司 |
| | 杭州医药港钒液流储能电站 | 0.5 兆瓦/2 兆瓦 · 时 | 和达能公司，国网综能 |
| | 平顶山全钒液流电池储能电站 | 24 兆瓦/96 兆瓦 · 时 | 开封时代 |
| | 开封全钒液流电池储能电站 | 6 兆瓦/24 兆瓦 · 时 | 开封时代 |
| 2021 | 辽宁大连驼山网源友好型风电场储能项目 | 10 兆瓦/40 兆瓦 · 时 | 大连融科 |

续表 12-2

| 年份 | 项目名称 | 规格 | 主要参与单位 |
|---|---|---|---|
| 2021 | 辽宁镇海网源友好型风电场储能项目 | 10 兆瓦/40 兆瓦·时 | 大连融科 |
| | 辽宁乐甲网源友好型风电场储能项目 | 10 兆瓦/40 兆瓦·时 | 大连融科 |
| | 华电滕州储能项目钒电池储能系统 | 1 兆瓦/2 兆瓦·时 | 大连融科 |
| | 国家电投海阳液流电池储能项目 | 1 兆瓦/2 兆瓦·时 | 上海电气储能公司 |
| 2020 | 东梁森吉图全钒液流电池风储示范项目 | 3 兆瓦/12 兆瓦·时 | 承德新新钒钛储能科技有限公司 |
| | 新疆阿瓦提全钒液流储能电站（1 期） | 3 兆瓦/9 兆瓦·时 | 伟力得 |
| 2019 | 湖北枣阳全钒液流电池储能示范项目（1 期） | 3 兆瓦/12 兆瓦·时 | 北京普能 |
| 2014 | 辽宁锦州黑山储能系统 | 3 兆瓦/6 兆瓦·时 | 大连融科储能 |
| 2013 | 辽宁龙源卧牛石风电场储能 | 5 兆瓦/10 兆瓦·时 | 大连融科储能 |
| 2012 | 张北国家电网风光储示范工程 | 2 兆瓦/8 兆瓦·时 | 北京普能 |

**2012—2020 年为第一阶段：**每年钒实际需求量为十吨/百吨级别（每年数十吨千吨），少而平稳（相对于整体钒市场几乎可以忽略）。

**2021—2023 年为第二阶段：**每年钒实际需求量为千吨级别（每年数千吨），相较于第一阶段有了实质性的大幅增加。一方面，得益于国家“双碳”目标（2020 年底提出）带来的直接推动作用，另一方面，来自人们对大规模长时储能安全要求认知水平提高的影响。

本阶段呈现出逐年显著增加的特点。2022 年明显多于 2021 年，2023 年开工在建的钒电池储能项目较 2022 年之前年份大幅度增加（但该年度内建成交付的储能电站较少），总规模约 300 兆瓦，容量约为 1200 兆瓦·时（多为 4 小时储能时长），2023 年全年实际钒电池储能采购钒在 12500 吨左右。

**2024 年以后，为第三阶段：**每年对钒的需求量达到万吨级别。

鉴于当前技术属于基本成熟状态，综合供需签约情况、主要企业发展计划，同时考虑储能需求（“双碳”目标对长时储能需求和要求）的时长增长趋势，粗略估测 2024 年钒电池储能建设规模及对钒需求情况如下：

2023 年存量项目 2.2 千兆瓦/9.1 千兆瓦·时；2024 年能源局公示项目

1 千兆瓦/4.1 千兆瓦·时；主要公司招标项目 1.85 千兆瓦/7.7 千兆瓦·时。总计 20.9 千兆瓦·时。

根据经验，预计三分之一的项目能够并网运行或试验运行，即 7 千兆瓦·时装机，对应钒需求约为 7 千兆瓦·时 × 0.8 万吨/千兆瓦·时 = 5.6 万吨。

## 第二节　存在的主要问题

### （一）高效清洁化生产技术

由钒钛磁铁矿资源禀赋、工艺特征、产业特点所决定，钒钛资源综合利用过程仍然存在碳排放强度高、固废量大、种类多等问题，与源头减量、低碳冶金绿色发展的高质量发展要求不相适应。

此外，石煤提钒需要高品位的原矿，同时存在技术复杂、环保处理成本高等问题。中国有数十家从"高品位"石煤中提钒的企业，终因技术、市场、环保等原因，仍处于水平低、效益差、开开停停状态，大量的石煤钒矿长期以来被视为固废而未能得到合理开发利用。而且，不同矿区、矿带的石煤钒矿资源差异性、资源组分的复杂多变性特点，导致现阶段在分选预处理方面仍存在效率低、适应性差等问题，这也在某种程度上限制了绿色高效分选技术的推广应用。

### （二）供需矛盾长期存在

产能利用率低，价格波动大。2023 年我国钒产业的产能利用率约 67%，其中石煤提钒不足30%。产能无序扩张，造成大量浪费，短期供应过剩，导致钒价格波动大，不利于产业健康发展。

应用领域单一且集中。钢铁仍是钒绝对重要的消费领域，单一品种螺纹钢筋消费占比近 70%，螺纹钢筋的生产规模及高强化比例的变化，对钒的消费产生显著影响，并给市场健康发展带来较大威胁。

钒电池储能作为钒产业发展的新方向和战略机遇，对钒市场供需关系将产生重要影响，甚至会重塑钒市场。现有的钒产能无法满足钒电池储能巨大的发展潜力，同时如何保证储能用钒的合理成本，也是亟待解决的问题。

### （三）钒储能推广

钒储能产业基本上解决了关键材料或关键部件的国产替代问题，但仍然存在工程技术人才匮乏、产品标准缺失、行业缺少项目验证和第三方运行数据支撑的问题。而电解液成本占储能系统比例相对较高，影响储能项目（初始投资）的商业竞争力。在强配储能及低价为主的市场环境下，如何把钒电池的长寿命、生命周期成本低的优势通过项目运行数据体现出来，显得十分重要。同时，有些地方政府和企业在推进钒电池储能产业时，缺少对产业规律和自身优势与劣势的分析，盲目追求“大而全”“全产业链”，也将增大项目或发展风险。

### （四）碳足迹问题

（1）欧盟将对 REACH 监管规定进行调整，即对“毒害性最强的化学品”仅允许核心用途的产品进行一事一议后使用，此举可能影响部分钒化工产品在欧盟境内的应用。国际钒技术委员会正跟踪相关科学实验结果进展和收集所有利益相关方的反馈，协调各方对钒化工产品进行更好的危险和风险评估。此外，欧盟《关键原材料法案》也将对相关钒产品的分组和危险评估产生一定影响。2023 年 8 月，欧洲化学品管理局（ECHA）宣布将支持欧盟鉴别电池制造或者电池本身可能含有的有害物质。此项工作预计于 2024 年启动，2027 年完成最终报告，并提供电池中应该受到管理限制的物质清单。对钒电池而言，主要问题集中在离子交换膜为含氟聚合物。

（2）碳足迹管理方面，主要影响因素为欧盟 2023 年 3 月发布的《绿色申明导引》和 2023 年 7 月生效的《电池监管》。前者目的在于降低欧盟境内所消耗产品的碳足迹，后者主要是按照《欧盟产品环保足迹》的最新版本管理所有电池产品在全生命周期内的碳足迹（2 千瓦·时以上的电池需要获得电池护照，如申明电池中的有害物质和电池中可供回收的物质等）。另外，以巴斯夫为代表的部分客户开发过程中，与碳足迹相关的 EcoVadis 和 TFS 认证成为强制选项。

### （五）其他

粉状五氧化二钒因可能吸入而对人体造成一定伤害，国内外均将粉状五氧化二钒列为危险化学品，对储能及运输均有特殊要求。对量大的片状五氧化二钒，因不可吸入，对人体无害，公路运输鉴定为普通货物。但由于两者化学式均为 $V_2O_5$，在实际操作中，相关检验人员将片状五氧化二钒也归类为危险化学品，由于执行标准的不统一，给企业和运输单位带来诸多麻烦，增加企业负担。

## 第三节 对策建议

### （一）加强储能行业发展的研究

钒电池储能作为钒产业发展的新方向和战略机遇，对经典的钒市场（主要基于钒钛磁铁矿钢铁冶金副产钒，以及钒产品又主要在钢铁中应用为主体的市场）供需关系将产生重要影响，甚至有可能重塑钒市场。在行业层面，加强对钒需求规模及发展规律，以及钒市场供需关系可能产生的影响进行研究和系统分析，指导对钒电池储能产业对钒需求的有效供给和稳步发展至关重要，也可对地方或企业发展钒电池储能产业布局给予有效指导。龙头与核心骨干企业，尤其具有较好条件的企业，应根据发展需要进行战略层面研究，以指导企业经营和产业拓展。同时，加强钒供应商与储能产业的上下游协同，推动支持长时储能项目的政策出台，站在钒供应和钒储能产业命运共同体的高度形成战略合作及协同，促进钒电池储能产业的协同，避免重复建设和无序竞争，有利于钒电池产业抓住发展机遇期，有利于钒产业的可持续发展。

### （二）持续开展产学研用攻关

企业在围绕自身产品与新核心工艺创新工作的同时，应有效整合高校和科研院所相关资源，开展从基础理论研究、技术创新、装备研发到推广应用的产学研用攻关，研究钒钛磁铁矿新的提钒技术；要重视研究石煤矿选矿预富集以进一步提高其品位，使石煤成为绿色、低成本、可靠的钒储能用的钒资源，推动构建完善的钒钛磁铁矿全流程低碳绿色利用技术体系，为支撑企业产业技术系统发展奠定基础，促进钒资源绿色环保循环利用。

### （三）推动以企业为主体的钒储能设备及技术创新

当前钒电池储能技术基本成熟，进入到产业化的关键时期。由于钒电解液在钒电池储能系统中所占的价值比例较高（4 小时以上的储能系统，超过 50%），是整个钒电池储能产业发展的一个瓶颈，搞好技术创新，对提高产品的可靠性及降低储能系统成本至关重要。国家应组织创新联合体，加快推进技术创新，解决共性问题，降低钒电池成本，提高钒电池系统效能；要推动建立“钒产业链协同”机制，为钒企业找到稳定的市场，为钒电池储能产业找到稳定的钒供应，促进钒电池储能产业稳健发展；要加快培养工程技术人才，满足产业发展人才需要。同时，要发挥相关联盟和协会作用，协调和整合各方资源，搭建高质量的学术及应用推广交流平台，促进企业、科技人员及管理人员高效交流，推动钒储能行业快速商业化。

### （四）片状五氧化二钒单独编码

在危化品类别中，应将片状五氧化二钒和粉状五氧化二钒按不同的类别进行分类，以示区别。

### （五）建立钒产业产品碳足迹体系

对于国内钒产品生产和出口企业而言，建立钒产业产品碳足迹体系，收集和评估钒产品碳排放数据的紧急程度越来越高。与欧盟相关部门建立沟通机制，掌握上述政策走向和要求，由联盟牵头，组织国家相关部委和提钒企业，建立碳足迹数据统计方法、路径及标准，符合欧盟管理要求。

# 第13章

# 市场主体

## 第一节　市场主体分布概况

全国钒原料钒加工企业主要集中在四川和河北承德地区，陕西、新疆、云南和宁夏等地也有。领先企业有攀钢钒钛、川威集团、德胜集团、承德钒钛、承德建龙等；随着钒电池的蓬勃发展，全国各地都在积极布局。领先企业有大连融科、北京绿钒、北京普能、新新钒钛储能、伟力得能源、液流储能公司、宿迁时代等。

## 第二节　钒原料企业

### 一、攀钢集团钒钛资源股份有限公司

攀钢集团钒钛资源股份有限公司（以下简称“公司”）成立于1993年3月27日，1996年11月15日在深圳证券交易所上市（股票代码：000629）。总部坐落在被誉为“钒钛之都”的四川省攀枝花市，是国家级资源类开发试验区——攀西战略资源创新开发试验区内的核心企业，拥有独具特色的钒钛磁铁矿资源综合利用技术，形成了钒氮合金生产技术等一批拥有自主知识产权的专有技术，其中钒氮合金生产技术获国家技术发明奖。

公司拥有五氧化二钒、高钒铁、钒氮合金、钒铝合金为代表的钒系列产品，以钛白粉、钛渣等为代表的钛系列产品，具备年经营钛精矿 175 万吨和年产钒制品（以 $V_2O_5$ 计）4.42 万吨、钛白粉 30 万吨、钛渣 24 万吨的综合生产能力，是世界主要的钒制品供应商，中国主要的钛原料供应商，

中国重要的钛渣生产企业，中国重要的硫酸法、氯化法钛白粉生产企业，产品广泛应用于钢铁工业、电子工业、有色金属及涂料油墨等领域，畅销国内外市场。

公司正紧紧抓住国家供给侧结构性改革和攀西战略资源创新开发的战略机遇，以“建设国内一流、国际知名的钒钛新材料上市公司”为己任，让攀钢钒钛产品惠及千家万户。

2023 年，公司生产钒产品 4.98 万吨（折合 $V_2O_5$），同比增长 6.09%，创历史最好水平。攀枝花钒制品和西昌钒制品两个基地氧化钒产线综合产能利用率达设计能力 135%。2023 年生产钛白粉 25.14 万吨，同比增长 3.22%，创历史最好水平；生产钛渣 19.34 万吨，同比增长 3.27%。

全年销售结算 8700 余吨 APV（折合 $V_2O_5$）用于储能领域，钒产品全年出口比例 23.94%，同比基本持平。2023 年钛精矿经营量 176 万吨，创历史新高，同比增加 20.5%。钛白粉全年出口比例为 36.12%。

公司积极践行绿色低碳发展理念。推动攀枝花钒制品离心浓浆处置节能项目、西昌钒制品钒铁冶炼炉节电项目等节能项目，共节约 364 吨标准煤，节能创效 142.71 万元。公司积极践行低碳发展战略，加大前沿节能低碳技术探索和应用研究。引进 MVR 钛液浓缩、连续结晶等先进节能技术，积极推动水泵节能改造、EBT 炉搬迁等装备升级改造，加大余热余能回收利用效率，减少碳排放量，2023 年公司碳排放量较 2022 年同口径降低 41406 吨 $CO_2$。持续完善碳排放管理体系建设，根据公司碳达峰及低碳发展规划，制定吨产品碳排放强度指标，助力公司低碳发展。开展东方钛业 MVR 钛液浓缩改造节能项目、钛业公司 LF 炉节氩改造项目等节能项目，共节约 3696 吨标准煤。引进 MVR 钛液浓缩、连续结晶等先进节能技术，积极推动水泵节能改造、EBT 炉搬迁等装备升级改造，加大余热余能回收利用效率，减少碳排放量，2023 年公司碳排放量较 2022 年同口径降低 41406 吨 $CO_2$。持续完善碳排放管理体系建设，根据公司碳达峰及低碳发展规划，制定吨产品碳排放强度指标，助力公司低碳发展。

## （一）资本运营

### 1. 完成向特定对象发行股票募集资金 22.8 亿元

钒钛股份向特定对象发行股份募集资金事项于 2023 年 4 月 23 日获得中国证监会批复同意。经启动发行，2023 年 6 月 26 日实现 22.8 亿元募集资金足额到账。2023 年 7 月 20 日，本次新增发行的 693009118 股股份上市流通。

2. 收购阳润科技51%股权

钒钛股份出资6114.75万元收购阳润科技51%股权。2023年8月18日，钒钛股份、钢城集团与阳润科技原股东完成签署《股权转让协议》，2023年9月13日完成工商变更登记，阳润科技成为公司控股子公司。

3. 公司ESG管理获得市场认可

2023年11月24日，钒钛股份荣获第一届国新杯·ESG金牛奖碳中和五十强。

2023年12月8日，钒钛股份荣获由《可持续发展经济导刊》杂志社和金蜜蜂智库联合颁发的“金蜜蜂2023优秀企业社会责任报告——环境责任信息披露奖”。

### （二）技术开发

新增授权专利70项，其中发明专利20项，申报四川省科技成果5项，技术创新成果不断涌现。钒业务方面，完成钒渣提钒迭代升级半工业试验研究，正在评估产业化可行性钙法工艺在浸出、沉钒工序建立工艺控制模型并完成装备升级，实现自动化浸出、自动化沉钒。

新产品开发成效显著。特殊用途钒铝合金销售较2022年提高42%；1000吨/年高纯氧化钒产线实现连续达产达效，其中99.5%级产品占比20%，产品应用在储能、有色玻璃、陶瓷等领域。

## 二、承德钒钛新材料有限公司

### （一）基本情况

承德钒钛新材料有限公司（以下简称“承德钒钛”），是河钢集团一级骨干子公司。其前身始建于1954年，是国家“一五”期间苏联援建的156个项目之一，是依托承德地区丰富的钒钛磁铁矿资源、依靠自主创新建设发展起来的大型钒钛钢铁材料企业，是中国钒钛磁铁矿高炉冶炼和钒提取加工技术的发祥地，钒钛资源综合开发利用产业化技术处于世界领先水平，被誉为“中国北方钒都”。

承德钒钛抢抓发展机遇，积极做强做优做大钒钛产业。1958年产出了中国第一炉钒钛磁铁矿冶炼的铁水；1960年产出了中国第一炉钒渣；1965年中国高钛型钒钛磁铁矿高炉冶炼试验在承德钒钛1号高炉取得成功，获得了冶金领域第一个“国家科技发明一等奖”；率先生产、推广应用新Ⅲ级、Ⅳ级含钒螺纹钢筋，引领了中国建筑钢筋的升级换代，更高强度的钢筋正在引领新的升级；拥有世界最大的钒钛磁铁矿冶炼高炉、世界一流的提钒炼钢转炉、世界最大的提钒回转窑、世界首条亚熔盐法清洁提钒生产线和不断延伸的高端材料产业链。

截至2023年，承德钒钛拥有1000余项具有自主知识产权的钒钛技术专利。其中，亚熔盐法清洁提钒技术、含钒炉渣增钒精炼技术、电铝热法冶炼钒铝合金技术、商用钒电池电解液制备方法等专利技术达到国际先进水平，不仅推动了企业持续发展，更为我国乃至世界钒钛钢铁产业发展作出了重要贡献。承担国家级科技项目22项，省部级科技项目100余项，获得国家级科技奖励2项，省部级科技奖励40余项。到如今，承德钒钛已成为世界最著名的三大钒钛钢铁工业基地之一，是中国两大钒产品生产基地之一。

承德钒钛拥有3座世界最大的2500立方米钒钛磁铁矿冶炼高炉和1座1260立方米钒钛磁铁矿冶炼高炉；炼钢系统拥有大型提钒炼钢转炉6座，LF、RH等精炼装备配套齐全；轧钢系统拥有1780mm热轧卷板生产线1条、棒材生产线3条、高速线材生产线2条、冷轧产线2条；钒制品系统拥有焙烧回转窑6座，亚熔盐法清洁提钒生产线1条，高纯氧化钒生产线2条，钒铝合金产线1条，氮化钒产线5条，50钒铁、80钒铁产线各1条，钛精矿产线1条，钛合金产线1条，增材制造服务示范中心1个，钒电池电解液产线1条。

承德钒钛的产品主要包括钒钛材料和含钒优特钢两大类：钒钛材料包括钒基材料和钛基材料。钒基材料有高纯粉剂钒、片状五氧化二钒、三氧化二钒、氮化钒、50钒铁、80钒铁、氮化钒铁、钒铝合金等；钛基材料有钛板、钛合金粉末和钛精粉等。钒钛材料广泛应用于航空航天、钢铁冶金、超导材料和陶瓷印染等领域。“鸡冠山牌”系列钒产品享誉全球，产量占国内的14%、世界的10%，销往亚、欧、美等20多个国家和地区，被评为“国际质量钻石星奖”。

含钒优特钢产品包括板、棒、线三大类，具有强度高、韧性好、耐腐蚀、易焊接、深冲性优等优良特性，多个优特钢产品被评为全国冶金产品实物质量金杯奖、冶金行业品质卓越产品、河北省名牌产品。承德钒钛的全规格、全等级含钒建筑材料全部荣获全国冶金产品实物质量金杯奖。“燕山牌”含钒建材广泛应用于雄安新区、三峡大坝、北京城市副中心、港珠澳大桥、“中国尊”、迪拜帆船酒店、卡拉奇核电，还有中国共产党历史展览馆、香山革命纪念馆、鸟巢、国家大剧院等世界级标志工程。含钒线材广泛应用于大跨度预应力用钢绞线、预应力混凝土管桩用钢、焊丝焊线、紧固标准件等领域。含钒热轧卷板广泛应用于汽车、家电、食品包装、工程机械、集装箱以及工程建筑等领域。含钒冷轧产品广泛应用于汽车、家电、新能源等领域。

## （二）生产经营

2023 年钒渣年产量 17.78 万吨，同比增加 15.92%；钛精矿年产量 5.75 万吨，同比降低 2.62%；钒产品年产量 1.58 万吨，同比增加 3.75%。2023 年实现工业总产值 275.73 亿元，同比降低 17.29%；工业增加值 44.12 亿元，同比降低 17.39%。2023 年营业收入 284.51 亿元，同比降低 10.57%。

2023 年钒钛板块实现工业总产值 14.48 亿元，受钒产品价格下降影响，同比降低 12.55%；工业增加值 2.75 亿元，同比降低 12.65%。2023 年钒钛板块营业收入 14.97 亿元，同比降低 11.12%。

## （三）项目建设

承德钒钛 2023 年共完成固定资产投资 83782.74 万元，其中环保技术改造项目共 24 项，20 项已完成并投入使用，剩余 4 项已进入尾声。钒钛新材料产业园区项目 7 项，其中高纯钒（含高纯钒酸铵原料）项目已投产并实现达产达效，目前正在紧锣密鼓地推进航空片钒、航空级钒铝合金、钒电解液（一期）和公共辅助设施等项目施工建设，预期 2024 年上半年建成投产。

## （四）科技创新

2023 年承德钒钛重点开发的钒钛产品包括催化领域用高纯氧化钒、低成本钒电池电解液、钒精细化工产品、短流程钛合金粉末等，并成功实现航空用片剂钒、航空级钒铝合金、高性能钒电解液的产业化应用。

含钒优特钢产品方面，长材产品成功开发 HRB630E 高强钢筋、500 兆帕级高性能锚杆钢筋等；板材产品首次开发 CZ700 高强传动轴管用钢、高强汽车结构钢 700TM、高强电动车用钢 YM600、高耐候钢 C550NH-G 等。

两化深度融合与智能制造方面，构建基于大数据和炼铁理论的高炉炼铁智能化操作系统，实施 150 吨首座大底吹试点转炉投入运行，转炉终渣全铁降至 19.94%，典型钢种终点碳氧积降至 0.0021；实施一键提钒智能提钒模型构建，炼钢工序钒收率提升 1.5%。

2023 年研发经费投入 14.8 亿元。申报专利 200 项，其中发明专利 96 项，实用新型专利 104 项；授权专利 36 项，其中发明专利 29 项，实用新型专利 7 项。

### （五）绿色低碳节能减排

承德钒钛已于 2019 年获评国内钒产业首个绿色工厂，并于 2023 年完成复核。2023 年，全年吨钢主要污染物 $SO_2$、$NO_x$、PM 吨钢排放指标分别为 0.24 千克、0.37 千克、0.17 千克，常态化减排 30%，强化减排 50%，厂区整体绿化覆盖率增加 6.86%，历史性突破 30%，达到 31.53%。通过售电公司电力交易的方式，采购绿电并取得绿证，2023 年共购买 1.62 亿度绿电，较 2022 年增加 0.89 亿度，为降低碳排放作出积极贡献。

全年建设环冷水密封改造、高炉热风炉脱硫等节能环保项目 17 项，投资 7.63 亿元。通过烧结机环冷水密封改造，提高烧结环冷机余热利用率，将吨矿发电量由 13 千瓦·时提高到 18 千瓦·时；完成钒钛事业部回转窑自动燃烧系统的建设，提高钒渣焙烧转化率 1%以上；通过烧结余热发电、饱和蒸汽发电将全厂高品位余热全部利用；通过保持超高压发电机组高效高负荷运行提高厂区各种煤气使用效率，实现自发电比例的稳定提升；发挥污水处理厂废水处理能力，厂区废水全部净化回用，实现零排放，取得良好社会效益。

### （六）对外经贸与合资合作

承德钒钛依托河钢集团德高国际化营销平台，开展钒钛产品国际销售，共有 18 家国际高端客户，主要应用于航空航天、催化剂和钒储能等高端领域。2023 年，承德钒钛出口钒产品（折 $V_2O_5$）共 2717 吨，其中出口欧洲 731 吨，占比为 26.91%，出口亚洲 1986 吨，占比为 73.09%。

## 三、承德建龙特殊钢有限公司

### （一）基本情况

承德建龙特殊钢有限公司（以下简称“承德建龙”）成立于 2001 年 12 月，位于河北省承德市兴隆县平安堡镇，注册资本 15 亿元，是北京建龙重工集团有限公司（以下简称“建龙集团”）旗下的特钢子公司，企业总资产

214 亿元，职工 3900 余人。

建龙集团是一家以钢铁、资源双主业为核心的大型重工产业集团，拥有完整的产业链条。集团布局“钢铁＋资源”双主业，钢铁拥有 4000 万吨粗钢产能、13 家钢铁子公司；资源拥有各类资源储量近 70 亿吨，铁矿资源保有储量 54 亿吨。同时全力打造钒钛、物流、贸易、股权投资等四大相关产业。建龙集团位列世界 500 强第 465 位，全球钢铁企业第 8 位、全国钢铁企业第 5 位、全国民营钢铁第 2 位。在 2023 中国钢铁企业竞争力（暨发展质量）评级研究成果中，是 A＋（极强）18 家企业之一。

承德建龙依托承德地区丰富的钒钛资源优势，积极发展钒钛特钢和钒钛新材料产业，是国内把钒钛资源综合利用和特钢生产有机结合的企业，是国家高新技术企业、国家知识产权优势企业、国家级绿色工厂、河北省科技领军企业、承德钒钛基地的核心骨干企业、承德市行业龙头民营企业。公司建有国家企业技术中心、承德建龙河北院士工作站、河北省锻造用钢技术创新中心、河北省企业技术中心、河北省企业重点实验室、钒钛资源综合利用研究所和检测中心等科研创新平台。

2021 年无缝钢管厂成功入选国家级智能制造试点示范工厂。2022 年承德建龙作为唯一一家钢铁企业入选“2022 年智能制造标杆企业”、2023 年承德建龙热轧无缝钢管智能工厂关键技术荣获“冶金科技进步奖一等奖”，2023 年入选“钢管产业十大创新案例”。

2022 年公司被评为承德市行业龙头民营企业，位列河北省民营企业 100 强第 42 位，河北省制造业民营企业 100 强第 37 位。

公司拥有全球最大断面（$\phi$1300mm 规格）的圆坯连铸机，全智能化的钢管生产线及中棒产线，主导产品为特钢产品和钒系列产品。特钢产品包括锻造用连铸圆坯、无缝钢管用连铸圆管坯、汽车及工程机械用棒材、热轧无缝钢管，钒系列产品包括五氧化二钒、钒氮合金。产品广泛应用于铁路、风电、汽车、工程机械、锅炉、电力、石油钻探、石油运输、装备制造等领域，在全国各地均有销售，并远销东南亚、中东、南北美、欧洲等地区。

近年来，承德建龙与国内多家知名高校、研究院所、工业制造企业强强联合，形成了以钒钛为基础，工艺技术及研发为龙头，集研究、设计、制造及产业化为一体的有序高效的产业链。在研发技术、工业产品制造、国家和行业标准编制、信息化建设以及节能减排等诸多方面等领域的研发和创新方面有重大突破、取得多项成果。

### （二）生产经营

承德建龙在建龙集团的正确领导下，在全体员工共同努力下，以 KPI 指标为抓手持续推进精细化管理，攻坚克难、积极应变，以客户为中心，稳生产、拓市场、抓效益，全面落实年度预算目标和各项重点工作，公司生产经营保持稳定运行。

2023 年主要钒钛产品产量，钒渣 14.9 万吨、五氧化二钒 1.3 万吨、钒氮合金 2400 吨、钒钛特钢 244.03 万吨，同比增加 3%、9.8%、–30%、–1.3%。实现工业总产值 123.04 亿元、工业增加值 14.83 亿元、营业收入 141.53 亿元，与去年比增加了–10%、–31%、–6.7%。

### （三）项目建设

2023 年，承德建龙按照“深化精品工程理念、建设精品工程典范”的要求，实施了钒钛高科棒材、光伏发电、智能制造等一批重点项目；谋划并扎实推进高纯钒和钒电池钒电解液、钒钛新材料深加工、70 兆瓦发电、节能减碳及环保创 A 等项目研究、论证、设计、关键设备订货工作。2023 年完成固定资产投资额 8.6 亿元，新增大规格特钢棒材生产能力 80 万吨。

承德建龙瞄准品质提升需求，推动公司产品结构迈向高端化进行项目建设。钒钛高科棒材生产线项目，总投资 11 亿元，产线主体部分试运行，正在推进精整、控轧控冷和智能制造部分建设。建成投运后主要生产非调质钢、高端齿轮钢、汽车及工程机械用钢、磨球钢等高端产品，助力公司棒材向高端特钢领域转型。

14 兆瓦厂区分布式光伏发电项目投资 0.6 亿元，基本安装完毕，正在调试。

钒钛新材料深加工项目投资 5.3 亿元，已办理相关手续，正在进行长周期关键设备订货及制造。

高纯钒和钒电池电解液项目：2023 年承德市人民政府、建龙集团和北京绿钒三方共同签订了全钒液流储能电池制造项目战略合作框架协议，着力打造“中国钒谷-国家全钒液流电池储能产业基地”。2023 年 7 月与北京绿钒储能科技有限公司合资成立承德祥钒储能科技有限公司，推动高纯钒及电解液技术研究及项目建设，联合打造高品质、低成本电解液生产线，项目总投资 10 亿元，分三期建成 1 万吨高纯钒、7 万立方米电解液产能生产线，预计实现年产值 21 亿元。

智能制造及数字化工厂：承德建龙按照“精益数智”的全新产业生态理念，紧紧围绕集团“四化”原则和“五类”项目推进数智化转型工作，基于智能设备应用，全方位构建生产管控、能源智能指挥管控、质量管控、设备智能管理及安全管控系统平台，建立全工序流程管控与成本分析系统，实现数据从采集、存储、分析、预测、决策、执行，再到反馈闭环管控，以无缝管智能工厂为蓝本全方位打造工序产线装备智能化、机器替人化、设备自动化、工艺模型化、操作一键化、生产少人化，构建跨工序生产流程间系统价值链，实现价值最大化，打造特钢全流程智能制造示范工厂。2023 年智能制造优化定员 314 人，人均劳效同比增加 14%，自主与联合开发软件 33 项，同步推进棒材生产线数字孪生、MES 及机器人应用等智能工厂建设。

### （四）科技创新

2023 年承德建龙坚持科技创新引领，发布《新技术引进管理办法》，并对《科技项目管理要点》《知识产权管理要点》中的奖励标准进行修订，进一步加大科技创新奖励力度，并组织召开科技创新宣导大会，全面调动全员参与科技创新的积极性。2023 年投入研发经费 7.35 亿元。

（1）新品开发突破历史最佳，多个产品形成战略引领。2023 年，承德建龙依托钢管、棒材、大圆坯三条世界级产线的装备优势，全面升级品种结构，持续加大高附加值产品开发力度，强力推进国际、国内行业龙头客户二方认证和批量合作，品种和客户进一步向高端化转型。

2023 年，累计开发新产品 149 个，较 2022 年增加 39 个，其中战略高端品种 12 个，新品销量 20 万吨，较 2022 年增加 91%。成功开发了德国大众乘用车变速箱齿轮用钢 TL4227、三代连杆用钢 46MnVS6、风电偏航变桨轴承用钢 42CrMo4-LB、气瓶管 34CrMo4、稀土石油套管 TC-50RE8、高钢级抗腐蚀管线管 YX70QS、高抗挤毁 IPHCP-110 钢级套管等具有战略引领作用的高端品种。

积极拓展风电用钢龙头客户合作，产品向齿轮箱用钢升级；轨道交通用钢瞄准国际市场，强化与太原重工和波鸿轨道交通的战略合作，在稳定向北美、印度、欧盟等地输送轮对产品的同时，重点匹配俄乌远东战略资源运输项目，年销量 2.8 万吨；开拓新能源汽车用钢新市场，轻量化、高强化新能源汽车用钢实现销量 2 万吨。

重点客户开发：与罗特艾德、大江杰信、一汽锻造、SM 重工、小松、三一集团、巨力等 24 家行业客户稳定供货，全年销量 10 万吨。新开发 81 家汽车、磨球、工程机械行业直供户，实现销量 5.7 万吨。

（2）深化钒钛资源综合利用研究，指标进一步提升。通过精细化管理，优化生产组织模式，研究摸索新工艺、新技术，挖掘新的创效点，提钒转炉工序半钢残钒降低至 0.028%；提钒比提升至 99.32%。钒制品工序钒回收率达到 85.8%。

钛资源利用方面，基于承德地区钛资源禀赋情况，承德建龙与中南大学、北京科技大学开展技术攻关和研究探索，在实验数据的基础上，明确了新的工艺技术路线和工艺方案。争取实现新突破，填补承德地区钛资源高科产品的空白。

（3）科技创新成果丰硕。承德建龙 2023 年在品种开发、钒钛资源综合利用和智能制造等方面共计取得 23 项核心技术创新成果，并全部实现成果转化。荣获冶金科学技术奖一等奖、三等奖各 1 项，《热轧无缝钢管智能工厂关键技术及装备》项目获得中国钢铁协会冶金科学技术奖一等奖，整体技术达到国际领先水平；《高抗挤毁抗腐蚀管材钢半钢水冶炼制备关键技术及应用》获得三等奖。《短流程高品质特殊钢高效洁净制造关键技术及应用》获得教育部科学技术奖二等奖。在中钢协发布的《2023 年度冶金产品实物质量品牌培育产品名单》中，承德建龙的《保证淬透性结构钢热轧圆钢 20CrMnTiH》和《合金结构钢热轧圆钢 40Cr》2 项产品获评“金杯优质产品”。主编行业标准《锻造用连铸圆坯》，参与行业标准制定 5 项，发表论文 47 篇。申报 114 项专利（其中发明 56 件），授权专利 45 件（其中发明 10 件），专利数量和质量均刷新纪录。

2021—2023 年荣获 8 项省部级科学技术奖，其中一等奖 3 项，二等奖 3 项，三等奖 2 项，参与 11 项国家及行业标准制定、修订。截至 2023 年，拥有有效专利 225 件，其中发明专利 67 件。

### （五）节能减排、绿色低碳

承德建龙在“双碳”的大背景下，积极推进向绿色低碳企业转型，深度挖掘产线节能潜力，持续推动节能降碳，同时创建环保绩效 A 级企业，全力打造承德建龙低碳特色，重构企业核心竞争力。

2023 年推动烧结主抽变频节电改造、熔化炉富氧项目、钢包富氧烤包器、烧结微负压点火自动控制、炉外均压等节能降碳项目，年减碳量 3.55

万吨 $CO_2$；谋划论证节能减碳项目、70 兆瓦发电项目、环保升 A 项目，实施后预计节能 3.3 万吨标准煤，年可减少二氧化碳排放量为 7.3 万吨 $CO_2$。

近几年来公司投资 13 亿元，推动超低排放治理、监控监测系统升级和厂区环境综合整治项目，全部达到超低排放限值要求，2023 年 2 月，承德建龙通过中国钢铁工业协会超低排放改造进展情况公示和环保评估检测验收。

承德建龙 2023 年获评工信部国家级绿色工厂。

### （六）资本运营

推动承德建龙子公司承德燕北公司钒钛主业上市，正在进行前期筹划与梳理工作。

公司成立了物流处，在前期推进清洁运输、提升效率、缩短交货周期、降低物流费用基础上，进一步谋划物流产业化方案。承接建龙集团千亿级物流产业目标，借鉴产业化的思维和专业化的管理，做好产业链服务，并结合汽车、电池供应商及承德新能源绿色发电构建物流产业生态圈，实现企业物流向物流企业转型、物流产业数据化向物流数据产业化转型。聚焦做强做优做大、聚焦突出精干主业，承德建龙依托集团资源，立足承德地区大宗物料物流产业化布局，辐射周边地区，建立西北、华北、华中区域长路线中转库，打造物流产业生态圈，实现承德及周边地区最大的新能源大宗物流服务商。

### （七）对外经贸与合资合作

2023 年承德建龙成立国贸公司，积极开拓国际市场，在出口销量、毛利、重点客户开发及品种攻关方面均取得历史性重大突破。全年出口无缝管、棒材、大圆坯等特钢产品 12.18 万吨，实现销售额 5.58 亿元，创汇 5244 万美元，位列承德市第 1 名，荣获承德市“稳外贸突出贡献企业”荣誉。

无缝管成功开发中东、欧洲、非洲、南美洲、东南亚、韩日台等市场，实现气瓶管、酸性服役管线管以及高抗挤毁平端套管等品种的销售。棒材成功开发智利、澳大利亚、韩日台、土耳其、墨西哥、东南亚等区域市场。大圆坯成功开发澳大利亚、韩国、印度、巴西、中国台湾等市场，产品用于风电行业加工以及火车车轮制造。

钒产品方面多次与承德市海关对接交流，推进前期准备工作。片钒通过合作企业等渠道重点开发中国台湾、韩国等钒铁生产企业；钒氮合金优先实现集团内出口东钢，并借助钢铁海外市场开发契机，直供海外建筑钢厂。

## 四、德胜集团

### （一）基本情况

四川德胜集团（以下简称“集团”），前身为大渡河钢铁股份有限公司，成立于1997年。长期以来，集团秉持“产业报国”的愿景，紧随国家战略，深耕实体经济，从前期主要从事钢铁产业链上下游包括矿山、化工、能源、物流等实业经营，逐步转变为一家以钒钛新材料为核心主业，控股及参股业务涉及现代农业、新能源、医疗大健康、先进制造等领域的大型综合性产业集团。集团在四川、云南、贵州组成了从矿山开采、煤化工、现代物流、提钒冶炼、高强度含钒抗震钢筋生产到选钛及钒钛深加工的资源综合利用循环经济完整产业链。目前，控股公司钢铁产能600万吨，参股公司钢铁产能1200万吨，钒产品3.5万吨，年营业收入400亿元以上。2023年，集团位列“中国企业500强”第494位，“中国民营企业500强”第249位。

四川德胜集团钒钛有限公司（以下简称“公司”）是集团布局在四川的核心企业，全国五大产钒企业之一，公司聚焦习近平总书记提出的在建设现代化产业体系上精准发力重要指示精神，围绕四川省委深入推进新型工业化、加快建设现代化产业体系的部署方向，立足攀西钒钛资源，坚定不移实施创新驱动发展战略，率先走出了一条由普通钢铁冶炼到以钒钛资源综合利用为核心的区域钢企转型升级高质量发展之路。公司是国家知识产权示范企业、第三批国家级服务型制造示范企业、国家高新技术企业、全国守合同重信用企业、全国模范劳动关系和谐企业、全国厂务公开民主管理示范企业、全国职工职业道德建设先进单位、“全国五一劳动奖状”单位和四川省循环经济示范企业、安全文化示范企业，上榜冶金工业规划研究院“2023中国钢铁企业竞争力（暨发展质量）评级”，并获得A级（特强）企业评级。拥有完整的现代化钒钛冶炼生产设备，以及全自动化的控轧控冷连轧生产线，具备了2万吨五氧化二钒等综合生产能力。公司“德威”商标被认定为中国驰名商标，生产的“德威”牌高强度含钒抗震精品建材抗震比例100%，位居全国前列，广泛应用于国家重点工程建设。

## （二）生产经营

2023 年产铁精粉 77.09 万吨，重选钛精矿 9.03 万吨，浮选钛精矿 0.52 万吨；2023 年产钒渣 12.68 万吨（四川德胜钒钛 9.04 万吨，云南楚钢 3.64 万吨），标准钒渣 17.5 万吨（四川德胜钒钛 12.4 万吨，云南楚钢 5.1 万吨），五氧化二钒 1.44 万吨（四川德胜钒钛 1.03 万吨，云南楚钢 0.41 万吨）；2023 年工业总产值 200 亿元，同比减少 11%。

## （三）项目建设

2023 年完成固定资产投资额 5.9 亿元，主要有炼钢系统环保升级技术改造项目、烧结厂矿系统封闭改造项目、50 兆瓦余热余气发电项目、五线料场优化改造封闭和炼铁焦炭堆棚改筒仓项目。

2023 年，德胜围绕数字化转型持续发力，先后投入 1300 万元，开展实施智能制造及数字化工厂项目建设，进一步提升了公司智能制造及数字化能力水平。

智能制造方面依托 5G、互联网、物联网、云计算等新兴技术，持续完善智能制造平台建设，补齐生产车间基础自动化系统及智能化设备，大力推进烧结厂球团机械手臂扒块、炼铁厂无人抓渣行车、轧钢厂焊牌机器人提速升级等项目落地，进一步实现钢铁生产全流程智能化，促进生产稳定顺行和提质增效。

## （四）科技创新

研发和应用情况。公司与东北大学、北京科技大学、西南科技大学、重庆科技大学、攀枝花学院、中冶赛迪、首钢国际、四川省冶金设计院、长沙矿冶院等科研院校及企业，围绕环保超低排放、煤气高质化利用、固废资源综合利用、钒深加工、钛深加工、绿色低碳、产业转型发展等领域进行了交流合作，不断加强产学研用合作。2023 年重点围绕含钛高炉渣清洁提钛、一种转炉提钒冷却剂及其应用、低硅钛高铬铁水提钒铬技术研究与应用、清洁提钒技术研究、钒液流电池技术研究与推广应用、含钒钢渣生产低钒生铁研究与应用、冶金固废高质化利用等新技术、新产品、新工艺等开展技术研究与应用，并前瞻性开展非高炉钒钛磁铁矿冶炼技术研究。

专利申请与授权情况。公司累计申请专利 787 项，其中发明 371 项，已获授权专利 490 项，其中发明 104 项。连续 7 年上榜四川企业技术创新发展能力 100 强，2023 年排名第 48 位；荣获“国家知识产权示范企业”“国家知识产权优势企业”“四川省知识产权强企培育企业”“四川企业发明专利拥有量 100 强企业”“四川省专利密集型企业成果运用 10 强”“2023 年度国家首批专利密集型产品”等荣誉称号。

研发经费投入情况。近年来公司研发投入占总销售收入的比重基本维持在 3%以上，2023 年公司研发投入 44185 万元，占销售收入的比重为 3.78%。数字化工厂建设方面坚持围绕“113”模式，即 1 中心（集操控管一体的智控中心）、1 平台（工业互联网平台）、3 一体化（铁区一体化、钢轧一体化、生产管控一体化），打通各生产工序间数据协同统一及支撑服务，开展数据治理和管理融合，实现数字化精益管理，其中自主研发的“德胜班组管理软件”荣获四川省、全国职工“五小”活动优秀创新成果。

### （五）节能减排、绿色低碳

公司 2020 年，获批省级绿色工厂；2021 年，获批国家级绿色设计产品。2019 年至今，全厂超低排放改造已累计投入资金 15 亿元。2023 年能源管理以项目为抓手，不断提升管理水平。通过近四年的超低排放改造，全厂污染物大幅度下降，减排效果显著，2023 年颗粒物减排量 331.943 吨，减排比例 51.85%，二氧化硫减排量 651.897 吨，减排比例 63.45%；氮氧化物减排量 601.048 吨，减排比例 50.58%。烧结工序已经基本实现超低排放，剩余五线料场的封闭改造，目前已完成地勘，进入桩基施工阶段。炼铁工序基于 1250 产能置换项目的建成投用，2 座 420 立方米老旧高炉退出生产序列，新建的 4 号高炉全程按超低排放设计配套污染治理设施，满足超低排放要求。目前 3 号高炉炉前系统的封闭改造已完成，正在有序推进炉后焦炭堆棚筒仓改造等无组织系统整治项目。炼钢工序目前正在全面实施超低排放改造，主要为钢渣处理改造项目、炼钢一次、二次、三次除尘改造项目，目前上述项目均有序推进实施中，预计 2024 年 2 月，全面实现炼钢工序的超低排放。轧钢工序基本达到超低排放要求。动力能源工序新建 50 兆瓦双超机组已于 2022 年 11 月动工建设，2023 年底建成投运并淘汰老旧机组作为备用。配套末端烟气脱硫等治理设施，能够稳定实现二氧化硫等污染物的超低排放限值要求。

公司将持续投入稳步推进全系统超低排放改造，在四川省环科院的技术指导下，将比国家要求时间提前一年，于 2024 年 7 月全面完成。

## 五、达钢集团

### （一）基本情况

四川省达州钢铁集团有限责任公司（以下简称“达州钢铁”）系辽宁方大集团实业有限公司（以下简称“方大集团”）下属全资子公司江西方大钢铁集团有限公司(以下简称“方大钢铁集团”)的控股子公司，现有员工5600余人，占地面积225万平方米，是达州市大型工业企业和利税大户。

达州钢铁兴建于1958年，1990年焦化工程点火投产，1997年改为公司制，成立国有独资的四川省达州钢铁集团有限责任公司；2004年由国有企业改制为民营股份制钢铁企业，2020年实施司法重整加入方大集团，2021年8月取得国家部委产能置换和项目备案批文开启搬迁工作。

达州钢铁历经65年发展，已成为冶金行业重点企业、国家高新技术企业、钢筋混凝土用钢热轧带肋钢筋国家标准起草单位之一，拥有“国家企业技术中心”，是国家发改委确定的钒钛资源综合利用重点企业。达州钢铁曾荣获中国冶金产品实物质量“金杯奖”、全国质量诚信标杆典型企业、全国重合同守信用企业、连续十二届获得“四川名牌”称号等。公司2022年获评全国和谐劳动关系创建示范企业，上榜2022中国制造业民营企业500强、2022年四川企业100强名单。

达州钢铁集炼焦化工、烧结炼铁、炼钢、高速线材、全连轧棒材及机械加工、物流贸易为一体，是我国西部地区重要的优质高强度抗震钢材生产基地，具备年产300万吨钢、350万吨钢材、10万吨优质钒产品、210万吨机焦、20万吨煤化工产品、50万吨甲醇、20万吨二甲醚的综合生产能力。主要产品有“巴山”牌热轧带肋钢筋系列，高速线材和热轧圆钢系列，冶金焦炭、炭黑、工业萘、纯苯、硫酸铵等20余种煤化工产品系列，甲醇、二甲醚等新型能源化工产品系列等，产品畅销全国二十多个省市，深受广大用户青睐。

2020年5月，达州钢铁加入方大集团，在方大集团“党建为魂”的企业文化引领下，公司积极导入方大集团依法依规、公平公正、适应市场、灵活高效的体制机制，坚持“经营企业一定要对国家有利、对企业有利、对员工有利”的企业价值观，推进公司向专业化、规范化、职业化管理方向迈进，企业迎来快速发展。2020年，达州钢铁吨钢利润指标跻身全国钢铁行业前十名，2020—2023年，公司实现利税超40亿元。加入方大集团后，达州钢铁积极开展公益慈善事业、脱贫攻坚、乡村振兴和赈灾抗疫履行社会责任等，捐款捐物累计近3000万元，近年来方大集团累计超过53亿元。

当前，在四川省委省政府和达州市委市政府的支持下，在方大集团的领导下，达州钢铁以成渝双城经济圈、“万达开”川渝统筹发展示范区为依托，正在实施异地搬迁转型发展战略，走高质量发展道路。达钢搬迁升级项目已于2022年6月28日在四川达州东部经济开发区全面开工建设，全新的达州钢铁将建成集建筑钢材、钒钛多元复合新材料、优质特种钢、煤焦清洁能源化工为一体的资源综合性利用企业，打造西部极具竞争力的绿色环保型、创新发展型、智慧制造型优质钒钛钢铁示范基地。

## （二）生产经营

达州钢铁集炼焦化工、烧结炼铁、炼钢、高速线材、全连轧棒材及机械加工、物流贸易为一体，是我国西部地区重要的优质高强度抗震钢材生产基地。与2022年比，达州钢铁2023年钒渣产量有所增加，工业总产值增加7.26%，工业增加值增加7.32%；炼铁系统燃料比增加4.72千克/吨，综合工序能耗2.89千克/吨；炼钢系统钢铁料消耗增加1.90千克/吨、工序能耗下降1.79千克/吨；轧钢系统成材率下降0.06%、工序能耗下降1.03千克/吨。

## （三）项目建设

达钢搬迁升级项目建设投资估算132亿元，已于2022年6月28日开工，预计工期30个月。主要建设内容包括2座50孔7米复热式顶装焦炉及配套化产回收装置、2台190平方米烧结机、1条170万吨球团生产线、2座1340立方米高炉、2座100t炼钢转炉、2座100吨提钒转炉（一用一备）、2台8流方坯连铸机、1条全连续棒材生产线、1条双高棒生产线、1条双高速线材生产线，配套原料场、厂房、环境保护装置、煤气柜、供电、给排水、污水处理、供气、热力等公用辅助设施。项目建成后年生产铁242.8万吨、粗钢230万吨、钢材225万吨、五氧化二钒7000吨。

截至2023年12月31日，项目已完成开工前10余项手续的办理工作，已完成62个主体项目招标、备案，除球团工程相关标段、全厂景观绿化工程等未招标外，主体项目已招标结束。焦化单元、料场单元、烧结单元、炼铁单元、炼钢单元、轧钢单元、公辅单元、铁路单元等已全面转入地面施工，现场管理及施工人员5000余人，在保证质量、安全的前提下千方百计保工期。焦化单元一号焦炉砌筑完成，正开展二号焦炉砌炉、设备安装；

炼铁高炉、热风炉钢结构及设备已安装过半；烧结单元各主体结构土建工程基本完成；15 个筒仓滑模施工完成；B 型料场大棚网架安装完成；炼钢厂房钢立柱已吊装完成，开始行车安装；全厂给排水工程已完成约 95%；全厂供配电工程（标段一）已完成约 85%；煤气发电工程（标段一）已完成约 80%。其他各工序正按照总体安排有序推进。项目已完成总体工程进度的 65%，工程款已支付 47.20 亿元。

### （四）科技创新

达州钢铁实行全面搬迁，在新厂区建设实现生产自动化，对能源管理、财务管理、物资管理系统、人力资源管理系统、设计制造系统等信息化系统的应用，做到了资源、数据信息的共享，便于实施过程的数据信息采集，过程实时分析、纠偏，提高了信息的透明度和可靠性。2023 年申请专利 37 件，获授权专利 34 件。

### （五）绿色低碳

达钢环境保护工作以坚实的脚步行进在路上，在积极推动搬迁工作的同时，对现有厂区进行超低排放改造，推进企业绿色发展。2021 年以来公司投资 3.3 亿元对现有环保设施进行超低排放改造，无组织排放点位采取封闭、收集等措施进一步控制扬尘，为员工打造环境优美的工作环境。

腾空间，优化环境。为实施超低排放改造及打造厂区环境，达钢拆除原三轧片区、炼铁 1 号高炉片区，1 号、2 号烧结片区等 8 个片区的房屋，总拆除面积为 79381 平方米，拆除后其中 30000 平方米左右用于绿化。对厂区皮带通廊、转运站、管廊架等用白色亮条进行封闭，更换破损的彩钢瓦，对所有生产装置的厂房、设备设施喷漆，大烟囱全部上色美化，桥架通廊装饰亮条，厂容厂貌明显改善。

谱写环保提标改造新篇章。（1）对重点排放口进行超低排放改造，投资约 1.2 亿元。主要涉及老厂区焦炉烟气脱硝及 2 号脱硫除尘提标改造项目、捣固焦炉烟囱烟气脱硫脱硝、炼钢转炉三次除尘超低排放改造。老厂区焦炉烟气脱硝及 2 号脱硫除尘提标改造项目于 2022 年 3 月正式投运，项目实施后焦炉烟气达到超低排放要求，大幅度减少污染物排放量。（2）无组织控制，新建大棚，投资约 6700 万元。厂内物料堆放场地捣固焦煤场焦场、熔剂厂灰石料场、球团矿堆放场地等修建大棚，增设防风抑尘网、雾炮装置。（3）道路扬尘控制，投资约4725万元。迎宾大道和厂区主要道路进行黑化铺设沥青、厂区内所有堆场出口设置冲洗车辆装置。公司现有洒水车2辆、扫地车3辆、雾炮车2辆，道路养护车1辆，并成立了专业清扫队伍，利用洒水车、雾炮车等对厂区道路进行清扫、冲洗以及喷水抑尘，确保厂区道路整洁无扬尘。（4）废水深度治理，投资约6800万元。捣固焦生物脱酚废水深度处理，老厂区水处理中心收集净化厂区零散生产、生活废水，实现废水循环利用，减少外排量，规范厂区外排水，排放量和指标纳入在线管控。（5）厂区挥发性有机物治理，投资约3218万元。涉及5个VOCs治理项目，主要针对焦化生物脱酚废水区域、化产回收区域、化工厂区域，治理后现场异味得到明显改善，得到周边居民的认同。

## 六、陕西五洲矿业股份有限公司

### （一）基本情况

陕西五洲矿业股份有限公司（以下简称“五洲矿业”）系金堆城钼业集团有限公司控股子公司，成立于2004年11月，注册资金2.5亿元，2009年12月经陕西省国资委批准正式改制为股份制公司。

五洲矿业总部位于陕西省商洛市山阳县中村镇，矿区所处的优质页岩钒矿床，被誉为“黑腰带上的明珠”，保有地质储量3040万吨，品位0.96%，金属量29.184万吨。公司拥有两个省级钒产业园，下辖四个选矿厂和一个分公司，设计年处理矿石能力80万吨，生产五氧化二钒6000吨/年、氮化钒3000吨/年、高纯五氧化二钒3000吨/年、高纯金属钒100吨/年、全钒液流电池电解液1000立方米/年。公司主要产品有红钒、偏钒酸铵、粉状五氧化二钒、片状五氧化二钒、氮化钒、钒铝合金、高纯金属钒、全钒液流电池电解液。公司拥有在册员工820余人，其中大中专以上学历473人，中级职称23人，高级职称9人。

五洲矿业秉承“精益、创新、凝聚、高效”的企业精神，已形成钒矿开采、选冶和钒系列高端产品开发及生产为主的全产业链，主要产品科技含量高，性能稳定，国内国际市场销量逐年递增，国际市场已出口欧美、东南亚等国家。近年来，公司先后荣获国家技术发明奖二等奖1项、环境保护部科学技术奖一等奖1项、中国有色金属工业协会科学技术奖一等奖3项、陕西省科学技术奖二等奖3项，取得国家授权专利46件，软件著作权

2 件，取得陕西省首批知识产权贯标单位、省级健康企业建设示范单位。

五洲矿业将以高端钒合金材料和钒精化研发生产为核心，继续与科研院所联合优化工艺，研发新产品，做强做大钒传统产业，做优做精钒高端产品，不断推动钒产业高端化、智能化、绿色化发展。

### （二）生产经营

全年采运页岩钒矿量 49.67 万吨，同比增长 24%；处理矿量 48.97 万吨，同比增长 13.19%；生产五氧化二钒 3682.38 吨，同比增长 2.7%；生产高纯五氧化二钒 1541.42 吨；加工生产氮化钒 1625.15 吨。全年实现营业收入 3.35 亿元，缴纳税费 2372 万元。

### （三）项目建设

全年进行固定资产投资 1149.9 万元，完成了大石板沟尾矿库上坝公路、金狮剑尾矿库闭库提升改造、废弃渣场规范化治理、推板窑炉大修等项目建设。同时还顺利实施了其他 3 大类 21 项工程建设（含生产实施类项目 5 项，生产保障类项目 7 项，安全、环保及消防整改类项目 9 项）。

### （四）科技创新

全年累计完成科研投入 774.48 万元，新增取得授权发明专利 1 件，荣获省级以上科学技术奖 2 项、市级专利大赛奖 1 项。搭载秦创原创新驱动平台，以公司牵头联合高校实施科技厅“两链”融合专项，与科研院所等单位共同实施“战略性钒资源产业链应用工程化”项目，建立页岩钒绿色分离通用技术及装备体系，推动了行业技术迭代升级。开展“有色冶炼渣多金属短程回收及产业链接利用技术”项目研究。实施“页岩尾渣新材料制造技术与示范项目”。“两化”融合管理体系贯标通过评估审核。自主研发的 99.9%高纯五氧化二钒被省工信厅认定为“陕西工业精品”，进一步树立公司质量品牌，提升产品竞争力。取得“国家高新技术企业”“专精特新企业”复审认定，取得科研质量及高端钒产品市场应用认可。

### （五）节能减排

全年共实施精益对标管理提升项目四项，其中集团级管控项目“除尘钒生产氮化钒”突破了除尘钒生产氮化钒质量瓶颈。公司内部管控项目“中村选厂一车间助浸剂配置行车吊装替代铲车吊装”已完工，试用效果良好；“中天选厂浓密管道改造”施工已经完成，节省了底流泵的应用，达到节约电费、降本增效的目的。“粉钒生产（降低除尘量）”项目对风机频率、风压、电阻炉转速的调整未达到预期目标。

## 七、秦皇岛佰工钢铁有限公司

### （一）基本情况

秦皇岛佰工钢铁有限公司，是唐山百工实业集团的全资子公司，前身是国企秦皇岛市异型轧钢厂，2006 年上半年，唐山百工实业集团受邀参与国企改制，投资成立秦皇岛佰工钢铁有限公司，并按国家产业政策退城进郊，由秦皇岛市区搬迁至秦皇岛西部卢龙工业园，并于 2007 年 2 月份正式投入生产。

### （二）生产经营

佰工钢铁现有 2 座 1080 立方米高炉、1 座 100 吨转炉、1 座 50 吨合金钢电炉、1 座 100 吨 LF 精炼炉、1 座 60 吨 LF 精炼炉、1 台板坯连铸机、2 台方坯连铸机、1 条高速线材生产线、1 条精品带钢生产线、1 条钒钛新材料生产线，以及配套烧结、发电、制氧、能源综合利用等配套公辅设备；是一家集优特钢，铁基新材料、钒钛新材料的研发生产、增材制造、发电储能、贸易仓储物流等为一体的科技型国家高新技术企业。具备年产 208 万吨铁、200 万吨材的生产能力，产能 6000 吨的氧化钒生产线正在建设中，预计 2024 年 8 月投产，主要产品片剂五氧化二钒，粉剂五氧化二钒；2023 年生铁产量 128.08 万吨，粗钢产量 142.36 万吨，钢材产量 94.7 万吨，钒渣 0.56 万吨，热卷板 94.33 万吨，线材 0.41 万吨。

### （三）企业管理

公司按照环保创 A 级标准建设，建设环保除尘设施、封闭料场、安装固定雾炮，主要料场门口安装在线监控设备；通过了 ISO 质量、环保、职业健康、管理体系认证、两化融合管理体系、计量管理体系及 CNAS 国家级实验室认证；成立法务部；成立佰工学院，博士后工作站大师工作室；建有通过中国合格评定国家认可委 CNAS 认证的检化验实验室 1 座，出具的检化验数据实现全球互认。

# 第三节　钒加工企业

## 一、中色（宁夏）东方集团有限公司特种材料分公司

### （一）基本情况

特种材料分公司是中色（宁夏）东方集团有限公司下属分公司，是国内从事钒、铌、钨等合金生产与研究开发的重要企业之一。形成以钒氮、钒铁、铌铁、钨铁等高品质微合金钢炉料为主体，铌、钒、钨微合金粉末以及钒铝合金、金属钒、金属铬等高纯金属材料研发与生产同步发展的产业局面。产品从单一化向多样化发展，产品质量稳定。公司秉承“诚信守法，顾客满意；优质高效，持续改进；打造国内一流微合金炉料企业”的质量方针，坚持了以顾客为关注焦点的理念现已同全国各大钢企建立了良好的长期合作关系，并得到业内的一致好评。目前分公司具备年产 3000 吨钒氮合金、2000 吨钒铁合金、500 吨铌铁合金、500 吨钨铁合金、300 吨钒铝合金、30 吨金属钒的生产能力。

分公司立足于“高起点、高层次、高水平”的原则，研发新技术、新产品、新工艺，形成拥有自主知识产权和核心技术的高新企业。公司目前研发的新品金属钒、金属铬、氮化钒铁、钒铝、钼铝、各种合金粉等已逐步投入市场。特种材料做“特”，新产品做“前”，稳步发展，敢于创新是特种材料分公司发展的美好愿景。

### （二）生产经营

2023 年，面对持续走低的外部市场环境和艰巨繁重的生产经营管理工作任务，特种材料分公司始终坚持以习近平新时代中国特色社会主义思想为指导，坚决贯彻习近平总书记对中国有色集团三次重要指示批示精神，认真贯彻落实集团公司党委决策部署，紧紧围绕“规模和经营效益双提升”发展思路，全体干部职工锚定目标、承压奋进，各项工作取得良好成绩。实现营业收入 4.23 亿元。产量 3022 吨，同比增长 300 吨，增幅 11%。

### （三）项目建设

“高纯五氧化二钒制备工艺研究”完成基础性工艺试验；“年产 30 吨高纯金属钒、300 吨钒铝合金产业化”项目正在建设中，按计划将于 2024 年

4月建成投产。首次成功申报"十四五"国家重点研发计划项目，承担"高纯金属钒绿色制备与高值化利用技术及工程示范"项目将有力推动分公司产品结构调整。

## （四）科技创新

2023年累计投入科研经费645万元，申请发明专利19项，其中授权专利5项，完成1项成果登记，参与起草3项标准。公司现有授权发明专利9项，实用新型专利9项。"高纯金属钒和高均匀低杂质钒铝合金的研制"获中国有色集团青年创新创效成果奖二等奖。积极探索"基础研究、应用开发、重点实验、成果转化、产业化"新模式，进一步将科研成果、创新成果转化为生产力和经营效益。

## （五）节能减排、绿色低碳

坚持把完善工艺技术、节能降耗、修旧利废作为"六个增效"专项行动重要措施，38个增效项目累计增效300余万元。不断完善设备和能源管理体系建设，进一步规范固定资产管理和设备维护保养，按期完成75台高耗能机电设备更换，重点能源消耗定额低于前三年均值。

## （六）企业管理

（1）坚持深耕供销市场，结构调整初见成效。努力克服市场需求持续走低、产品价格跌幅近 40%等不利因素影响，积极协调原料采购与产品销售工作，保障生产经营有序进行。在行业大面积停产减产，国内钒铁、钒氮年产量同比降低2.4%、9.2%的情况下，分公司两类产品销量逆势增长，同比增幅36%、10%，有效分摊固定费用，有力保障经营规模。

（2）多措并举开源节流，提质增效再上新台阶。持续强化原辅材料、在线产品全流程管控，抓实成本核算，工单原料外制造成本增幅低于产量增幅7个百分点。扎实推进安全文明施工、定置管理工作，6S现场管理水平全面提升。从严落实质量管控措施，推进金属钒、钒铝合金国军标体系认证，常规产品交验合格率达到99.75%，质量改进课题全部完成目标任务，"提高钒铝合金炉体寿命"QC活动获自治区三等奖。

（3）全面压实全员责任，安全环保持续提升。不断增强风险意识，强化风险防控，提升科学防范化解各类风险的能力和水平。压实全员安全生产责任，组织签订安全环保责任书，推动安全生产培训常态化。持续巩固提升双重预防机制，细化更新“风险分级管控清单”，落实安全生产重大事故隐患排查整治、安全管理强化年行动等专项工作。深入开展“三敬畏、反三违”活动，制定“三违”行为清单，常态化开展三违检查40次。不断巩固生态保护长效机制，高质量落实中央生态环境保护督察整改成效巩固提升行动，对生态环境保护问题再排查、再梳理、再巩固，按期推进“新、改、扩”建项目安评环评，进一步规范一般固废储存、处置，按期完成职业健康安全和环境管理双体系审核认证、安全标准化自评、清洁生产审核验收工作，切实巩固整改成效。

（4）不断强化协同保障，坚守合规经营底线。持续完善法治合规管理运行机制，健全内控体系建设。扎实开展“十四五”法治建设中期评价工作，对近三年来63项具体工作进行自查自纠。进一步规范重大事项决策程序，修订《总经理办公会议事规则》，梳理《重大事项清单》，落实重大事项、经济合同法律审核要求；梳理关键业务流程，确保《关键业务流程手册》有效运行，合规经营“抓手”作用有效发挥。

## 二、承德天大钒业有限责任公司

### （一）基本情况

承德天大钒业有限责任公司成立于1998年，注册资金7170万元，总资产8.5亿元，位于承德高新技术产业开发区，是一家研发和生产航空、航天、军工、民营等钛合金及高温合金用中间合金企业，现为高新技术企业、国家专精特新“小巨人”企业、省级绿色工厂、单项冠军企业等。

公司建立了运行有效的ISO质量/环境管理体系、AS9100国际航空航天管理体系、GJB9001C武器装备质量管理体系及职业健康安全管理体系，建立了完善的过程追溯体系，从原辅材料的入厂使用、生产过程的监控到最终产品的检测及出厂形成了产品生命周期的溯源管理；建立了省级企业技术中心、省级中间合金技术创新中心等3个研发机构和平台建设，拥有授权专利27项，主持参与制定国家、行业标准29项，持续为国内重要领域提供高品质中间合金产品。

公司自成立以来，秉承“携手共进、互利双赢”的合作宗旨，坚持“科学管理、开拓创新、持续改进、顾客满意”的管理方针，赢得了国内外企业的青睐，主要服务客户有西北有色金属研究院、西部超导材料科技股份有限公司、宝鸡钛业股份有限公司、湖南湘投金天钛业科技股份有限公司、陕西天成航空材料有限公司、美国冶联科技集团（ATI）等 20 多家大型钛合金生产企业，并与其建立了长期稳定的合作伙伴关系。

### （二）产品介绍

中间合金是由两种以上元素组成，将某些单质做成合金，是钢、铸铁、高温合金、钛合金、磁性合金、铝合金与有色金属材料等冶炼所需要的各种基体合金和添加剂，主要解决烧损、高熔点合金不易熔入等问题，广泛应用于航空航天、军工、船舶、医疗用钛合金、高温合金等领域，随着国家科技的快速发展，中间合金行业也得到了不断地发展。

公司是钒延伸产业链的深加工企业，始终秉承以“掌握核心技术、坚持科技创新，实现高质量发展”的发展战略，先后研发出从二元到多元合金系列六十余种产品，现已形成了以钒铝、铝钼二元合金为主，三元、四元合金为辅的中间合金系列产品，生产产能达到 5200 吨/年，现已成为国内产量最大、品种最全的钛合金用中间合金研发和生产企业，可为客户量身定制符合其技术需要的各系列中间合金产品，综合实力位居国内同行业首位。

### （三）技术亮点

公司从事专业领域 25 年，拥有国内唯一一条国际先进中间合金生产线，在行业内独创、首创了中频真空感应熔炼法、连续投料法、黑光/X 光质量保障系统、惰性气体保护连续磨粉等多项国内领先技术，成为国内同行业的领跑者，多项产品攻克了国外关键核心技术，实现了替代进口、重点领域补短板的历史性突破。

独立的检测中心，先进的检验检测设备，为产品质量保驾护航，现有进口 ICP-MS 质谱仪、ICP 光谱仪、碳硫测定仪、氧氮氢测定仪、扫描电子显微镜等国际先进检验检测设备，检测中心通过了 CNAS 国家实验室认可，具备从经典化学分析到光谱再到质谱等仪器分析全套技术手段，同时具备材料显微组织检测、材料物相检测等检测能力。

作为国内高端装备用钛合金和高温合金所需中间合金主要供应商，产品已广泛应用于我国新型号飞机、导弹、舰船、某涡扇发动机、潜艇等军用装备，多种产品填补国内空白，实现进口替代，为关键钛合金主干材料立足国内提供自主保障。

## （四）市场需求分析

公司销售产品市场定位主要以军工钛合金企业为重点，针对性选择航空航天、军工、舰船等高端领域市场客户。近年来，受地缘经济影响，国家对国防装备越加重视，以大运输机、飞机发动机、系列战斗机、导弹、舰船、潜艇为代表的国防装备数量增加，国产化进程加快，产品升级换代加快，各种重大专项的扶持、国防装备增加，使得军工市场钛材需求量维持持续增长的局面。

“十四五”期间，军工钛合金总需求量预计将达到70000吨，钛合金用中间合金的总需求量预计将达到15000吨。2022年，我国高端钛合金行业市场规模为3.56万吨，增长至142.3亿元人民币，年复合增长率为7.11%。按10%计算高端中间合金市场规模3600吨，约为12亿元。

预计“十四五”期间我国新增军用飞机2900架，钛合金部件按10%成材率测算，由此需钛合金材料需求量为6.5万吨，年均1.3万吨，航空发动机用钛合金材料需求量为4.3万吨，年均0.87万吨。需中间合金2.1万吨，年均4200吨。

按照ARJ-21/C919/CR929钛合金部件占比4.8%/9.3%/15.0%、钛合金部件成材率10%来测算，未来20年钛合金材料总需求达到57.5万吨，年均2.9万吨。航空发动机牵引的钛合金材料总需求为49.5万吨，年均2.5万吨，需中间合金11万吨，年均5500吨。

根据目前钛锆铪协会数据和市场了解的情况，民用钛合金的数量在5000吨/年以上，其中出口约2000吨，民用航空市场1000吨，医疗、石油装备、汽轮机、3D打印等市场约2000吨，其他市场需求量未知，据此数据推测“十四五”期间，民用钛合金总需求量预计将达到25000吨，民用钛合金市场预计需要中间合金5500吨以上。

我国钛材消费结构与全球相比最主要的差别在航空领域，全球范围内航空用钛材始终占据钛材总需求的50%左右，而国内航空用钛材的比例仅为18.4%，航空用钛材市场还存在较大潜力，随着国内军用飞机的升级换代和新增型号列装及民用国产C919系列大飞机通过适航认证后的产能释放，未来高端钛合金材料市场空间广阔。

## （五）未来发展规划

市场拓展方面。继续推进现有市场深耕：加强空白点开发，主要包括航空航天、军工领域钛合金、高温合金市场，根据销售区域市场需求完善产品布局。细分市场，对成熟市场、发展市场、开拓市场、空白市场分别制订有针对性的销售策略，实现市场进一步拓展，预计“十四五”末，完成国内所有钛合金、高温合金企业用中间合金产品的销售区域布局。

产品创新能力提升。逐步完善、优化公司产品结构，建立产品创新体系，以市场需求为导向进行产品研发，同时以超前理念，引领转化升级，储备新产品，实现产品多元化发展；全面推进知识产权保护工作，助力实现高质量发展。

### （六）加强信息化管理

加强公司数字化管理，以数据驱动业务提升，赋能企业做好客户经营，实现精准营销、科学营销；同时根据公司未来发展需求探索数字化工程建设，推进技术革新，致力于实现智能制造、柔性化生产、数字化管理。

### （七）人力资源管理

全面完善公司组织结构及治理体系，提升内部综合管理水平；推荐产品研发、生产、质量、检化验等方面专业人才的引进，持续推动产品研发、市场开拓、品牌推广等工作的创新优化。

### （八）内部控制

内部管理精细化，增收节支，控本增效。建立健全公司内部管理，保证公司资产、财务信息的准确性、真实性、有效性、及时性；保证对公司员工、工作流程、生产全过程的有效管控，建立对公司经营活动的有效的监督机制，在内部环境、风险评估、控制活动、信息与沟通、激励机制、内部监督等方面规范化、科学化管理。使内控走向制度化、规范化的轨道，最终实现提高企业竞争力，提高企业经济效益的终极目标。

### （九）质量管理

坚持产品质量是企业的生命线，是百年老店的基石，坚持做真材实料的产品，以质量安全为中心，建立完善从原辅材料入厂使用、生产过程的监控到最终产品的检测及出厂形成产品生命周期的全过程溯源管理，持续推进精益化管理，加强生产过程管理，确保产品质量。

### （十）产学研合作

下一步公司将持续加大产学研合作的范围，力争与清华大学、燕山大学、有色院等建立产学研合作关系，针对高品质中间合金及设备的升级改造等关键技术难题，共同开展相关课题研究。

### （十一）科研平台建设

计划五年内建设“战略新材料”产业技术研究院、国家实验室等项目，培育壮大战略科技力量，推动形成“核心＋基地＋产业化”创新格局，构建“基础研究+技术攻关＋成果转化＋科技金融＋人才支撑”的全过程创新生态链。以中间合金产业高质量发展为主题，以科技创新、绿色升级、产业链延伸、智能制造为方向，全面推动中间合金行业由“单元式作业”向“自动化流水线作业”的转变，由“劳动密集型”向“技术密集型”的转变，由“传统制造业”向“云端延伸、数字创新”的转变，坚定不移地把中间合金产业推向新高度。

综上所述，公司始终立足特种钛合金及高温合金用中间合金的研发生产，制定了“打造中国军民两用钛合金及高温合金用中间合金龙头企业”的发展目标，并计划到2025年实现A股首发上市。未来，公司将继续深入贯彻“制造航空航天级零缺陷中间合金产品”的质量管理理念，紧紧围绕中国钛合金、高温合金的发展及应用，不断赓续创新，砥砺前行，以全新面貌、昂扬斗志，为国家军工建设事业贡献力量。

# 第四节　钒电池企业

## 一、大连融科储能技术发展有限公司

大连融科储能技术发展有限公司（以下简称“融科储能”）于2008年由大连融科储能集团和中国科学院大连化学物理研究所合资成立，已建立钒电池完整自主知识产权体系，具备储能材料、核心部件、终端产品，直至解决方案的全产业链布局。现已建成全球最大的钒液流电池储能技术研发基地、储能材料生产基地和储能装备制造基地。技术水平、专利数量、市场占有率和产业化规模都处于世界前列。

融科储能获批建有“国家能源液流储能电池技术重点实验室”和“国家地方联建液流储能电池技术工程研究中心”，牵头承担有国家重大科技攻关项目和国家重点研发计划专项。现已申报和获得授权国内外专利 300 余件，形成了完整的自主知识产权体系，技术水平全球领先，技术成果获得了包括国家技术发明奖在内的十余项重量级奖项，还主导制定了包括国际 IEC 标准、国家标准、行业标准在内的国内外标准 50 余项，掌握了世界范围内的行业话语权。

在市场方面，融科储能投运和在建的全钒液流电池储能累计装机容量已经超过 1.2 千兆瓦·时，全钒液流电池储能装机全球市场占有率超过 60%；同时，还占据了全球 90%的钒电解液市场份额，在钒电池储能材料领域也处于绝对主导地位。

面向电网调峰、可再生能源并网、智能微电网三大目标市场领域，融科储能在国内外已实施 40 余项工程项目。其中，融科储能 2012 年建成的卧牛石风电场 5 兆瓦/10 兆瓦·时钒电池储能系统，已连续安全稳定运行超过 10 年，至今保持 100%容量保持率，是全世界连续稳定运行时间最长的商业化钒电池储能项目。2022 年并网投运的国家示范项目大连恒流储能电站一期工程，以 100 兆瓦/400 兆瓦·时的规模，成为全球规模最大的全钒液流电池储能电站。还有同样在 2022 年建成并网的 6 兆瓦/36 兆瓦·时枞阳海螺水泥储能电站，是目前全球最大规模的用户侧全钒液流电池储能电站，同时也是世界首个采用钒电解液租赁创新商业模式的储能电站，将钒电池超长寿命和电解液无限循环使用的技术优势，成功转换为低投资高回报的市场竞争优势。

## 二、北京绿钒新能源科技有限公司

2021 年 3 月 15 日，习近平主席在主持中央财经委员会第九次会议中提出“十四五”是碳达峰的关键期、窗口期，要构建清洁低碳安全高效的能源体系，实施可再生能源替代行动，深化电力体制改革，构建以新能源为主体的新型电力系统。中国的新能源产业迎来了前所未有的发展空间。

“双碳”目标及“构建新型电力系统”目标的提出，对可再生能源和储能的发展产生巨大的推动。随着新能源的快速增长，风光波动性、不稳定性、随机性对电力安全稳定的影响越来越大。大面积、持续性的阴雨天、静风天对以光伏、风电为主体的电力系统可能造成重大电力断供。而储能技术在平滑可再生能源发电出力、辅助服务和电力负荷削峰填谷方面发挥了巨大作用，可以有效提升电力系统灵活性、稳定性；为电网运行提供调峰、调频、备用、黑启动、需求响应支撑等多种服务；同时提高电网安全稳定水平，并从系统层面有效提升电力系统运行效率；是建设“以新能源为主体新型电力系统”的重要组成部分和关键支撑技术，对于提升电网新能源消纳能力、实现“双碳”目标具有重要意义。

目前，储能技术主要有物理储能、化学储能和电磁储能等。全钒液流电池作为本质安全 的新型储能系统符合国家产业政策，具有良好的社会、经济效益。是液流电池作为电化学储能技术之一，启动速度较快，可以满足电力系统快速响应的需求，选址受地理条件限制较小，适合规模应用于风电、光伏发电等非水可再生能源的发展，是新型电力系统的重要组成部分。液流储能技术中，钒电池储能技术工程实践循环寿命已被验证达到 27 万次，具有容量大、能量效率高、深度放电、可靠性高、污染低、无起火爆炸风险等特点。

### （一）企业概况

北京绿钒新能源科技有限公司（以下简称“北京绿钒”）成立于 2022 年 10 月，是一家拥有开创性技术的新型储能创新企业，专注于本质安全的全钒液流电池储能系统研发、制造和长时储能解决方案的开发和商业化；北京绿钒在液流储能产业链多环节中掌握核心技术，同时在产品开发、资源整合、市场开拓等方面已进入快速发展阶段。

北京绿钒核心研发运营团队，长期从事液流电池储能领域的基础研究与产业化工作 10 余年，系我国全钒液流电池领域的一线研究团队，是最早从事液流电池储能商业化的团队，见证、参与、推动了国内液流电池储能产业的发展，参与或主导建设了国内外近 50 个钒液流电池储能项目，是国内建设运营项目最多、最有经验的团队。目前通过引进高端人才快速扩展了公司的研发、技术能力，最新开发的储能产品从集成度、可靠性、成本、性能等各方面均领先于领先水平；以政策和市场为根本依托，以技术和商业模式的创新为内生动力，绿钒能源正在探索长寿命、高安全、低成本的长时储能方案，以支撑实现“双碳”目标，助力可再生能源发展和新型电力系统构建。

### （二）项目建设

绿钒总部基地位于北京经济技术开发区，占地面积近 10000 平方米，具备年产 300 兆瓦/1.5 千兆瓦 · 时电堆和储能模组集成的能力。于 2023 年

3月开工建设，目前已投产运行。

### （三）技术研发

2023年，绿钒创始人、研究院院长胡波博士带领技术团队突破多项理论和工程瓶颈自主开发出新一代超高功率电堆及模组系统。

由绿钒自主研发的100千瓦“超级电堆”是截至目前国内功率最大的单个电堆；充放电效率可达85%；电堆所有关键材料，包括离子交换膜、碳毡和双极板均实现国产化，解决了材料领域的关键核心技术难题；并采用独特的自结合密封技术，不需焊接、不需密封圈，完美解决了钒电池电堆密封的难题。规格和技术均处于行业领先水平。

基于此“超级电堆”，北京绿钒开发出Vstorage系列储能产品，包括Vstorage-100kW、Vstorage-MW，其中Vstorage-MW系统适用于大型储能电站，可广泛应用于新能源发电配储及独立调峰储能电站；Vstorage-100kW系统适用于百千瓦级别的工商业用户储能、偏远地区供电储能、特殊场合供电等（可根据用户需求灵活配置容量时长）。

## 三、承德新新钒钛储能科技有限公司

### （一）基本情况

承德新新钒钛储能科技有限公司，是一家专业从事全钒液流电池储能系统全产业链生产制造企业，是国内最早专注于钒电池行业的领军企业之一，也是河北省规模最大，率先投入商业运营的“全钒液流电池”生产基地。

### （二）科技创新

公司研发团队成立于2006年，是全国最早开展全钒液流电池研发的团队之一。先后攻克了钒电池用电解液、反应电极、质子膜等多项核心技术，解决了电堆泄漏、能量密度低、流体分布不均等多项瓶颈问题，获得国家专利多项，并参与制定多项国家标准和行业标准，其中已颁布实施7项。在国际上，公司与钒电池发明人Maria博士建立深入合作；在国内，与清华大学建立了产学研团队，共同合作开发的“全钒液流电池的离子筛膜与电堆技术”获得国家级技术发明奖三等奖，为电化学储能提供了强有力的技术支撑。

公司致力于全钒液流电池关键材料、电池系统集成等方面的研究。拥有高性能低成本的一体化双极板、电解液、质子膜等核心材料制备技术、电堆结构及装配专有技术，以及电池系统集成设计、储能与光伏发电、离网供电系统和智能电网等领域的示范应用技术，这些都为钒电池储能产业的发展奠定了基础。

## （三）生产经营

目前，公司拥有国际先进的年产 3000 立方米高纯钒电解液生产线、年产 30000 平方米二代质子膜生产线，年产 300000 平方米一体化双极板生产线，生产的 5～100 千瓦多种系列规格电堆全部采用自主研发及专有技术。在承德双滦、丰宁、围场地区共计划建设 3 千兆瓦钒电池自动化装配生产线。

## （四）项目建设

公司与冀北电网合作的光储充一体示范项目，于 2016 年进行投运；2018 年中标河北建投森吉图风电场配套储能电站项目，2020 年完成并网运行；“十二五”期间，公司承担了国家“863 计划”课题、国家科技支撑计划“张北风光储输示范项目”课题、国际科技合作计划项目、多次承担省市级科研创新项目；在河北省“十四五”规划中，三次提到将依托承德新新钒钛储能科技有限公司发展全钒液流电池产业，并被列入河北省《新型储能发展规划》。

## （五）成绩和荣誉

多年耕耘，成就今日佳绩。公司已荣获“国家级科技型中小企业”“河北省高新技术企业”“河北省专精特新企业”“河北省创新型企业”“河北省企业技术中心”“河北省省级科普基地”、河北省唯一“省级液流电池技术创新中心”等称号。

荣获国家级科学技术发明奖、中国光储充行业最佳系统集成商品牌奖、中国储能产业最佳储能电池供应商奖、第十一届河北省创新创业大赛企业组第一名、在联合国工发组织（UNIDO）清洁能源创新解决方案中，成为世界上储能行业唯一一家跻身全球前十的领军企业。

这些成绩的取得都是“新新钒钛储能”十八年来躬耕不辍，致力于清洁能源产业发展的最佳诠释。并得到国家及省市区各级领导的深切关怀，多次到达企业本部和项目现场进行考察和指导。

2023 年，企业通过市场化转型，先后与河北建投集团、中广核集团、中国电建、中国华能、华润新能源、河北地矿集团、中国航天集团、中国大唐集团以及多地政府建立长期合作关系。

随着“双碳”目标的提出，新型储能装机规模的扩大，承德新新钒钛储能科技有限公司必将继续开疆扩土，顺势前行，为新型储能高质量发展注入新的活力、积蓄更加强大的动能。

## 四、河北中科同创钒钛科技有限公司

河北中科同创钒钛科技有限公司成立于 2017 年 3 月，注册资本 1.4855 亿元，占地 91.3 亩，由衡水高新区和中国科学院过程工程研究所联合设立。公司拥有专利 20 余项，其中国际专利 10 项；拥有院士工作站、国家高新技术企业、国家科技型中小企业、创新型企业、河北省优秀创新创业团队等荣誉称号；获第八届中国创新创业大赛（河北赛区）二等奖；承担中科院先导 C 项目（高端轴承自主可控制造）子课题、国家重点研发计划固废专项、河北省重大科技成果转化专项、河北省科技厅资源与环境专项、河北省新型研发机构建设等科研任务。

公司专注于资源、能源的大规模清洁转化、高效利用及产品高值化；依托中科院过程工程研究所的先进技术，开展钒、钛、镍、钴、锂等新能源材料制备新技术的中试试验，形成一系列关键核心技术和高值化产品。开发出一系列关键核心技术：（1）钒钛磁铁矿直接还原及产品高值化技术；（2）短流程、低成本萃取法制备钒电池电解液技术；（3）富氧侧吹冶炼红土镍矿制备镍铁及低冰镍技术；（4）少铵沉钒制备五氧化二钒技术；（5）低浓钛液制备二氧化钛技术；（6）钒、钛、锆、锂等新能源材料制备技术；（7）固废无害化及资源化处理技术。开发出系列产品涉及高纯金属及合金、无机粉体、钒、钛、锆、锂等新能源材料、有机钛和有机锆材料等多个系列产品，应用于航空航天、新能源、化工、冶金等领域，为我国新材料、新能源绿色产业化技术升级提供技术支撑，解决我国在钒钛资源综合利用、钒电池大规模储能、高端轴承钢等领域关键核心技术问题。

公司建有千吨级钒钛磁铁矿高效清洁利用及产品高值化新技术示范线，并建成中科衡水新能源新材料中试基地，公辅设施完备，环评、能评等手续齐全；具备从火法冶炼、湿法分离提取到材料制备的模块化试验及生产平台：3.6 平方米富氧侧吹熔池熔炼成套半工业试验线；矿物破碎-球磨、酸碱浸出、固液分离、蒸发结晶、萃取分离、产品精制等千吨级中试试验线。拥有研发实验楼 5000 余平方米，高温升降炉、马弗炉、中频炉、真空感应炉、连续萃取（塔、槽）等设备 100 余台套，X 射线荧光光谱仪（XRF）、高温熔体物性测试仪，碳硫分析仪、热分析仪、紫外可见分光光度计等完备的检测设备，可为研究院所、高校、企业提供复杂多金属矿、固废等处理的技术及中试平台，为科技成果转化承担有效载体和服务。

2023 年中国科学院过程工程研究所、河北中科同创钒钛有限公司与四川兴欣钒科技有限公司合作的国内首条萃取法短流程生产钒电解液示范线成功运行。

中国科学院过程工程所自主研发的 1500 立方米/年萃取法短流程生产钒电解液新技术示范线成功运行，生产的钒电解液产品质量优于国标一等品水平，并已通过四川伟力得、北京绿钒、大力电工等钒电池企业的检测和试用，均满足企业要求。示范线已实现连续稳定运行超过 3 个月，该项目是国内首条萃取法短流程低成本生产钒电解液示范线。

在“双碳”背景下，新能源是长期赛道。全钒液流电池具有高安全性、长循环寿命等优点，随着风电、光伏等发展的储能产业对安全性和时长要求不断增加，全钒液流电池的需求迎来爆发式增长。然而，全钒液流电池的初装成本较高，限制其大规模商业化应用，因此，降本增效是全钒液流电池产业化提速的关键。钒电解液是全钒液流电池的核心材料，成本占电池总成本的 50%以上，受钒价影响巨大。目前常见的钒电解液制备技术以高纯钒（含 $V_2O_5$ 99.9%）为原料，而高纯钒制备工艺复杂、流程长、质量不稳定、产量低、成本高，造成钒电解液生产成本高。因此，研发短流程低成本的钒电解液制备技术是行业迫切需求。

过程工程所齐涛研究团队经过 10 余年的研究，开发出具有自主知识产权的萃取法短流程低成本制备钒电解液新技术，工艺过程主要包括“预除杂—还原—萃取—除油”。该技术以工业钠化焙烧钒浸出液为原料，创新性地提出“预除杂”协同“萃取”技术对多杂质含钒溶液中的钒进行定向提取和杂质进行分步深度除杂，并通过反萃直接调控钒电解液中钒浓度和酸度，制备的钒电解液产品质量优异，整个过程均为液-液反应分离体系，省去了高纯五氧化二钒的中间制备步骤，无氨氮废水排放，大幅简化了工艺流程，提高了生产效率，降低了生产成本。

自 2022 年底过程工程所、河北中科同创钒钛科技有限公司与川威集团四川兴欣钒科技有限公司开展合作推动新技术验证和 1500 立方米/年短流程制备钒电解液示范线建设，2023 年 2 月示范线正式开工建设，2023 年 9 月进入调试，10 月即产出合格产品，已实现连续稳定运行，产品质量远优于国标一级品要求，目前正计划筹备万立方米级产业化产线建设。

示范线的顺利运行和投产表明过程工程所研发的萃取法短流程生产钒电解液新技术在工艺上可靠、在工程上合理可行，该技术为全钒液流电池关键材料的低成本制备提供了有力的技术支撑，将有力促进全钒液流电池产业链的形成，对构建“钒原料 + 钒新材料 + 钒新能源”产业体系起到重要作用。

# 第 14 章

# 大事记

1. 达钢从普矿冶炼全面转向钒钛矿冶炼

2023 年 2 月，达州钢铁两座高炉从普矿冶炼全面转向钒钛矿冶炼，炼钢厂钒渣收得率达 80%左右。

2. 融科储能与钒钛股份签署战略合作框架协议

2023 年 2 月 11 日，大连融科储能集团股份有限公司（以下简称“融科储能”）与攀枝花市人民政府（以下简称“攀枝花市”）和攀钢集团钒钛资源股份有限公司（以下简称“钒钛股份”）在大连签署战略合作框架协议。三方主要围绕以下四个方面进行：一是全钒液流电池储能全产业链建设，电解液规模化生产、电堆和储能装备制造等；二是全钒液流电池储能示范试点项目建设与推广应用，促进清洁能源开发与产业链上下游融合互补互促发展；三是金融模式与商业模式创新，共同探索助力全钒液流电池产业健康发展的钒保供机制、融资租赁等金融模式和商业模式；四是低成本、高性能全钒液流电池储能关键技术开发与成果转化，推进钒产业高质量发展。

3. 大力电工 2 千兆瓦·时全钒液流电池储能装备生产项目在酒泉开工

2023 年 2 月 11 日，襄阳大力电工全钒液流电池储能装备生产项目在甘肃省酒泉市正式启动。该项目计划占地 232 亩，建筑面积 8.2 万平方米，总投资 126 亿元，主要建设年产 2 千兆瓦·时全钒液流储能电站电堆、电气控制系统、输送系统、集成辅助系统、产线装备等生产制造项目。项目建成达产后，预计可实现产值 60 亿元，带动就业 300 余人。

4. 钒电池电解液租赁模式是降本良方

2023 年 4 月 9 日，在第十一届储能国际峰会暨展览会（ESIE 2023）上，大连融科与海螺融华透露推出的钒电池电解液租赁模式已在“枞阳海螺水泥 6 兆瓦/36 兆瓦·时项目”中应用，以 4 小时钒电池储能为例，使用电解液租赁模式后，初始投入约是购买模式的一半。

5. 攀枝花市发布首个地方钒电池储能产业发展规划

2023 年 5 月 12 日，攀枝花市发布《“中国钒电之都”——攀枝花市钒电池储能产业发展规划（2023—2030 年）》，抢抓储能产业发展新机遇，充分发挥攀枝花市发展钒电池产业得天独厚的资源优势和雄厚的产业基础优势，全力建设“中国钒电之都”。

6. 钒融科技钒电解液产线建成

2023 年 5 月 26 日，钒钛股份发布《关于控股子公司电解液产线建成的自愿性信息披露公告》，控股子公司钒融科技在攀枝花市建设的 2000 立方米/年钒电解液产线已完成设备安装和热负荷试车调试，正在开展试生产有关工作。

7. 承德钒钛高纯钒产线投产

2023 年 6 月 29 日，承德钒钛高纯钒项目投产，公司将努力构建“亚熔盐—高纯粉钒—钒电解液”及“航空级片钒—航空级钒铝合金”的高端产业链条，抢占钒钛产业“高端化、绿色化、智能化”发展新高地。10 月 17 日，河北大河储能科技有限公司揭牌成立，开启了承德钒钛与北京普能合作的新阶段，将为促进钒电池储能产业高质量发展提升新的颜值、带来新的价值，为中国钒钛产业发展和国家新型电力系统建设作出积极贡献。

8. 国内首家钒钛金属收储公司成立

2023 年 6 月 30 日，由攀枝花城建交通集团、天府商品交易所、大连融科储能技术发展有限公司共同出资组建的国内首家钒钛金属收储公司——四川攀城钒钛供应链管理股份有限公司正式成立。该公司将围绕钒液流电池所需的金属材料进行收储、交易，通过从原料到钒制品的全流程收储，打通整个供应链，促进钒液流电池储能技术的推广应用。

9. 河北省钒钛行业协会正式成立

2023 年 7 月 23 日，河北省钒钛行业协会在承德市成立。承德是国家两大钒钛产业基地之一，当前正抢抓“打造世界级先进制造业集群”机遇，聚焦钒钛新材料与清洁能源、与装备制造耦合发展，构建“一核两极四基地”空间布局，协会的成立将承德争创国家级钒储能应用示范区、全力打造千亿级产业集群起到助推作用。

10. 北京绿钒与建龙集团成立电解液合资公司、发布“超级电堆”等

2023 年 7 月，北京绿钒与建龙集团成立电解液合资公司，项目计划建设目标为千兆瓦级，总投资预计 20 亿元，达产后年产值不低于 150 亿元，并将通过建设钒电池产业园，打造成中国北方地区钒储能装备技术和制造中心；2023 年 10 月 18 日，北京绿钒首次公开发布自主研发的单个功率 100 千瓦“超级电堆”，能量效率可达到 85%，并实现了功率密度新突破；2023 年 12 月 19 日，北京绿钒首套 Vstorage-100 kW 储能系统正式下线并交付客户，该系统搭载一台由绿钒自主开发的国内最大功率 100 千瓦“超级电堆”，在集成度、系统效率及循环寿命等方面均处于领先水平。

11. 建龙集团规划新项目

2023 年 7 月，承德建龙规划年产 5000 吨高纯钒和 30000 立方米电解液项目：一期项目 1500 吨高纯钒和 10000 立方米电解液项目，计划 2024 年投产。建龙西林钢铁有限公司规划年产 30000 吨五氧化二钒生产项目。

12. 天府储能推出新一代超高功率 128 千瓦钒电池电堆产品

2023 年 8 月 27 日，四川天府储能科技有限公司（以下简称“天府储能”）推出新一代超高功率 128 千瓦钒电池电堆产品。该电堆额定功率 128 千瓦，电堆能效达 83%，电堆尺寸为 1605 毫米 × 790 毫米 × 855 毫米，功率密度为 240 毫瓦/平方厘米（或 118 瓦/升）。

13. 北京普能全钒液流储能系统获得 UL1973 认证

8 月 30 日，北京普能第三代全钒液流电池储能系统获得全球公认的商用电池储能标准 UL1973 认证。北京普能的三代电池系统是目前市场上唯一一个可以达到这些高标准的兆瓦级产品。此次 UL 证书由 CSA 签发，CSA 集团（前身为加拿大标准协会）是一家致力于安全、社会公益和可持续发展的全球性组织，也是测试、检验和认证领域的全球领导者。CSA 集团对北京普能 60 千瓦标称（最大 75 千瓦）电堆进行了一系列的安全测试，包括材料耐受性试验、振动试验、高温试验、跌落试验和短路试验。在此基础上，对普能 1 兆瓦三代电池系统进行了更严格的系统级测试，包括过充试验、过放试验、短路试验、耐压试验、接地连续性试验和高温极限运行

试验，以及基于 ISO 13849-1:2015 和 ISO 13849-2:2012 标准的功能安全测试。

14. 新兴铸管首套全钒液流电池顺利投用

2023 年 12 月 28 日，新兴铸管股份有限首套 50 千瓦/200 千瓦·时全钒液流电池在武安本级办公大楼顺利投用，这标志着公司在全钒液流储能技术应用上迈出了重要一步。曾与中国科学院大连化学物理研究所（大连化物所）签署战略合作协议，双方将在储能、新能源、新材料、绿色能源化工等领域展开产学研深度合作。

15. 美淼储能自主研发出耐低温达零下 60 摄氏度全钒液流储能系统

江苏美淼储能科技有限公司自主研发的全钒液流储能系统送第三方检测机构进行低温试验，测试结果显示美淼储能的全钒液流储能系统在零下 60 摄氏度下各项数值基本保持稳定，极限突破了全钒液流储能系统的低温运行纪录，大大拓宽了其使用温度范围。

16. 内江投资控股集团、融科储能、兴欣钒科技与新筑股份签订《战略合作框架协议》

2023 年 12 月 7 日，内江投资控股集团、大连融科储能技术发展有限公司、四川省兴欣钒科技有限公司与新筑股份签订了为期 5 年的《战略合作框架协议》。合作内容包括钒液流电池储能产业集群建设、钒液流电池储能示范试点项目建设、钒液流电池储能技术创新平台建设、钒液流电池储能推广应用等方面。此次签订的《战略合作框架协议》不涉及具体金额。12 月 15 日公告，新筑股份与兴欣钒共同出资设立四川发展兴欣钒能源科技有限公司，标志着前述合作进一步落地。

# 钛金属篇

2023年，中国海绵钛产量达到22万吨，较2022年增加4.5万吨，钛材产量达到18万吨左右，规模优势得以充分显现；行业装备水平又有新进步，10吨以上真空熔炼设备超过80台，总产能达到30万吨；熔炼设备（EB炉和VAR炉）实现国产化，国产锻造设备进入万吨时代；一大批有实力的钢铁企业、资源企业进入钛金属领域，产业资本开始投资钛金属行业，钛金属产业多元化、专业化、规模化发展趋势明显，钛在3C、新能源等领域的应用突发性增加，钛金属产业加速发展，中国钛工业必将成为世界优势产业。

# 第 15 章

# 海绵钛产业

2023 年，中国海绵钛实现了量的增长和质的提升，以攀钢集团为首的海绵钛生产企业在用国产钛精矿生产高端海绵钛方面取得突破，海绵钛的保障能力显著提高。

## 第一节　全球海绵钛产能

2023 年，全球海绵钛产能为 48.7 万吨。中国海绵钛产能继续增长，占到全球产能的 66.7%。排在第二位的日本产能占比 16.1%，第三位的俄罗斯产能占比 9.4%。受地缘政治及俄乌冲突影响，乌克兰海绵钛工厂关停，海绵钛产能减少 1.2 万吨，全球海绵钛供应格局改变，逐渐向中国转移，并向中国西部集聚，见表 15-1 和图 15-1。

**表 15-1　2023 年全球海绵钛产能统计表**

| 国　家 | 产能/吨 | 占比/% |
|---|---|---|
| 中国 | 322000 | 66.7 |
| 日本 | 80000 | 16.1 |
| 俄罗斯 | 46500 | 9.4 |
| 哈萨克斯坦 | 26000 | 5.3 |
| 乌克兰 | 12000 | 2.5 |
| 印度 | 500 | 0 |
| 总　计 | 487000 | 100 |

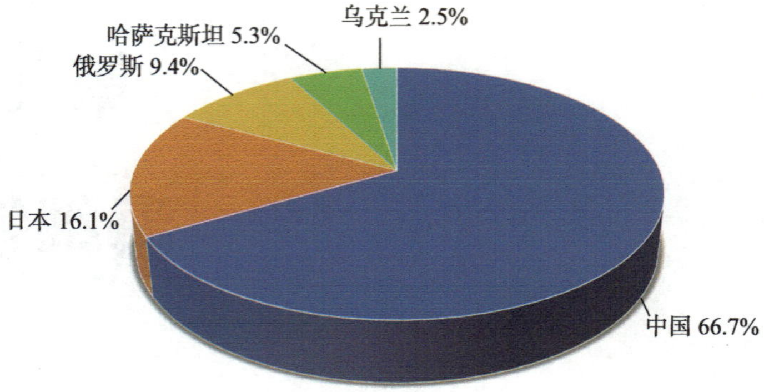


图 15-1　2023 年全球海绵钛主要国家产能占比
数据来源：国家钒钛产业联盟数据库

# 第二节　中国海绵钛产能和产量

## 一、2023 年中国海绵钛和镁电解产能

### （一）海绵钛产能

2023 年，中国海绵钛产能为 32.2 万吨，较上年增加 33%。辽宁省的产能继续位于首位，占比 24%；2023 年 8 月，攀钢集团海绵钛新建产线投产，四川海绵钛产能占比得到提升，龙佰集团、新疆湘润海绵钛产能继续增加，见表 15-2 和图 15-2。

表 15-2　2023 年海绵钛企业产能

| 地　区 | 企业名称 | 产能/吨 |
|---|---|---|
| 贵州省 | 遵义钛业 | 29000 |
| 河南省 | 双瑞万基 | 30000 |
| 辽宁省 | 朝阳金达 | 30000 |
| | 朝阳百盛 | 15000 |
| | 宝钛华神 | 25000 |
| | 鞍山海量 | 8000 |
| 四川省 | 盛丰钛业 | 15000 |
| | 攀钢钛材 | 60000 |
| 云南省 | 云南国钛 | 50000 |
| 新疆维吾尔自治区 | 新疆湘润 | 30000 |
| 甘肃省 | 德通国钛 | 30000 |
| 全　国 | 总　量 | 322000 |

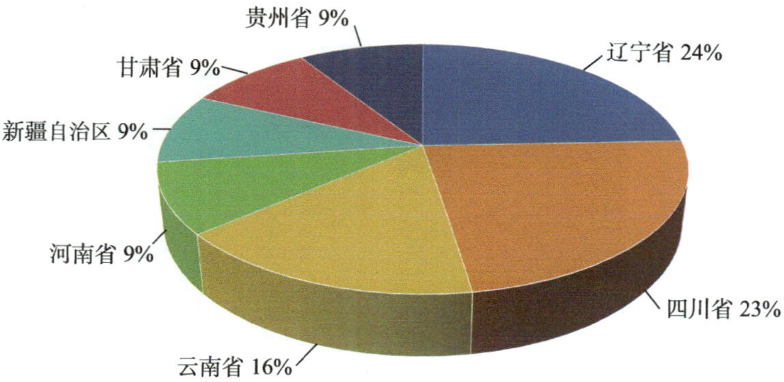


图 15-2 2023 年中国海绵钛地区产能占比

数据来源：国家钒钛产业联盟数据库

## （二）镁电解产能

2023 年，中国配套海绵钛生产的镁电解产能 25 万吨，镁电解作为全流程海绵钛生产成本中心的地位进一步体现；也为保障海绵钛质量奠定了镁原料基础，以辽宁地区的朝阳金达和宝钛华神最具代表性，2023 年配套海绵钛生产的镁电解产能及占比见表 15-3 和图 15-3。

**表 15-3 2023 年配套海绵钛生产的镁电解产能**

| 地　区 | 企业名称 | 产能/吨 |
|---|---|---|
| 贵州省 | 遵义钛业 | 10000 |
| 河南省 | 双瑞万基 | 30000 |
| 辽宁省 | 朝阳金达 | 20000 |
| | 朝阳百盛 | — |
| | 宝钛华神 | 20000 |
| | 鞍山海量 | — |
| 四川省 | 盛丰钛业 | — |
| | 攀钢钛材 | 60000 |
| 云南省 | 云南国钛 | 50000 |
| 新疆维吾尔自治区 | 新疆湘润 | 30000 |
| 甘肃省 | 德通国钛 | 30000 |
| 全　国 | 总　量 | 250000 |

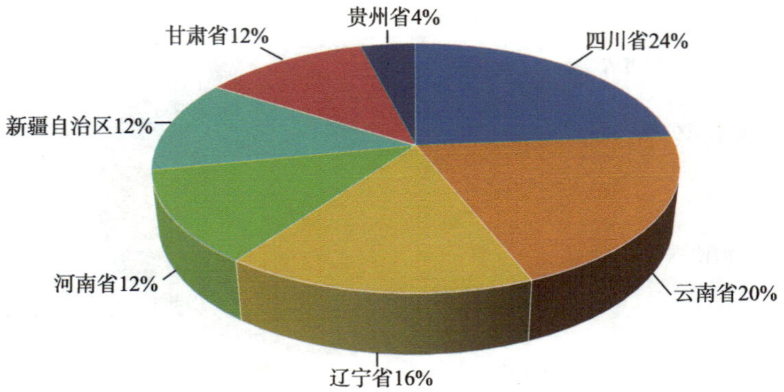


图 15-3 2023 年配套海绵钛生产的镁电解产能占比
数据来源：国家钒钛产业联盟数据库

## 二、2023 年中国海绵钛和镁电解产量

### （一）海绵钛产量

2023 年，中国海绵钛产量 22 万吨，同比增长 24%，增加约 4.5 万吨。增幅较大的企业为龙佰集团云南国钛，其次是新疆湘润、朝阳金达和攀钢海绵钛，2023 年海绵钛企业产量及占比见表 15-4、图 15-4 和图 15-5。

**表 15-4 2023 年海绵钛企业产量**

| 企业名称 | 产量/吨 | 占比/% |
|---|---|---|
| 云南国钛 | 51760 | 24 |
| 新疆湘润 | 33000 | 15 |
| 朝阳金达 | 29700 | 13 |
| 攀钢钛材 | 27510 | 13 |
| 双瑞万基 | 26500 | 12 |
| 宝钛华神 | 22630 | 10 |
| 遵义钛业 | 16569 | 8 |
| 朝阳百盛 | 9300 | 4 |
| 盛丰钛业 | 1800 | 1 |
| 鞍山海量 | 1300 | 1 |
| 总 量 | 220069 | 100 |

数据来源：国家钒钛产业联盟数据库。

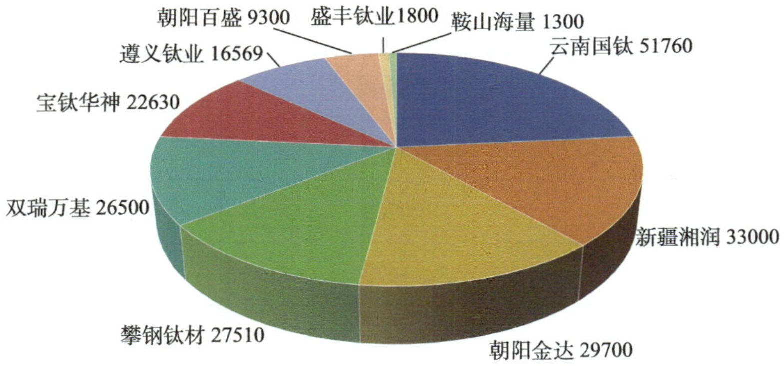


图 15-4 2023 年中国海绵钛企业产量（单位：吨）

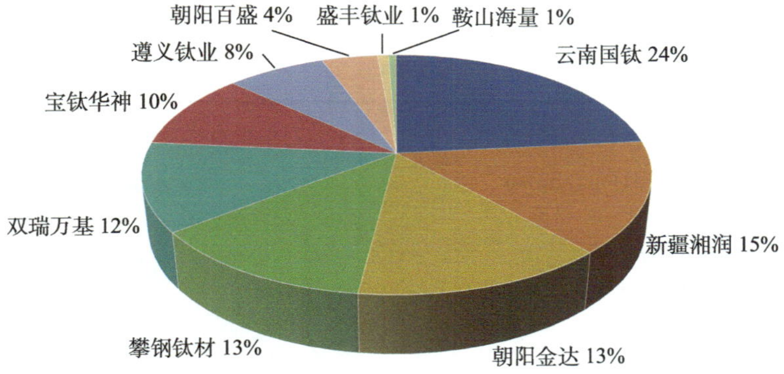


图 15-5 2023 年中国海绵钛企业产量占比
数据来源：国家钒钛产业联盟数据库

## （二）镁电解产量

2023 年，中国配套海绵钛生产的镁电解产量共生产金属镁 19.2 万吨，增幅较大的是龙佰集团云南国钛和朝阳金达，2023 年配套海绵钛生产的电解镁产量及占比见表 15-5、图 15-6 和图 15-7。

**表 15-5 2023 年配套海绵钛生产的电解镁产量**

| 企业名称 | 产量/吨 | 占比/% |
|---|---|---|
| 云南国钛 | 52200 | 27.1 |
| 新疆湘润 | 35635 | 18.5 |
| 朝阳金达 | 21300 | 11.1 |
| 攀钢钛材 | 27075 | 14.1 |

续表 15-5

| 企业名称 | 产量/吨 | 占比/% |
|---|---|---|
| 双瑞万基 | 23800 | 12.4 |
| 宝钛华神 | 20769 | 10.8 |
| 遵义钛业 | 11672 | 6.1 |
| 朝阳百盛 | — | — |
| 盛丰钛业 | — | — |
| 鞍山海量 | — | — |
| 总　量 | 192451 | |

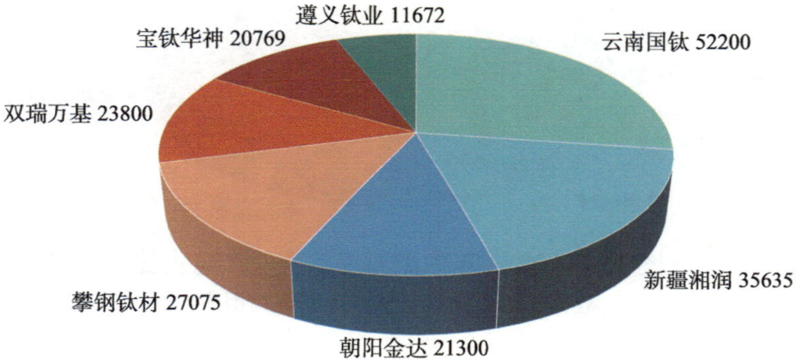


图 15-6　2023 年配套海绵钛生产的电解镁产量（单位：吨）

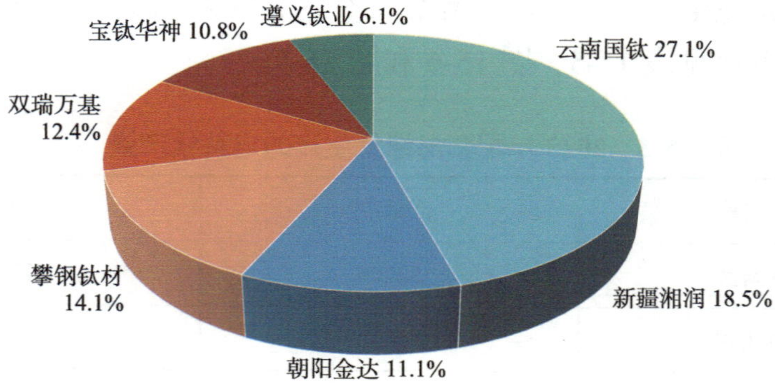


图 15-7　2023 年配套海绵钛生产的电解镁产量占比

数据来源：国家钒钛产业联盟数据库

### 三、2014—2023 年中国海绵钛产能和产量

2014—2023 年，中国海绵钛产能、产量持续增加。2014 年，受产能过剩影响，海绵钛价格持续下跌，企业经营困难，部分产能退出；2016 年，随着需求增加、市场逐步回暖、海绵钛产量开始回升。2018—2023 年海绵钛产量持续大幅提升，见图 15-8。

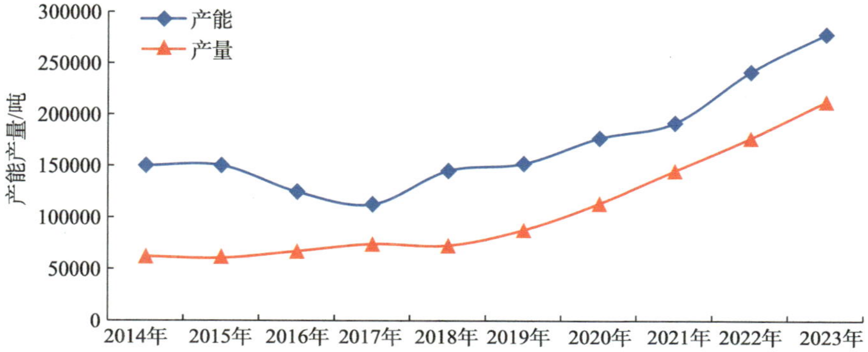


图 15-8 2014—2023 年中国海绵钛产能产量

数据来源：国家钒钛产业联盟数据库

## 第三节 中国海绵钛市场运行和进出口情况及分析

### 一、海绵钛市场价格

2023 年，中国海绵钛市场延续 2022 年末下跌行情，呈稳中下行态势，见表 15-6。1 级海绵钛价格从年初的 7.20 万～7.50 万元/吨，下跌至年末的 4.9 万～5.1 万元/吨，价格累计下跌 2 万元/吨以上，跌幅达 32%。全年市场可概括为“跌—涨—跌”三个阶段。全年市场价格高点在 1 月，价格 7.20 万元/吨，市场价格低点在 8 月，价格 4.98 万元/吨。

**表 15-6 2022—2023 年海绵钛市场月度均价** 万元/吨

| 月份 | 2022 年 | 2023 年 | 同比 | 环比 |
|---|---|---|---|---|
| 1 月 | 6.83 | 7.20 | 5.42% | 0 |
| 2 月 | 7.00 | 7.12 | 1.71% | –1.11% |
| 3 月 | 7.15 | 7.00 | –2.10% | –1.69% |

续表 15-6

| 月份 | 2022 年 | 2023 年 | 同比 | 环比 |
|---|---|---|---|---|
| 4 月 | 7.22 | 6.95 | –3.74% | –0.71% |
| 5 月 | 7.40 | 6.79 | –8.24% | –2.30% |
| 6 月 | 7.40 | 6.32 | –14.59% | –6.92% |
| 7 月 | 7.40 | 5.69 | –23.11% | –9.97% |
| 8 月 | 7.40 | 4.98 | –32.72% | –12.50% |
| 9 月 | 7.40 | 5.05 | –31.80% | 1.36% |
| 10 月 | 7.40 | 5.20 | –29.73% | 3.04% |
| 11 月 | 7.26 | 5.20 | –28.42% | –0.06% |
| 12 月 | 7.20 | 5.07 | –29.61% | –2.48% |
| 均价 | 7.26 | 6.05 | –16.66% | 19.32% |

数据来源：涂多多。

1—8 月持续下滑：1—4 月价格缓慢下行，5—8 月价格下跌幅度较快，主要原因是上半年海绵钛开工维持高位，终端市场需求恢复缓慢，供应过剩，价格下跌至年内低点，累计下跌 2.22 万元/吨。因价格低位，7 月起半流程企业开始减产停产。

9—10 月上涨阶段：随着市场去库存，原料镁锭价格上涨，钛原料价格高位，企业成本压力大，全流程企业出现亏损。8 月底，市场价格出现上调，海绵钛企业库存偏紧，9—10 月价格继续上调，海绵钛价格累计上涨 3000 元/吨。

11—12 月下跌阶段：11 月，海绵钛市场供需基本平衡，市场价格相对持稳；因市场新增产能陆续投产，供应增加，企业出货压力增大，海绵钛市场供需逐步失衡。12 月，海绵钛价格小幅下行，幅度在 2000 元/吨。

## 二、海绵钛进出口

### （一）2023 年海绵钛进口

2023 年中国海绵钛进口约 133.84 吨，同比 2022 年同期下降 98.82%，进口量减少约 11230.59 吨，见图 15-9。主要原因是国内海绵钛供应充足、价格下降、质量提高、高端钛材需求有所减少等所致。海绵钛的进口国主要为沙特阿拉伯、日本，分别占总进口量的 67%、33%，见图 15-10。

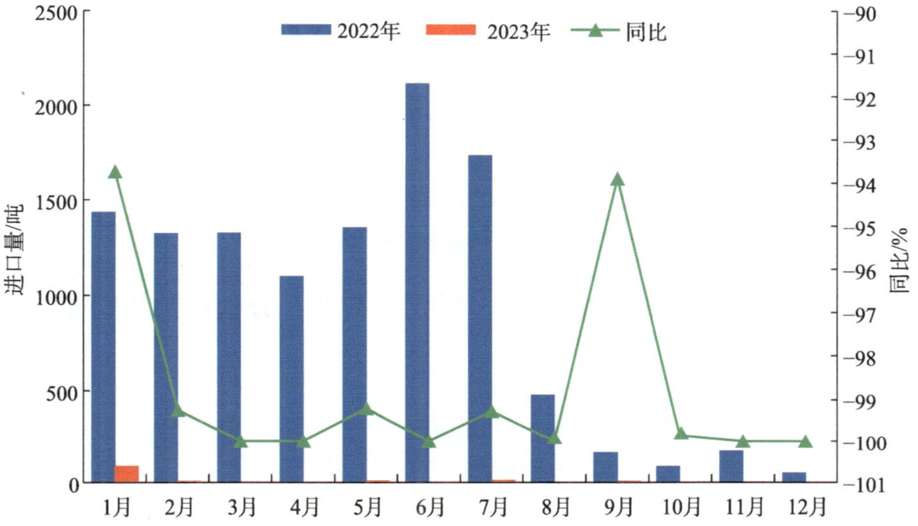


图 15-9　2022—2023 年中国海绵钛进口量对比

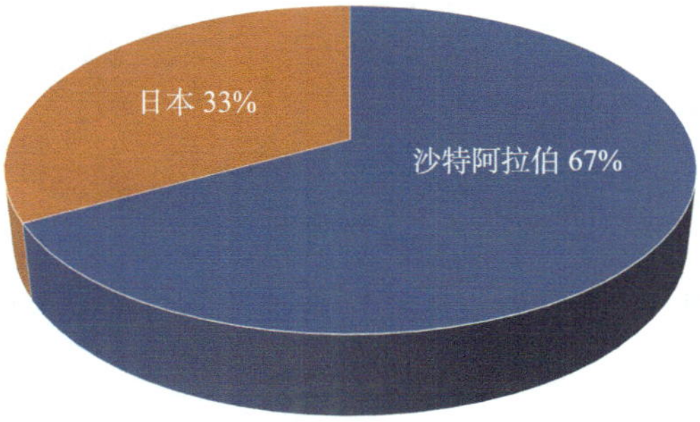


图 15-10　2023 年中国海绵钛进口国家对比

注：涂多多根据海关数据整理

## （二）2023 年海绵钛出口

2023 年，中国海绵钛累计出口量 5837.8 吨，较 2022 年增长 204.08%，出口量增加约 3918 吨，见图 15-11。主要原因是受俄乌战争影响，全球海绵钛供应减少和价格下降，以及海绵钛质量有所提升所致。

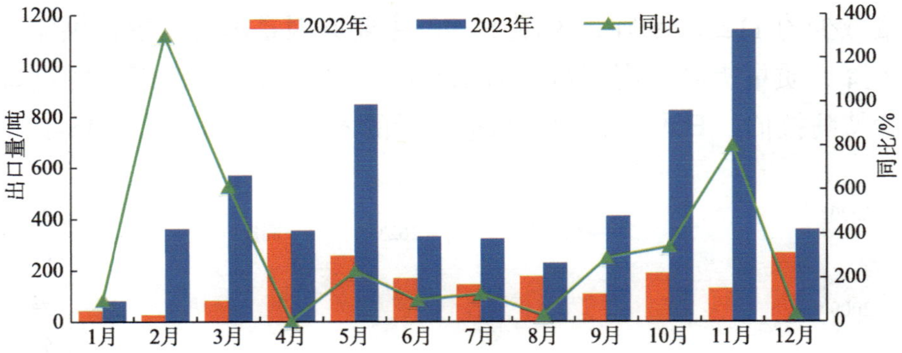


图 15-11　2022—2023 年海绵钛出口量对比

注：涂多多根据海关数据整理

海绵钛出口前三国家为俄罗斯、韩国、荷兰，分别占总出口量的 47%、9%、8%，见图 15-12。

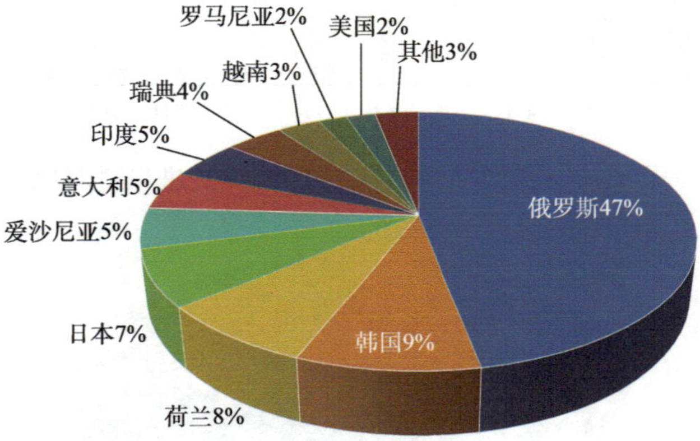


图 15-12　2023 年中国海绵钛出口国家占比

注：涂多多根据海关数据整理

从海绵钛出口的目的地看，向俄罗斯出口量增加最多，主要为受战争影响，俄罗斯海绵钛存在需求缺口，主流出口国家和地区海绵钛出口量均有不同增幅，2022—2023 年海绵钛出口国家和地区对比见表 15-7。

**表 15-7　2022—2023 年海绵钛出口国家和地区对比**

| 序号 | 贸易伙伴名称 | 2022 年/吨 | 2023 年/吨 | 增幅/% | 涨跌/吨 | 金额/美元 |
|---|---|---|---|---|---|---|
| 1 | 俄罗斯 | 84.25 | 2715.00 | 3122.55 | 2630.75 | 29257610 |
| 2 | 韩国 | 557.00 | 515.04 | –7.53 | –41.96 | 4073373 |

续表 15-7

| 序号 | 贸易伙伴名称 | 2022 年/吨 | 2023 年/吨 | 增幅/% | 涨跌/吨 | 金额/美元 |
|---|---|---|---|---|---|---|
| 3 | 荷兰 | 511.20 | 478.05 | –6.48 | –33.15 | 3334452 |
| 4 | 日本 | 31.00 | 418.05 | 1248.55 | 387.05 | 3690445 |
| 5 | 爱沙尼亚 | 30.00 | 311.37 | 937.90 | 281.37 | 1866646 |
| 6 | 意大利 | 0.25 | 305.00 | 121413.94 | 304.75 | 2459487 |
| 7 | 印度 | 236.83 | 257.00 | 8.52 | 20.17 | 1890280 |
| 8 | 瑞典 | 60.00 | 230.00 | 283.33 | 170.00 | 2746951 |
| 9 | 越南 | 42.00 | 143.00 | 240.48 | 101.00 | 839625 |
| 10 | 罗马尼亚 | — | 140.00 | — | — | 1095340 |
| 11 | 美国 | 61.03 | 137.50 | 125.30 | 76.47 | 1075618 |
| 12 | 德国 | 20.50 | 80.70 | 293.67 | 60.20 | 633708 |
| 13 | 中国台湾 | 67.20 | 56.75 | –15.55 | –10.45 | 489811 |
| 14 | 英国 | — | 36.00 | — | — | 289980 |
| 15 | 巴西 | 0.25 | 5.00 | 1900.00 | 4.75 | 49475 |
| 16 | 西班牙 | 134.88 | 4.02 | –97.02 | –130.86 | 25229 |
| 17 | 土耳其 | — | 3.10 | — | — | 56557 |
| 18 | 墨西哥 | — | 2.00 | — | — | 19325 |
| 19 | 加拿大 | 43.20 | 0.25 | –99.42 | –42.95 | 2250 |
| 20 | 澳大利亚 | — | 0.00 | — | — | 200 |
| 21 | 秘鲁 | 20.05 | — | — | — | — |
| 22 | 泰国 | 0.20 | — | — | — | — |
| 合　计 | | 1899.84 | 5837.84 | 207.28 | 3938.01 | 53896362 |

注：涂多多根据海关数据整理。

## 第四节　中国海绵钛市场需求情况及变化分析

2023 年，中国海绵钛表观消费量 20.97 万吨，同比增长 12.50%，消费量再创新高。国内海绵钛市场供需双增，化工和航空航天领域，依旧是海绵钛（钛加工材）的主要消费领域，医疗、冶金等其他领域的需求，处于稳中向好趋势，在 3C、新能源等领域的应用出现较大增幅。

2014—2023 年，随着钛在航空航天、军事装备、民用等领域的应用增加，以及高端制造的需要，中国海绵钛消费量逐年提高，从 2014 年的消费量 5.6 万吨增长至 2023 年的 20.97 万吨，增长近 4 倍，见图 15-13。

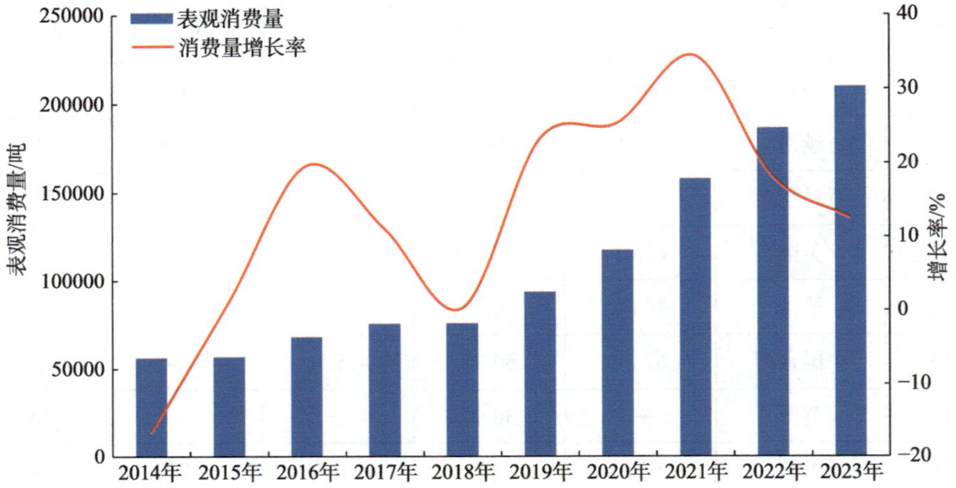


图 15-13 2014—2023 年中国海绵钛表观消费量走势

数据来源：涂多多

## 第五节 中国海绵钛产业技术进步情况

中国海绵钛产业通过自主创新和引进、消化、吸收再创新等方式，全流程海绵钛生产主要工艺技术装备已达国际领先水平，实现了海绵钛的高品质、低成本和大规模生产，基本满足了航空航天、国防军工等战略领域需要，推动产业迈向产业链中高端，为钛金属供应链产业链自主可控作出了贡献。

攀钢集团海绵钛引进了适用的四氯化钛生产工艺技术，创新开发了世界上最为先进的 160 吨/天熔盐氯化技术装备，有效地解决了我国钛资源丰富但难以利用、影响高品质海绵钛生产的技术难题；攻克镁电解槽型技术中难度最大的 200 千安流水线镁电解槽工艺技术难题，实现了电解镁的高品质与低成本，填补了国内外该镁电解槽型技术配套海绵钛生产的空白，推动我国镁电解在全世界形成领先优势。

攀钢集团、龙佰集团采用的7.5吨I型还原蒸馏炉技术，是世界上最大的I型还原蒸馏炉技术，目前全球范围内仅此两家采用。继遵义钛业20年前开发的世界上最大的12吨倒“U”形还原蒸馏炉技术之后，新疆湘润自主开发了更具大型化的16吨和20吨倒“U”形还原蒸馏炉技术，在行业炉槽型技术始终朝着大型化方向发展方面，树立了技术进步的典范。

随着我国海绵钛产业工艺技术装备的进步，以及MES、DCS、公辅集控等控制系统的开发与应用，海绵钛产品质量显著改善，0级品海绵钛供应由短缺到过剩，保障能力持续提升。攀钢集团海绵钛在行业率先开发出应用于航空航天领域的超软海绵钛产品，龙佰集团、朝阳金达等开发出的航空转子级海绵钛产品，均得到较好应用。通过还原蒸馏、镁电解等炉槽型技术大型化以及采用了相应的节能技术，全流程海绵钛能耗得到了显著降低。以朝阳金达镁电解为代表的海绵钛清洁文明生产产线，在行业树立了标杆，成为业界典范。2013年以来海绵钛产业主要科技成果见表15-8。

**表15-8　2013年以来海绵钛产业主要科技成果一览表**

| 成果名称 | 奖励种类 | 时间 |
|---|---|---|
| 基于海绵钛用大型流水线电解镁关键工艺技术开发及应用 | 四川省科学技术进步奖一等奖 | 2019年 |
| 高端海绵钛生产技术及其大型化成套装备开发 | 贵州省科学技术进步奖一等奖 | 2019年 |
| 航空领域用超软海绵钛制备技术开发及应用 | 中国有色金属工业科学技术奖一等奖 | 2023年 |
| 攀西高镁钙钛原料制备 $TiCl_4$ 的160吨/天大型熔盐氯化关键技术开发及应用 | 四川省科学技术进步奖二等奖 | 2020年 |
| 7.5吨大型I型还蒸炉生产高品质海绵钛成套技术及装备研究 | 四川省科学技术进步奖二等奖 | 2017年 |
| 氯化法生产高品质四氯化钛工艺技术应用研究 | 中国有色金属工业科学技术奖二等奖 | 2016年 |
| 海绵钛生产工艺中多极性镁电解槽技术 | 中国有色金属工业科学技术奖二等奖 | 2013年 |
| MHT-90海绵钛 | 中国有色金属工业科学技术二等奖<br>辽宁省科学技术奖三等奖 | 2013年 |
| 小粒度海绵钛 | 辽宁省科学技术奖三等奖 | 2022年 |
| 大型炉小粒度海绵钛开发技术及海洋工程领域应用 | 中国有色金属工业科学技术奖二等奖 | 2022年 |

# 第六节　海绵钛产业的发展趋势、问题与对策建议

## 一、发展趋势

全球钛工业保持增长趋势，海绵钛产业将长期向好。中国海绵钛产业将呈现三大趋势：

一是规模化发展，全球占比持续提升。中国海绵钛产能产量均居世界第一。一些资源富集地、拥有钛资源的大型企业集团，特别是钢铁、钒钛企业，采取一体化布局、全产业链发展模式，增加产能产量，推动海绵钛产业规模化发展，继续提高中国海绵钛的全球占比。

二是专业化发展，海绵钛质量不断提高。2023 年以前，中国海绵钛进口数量一直高于出口数量，2023 年，这一现象得到根本性改观；随着国内海绵钛质量提高和成本优化，国际竞争力提高，将完全满足国内需要。

三是集约化发展，市场化整合速度加快。在产量规模不断增加、竞争越来越激烈、产业需求结构发生变化的形势下，质量良好、成本可控、全产业链的海绵钛企业面临发展机遇，推动海绵钛产业向集约化发展，市场化整合和竞争淘汰速度将进一步加快。

## 二、存在的主要问题及对策建议

### （一）行业投资存在过热

近年来，我国海绵钛需求增长迅猛，海绵钛企业产线开工率处于较高水平，产品利润不断提升，促使企业增产扩能，吸引社会资本投资，致使海绵钛产能与加工能力和市场需求失衡。在可见的 2～3 年内，产能过剩将更加严峻。建议国家设立一定的产业进入门槛，避免低水平重复建设和投资浪费。如可对企业原料来源和能耗指标等作出限制；通过行业协会等引导理性投资，缓解无序投资和无序竞争。

### （二）镁、钛冶金人才支撑不足

人才不足，导致全流程海绵钛企业工艺选择、工序间布局、主要装备选择，以及生产运行带来严重挑战。目前，由于人才不足，海绵钛企业在产线设计、建设过程存在一些先天性缺陷，存在安全、环保风险，影响产

品品质，企业经营困难，浪费了大量投资和资源。建议在国家层面，加大对镁、钛冶金方面产学研合作的支持力度，鼓励高校、科研院所设置镁、钛冶金专项团队，重点开展镁电解、海绵钛工艺技术研究，重点解决生产高效、节能环保、产品质量等企业最为核心问题，提升从业人员技术水平与产业国际竞争力；发挥产业联盟和行业协会的作用，整合集镁、钛冶金方面具有丰富生产实践经验的专家，建立智库，对产线问题进行诊断，为新产线建设把关；同时，通过传帮带与专业技术培训等方式，提升我国镁、钛冶金产业人的整体技术水平。

### （三）钛原料对外依存度过高

我国是钛资源大国，资源储量居世界首位，但资源禀赋并不优良。国产钛矿存在高钙镁杂质等问题，用于生产优质海绵钛难度非常大。生产高端海绵钛、氯化钛白的钛矿和金红石等原料存在稀缺性，大部分依赖进口，对外依存度过高，给供应链产业链自主可控带来风险，我国在钛矿等钛原料进口上，同样面临“马六甲困局”。同时，由于我国绝大部分海绵钛企业没有稳定的钛矿来源，存在“吃百家饭”现象，导致企业既要付出高昂成本，还要因矿源不确定和不稳定性，导致同一级别、不同批次的海绵钛产品质量波动大，制约和影响我国高端海绵钛和氯化法钛白生产。建议在国家层面统筹研究高端钛原料保障与供给，摆脱对国外钛资源的依赖；支持基于国产钛资源生产高端海绵钛的企业进一步壮大规模，逐步提高国产钛资源利用率；组建创新联合体，强化科研攻关力度，攻克利用我国钛资源生产高品质富钛料的关键核心技术难题。同时，可采取联合重组等方式，积极获取或控制优势钛资源，以保障资源供应。

# 第16章 钛材产业

金属钛和钛材因熔炼技术复杂，世界上仅中国和美国、俄罗斯、日本、欧洲等发达国家或大国具有完整的工业体系，钛因此被称为“高科技材料”。钛材因性能优异、加工难度大，主要应用在航空航天、国防军工等战略高端领域、化工、冶金等重要工业领域和医疗健康等生命领域。

按形态划分，钛材可分为棒材、板材、丝材、管材、粉体、锻件、铸件等类别，按体系划分，钛材分为航空级、工业级和高端民品级用钛等，基于不同形态和性能，应用于不同领域。2023 年，中国钛材产业投资加速增长，钛材产能达到 30 万吨，宝钛集团钛材产量达到 4.49 万吨，成为全球最大的钛加工企业。

## 第一节　钛材产业的产能、产量和进出口情况

### 一、钛材产量

据统计，中国有钛材加工企业近千家，主要分布在西安、宝鸡、攀西、新疆，以及东北、中原、珠三角、长三角等地。结合钛金属产业的特点，精准统计海绵钛产量、表观消费量和存货情况，参考宝鸡市钛材加工总量和占全国加工量的比例，以及过往海绵钛与钛材的产量比，2023 年中国钛加工材产量为 18 万吨左右，约占全球总量的 70%，见图 16-1，中国钛加工材分类占比见图 16-2。

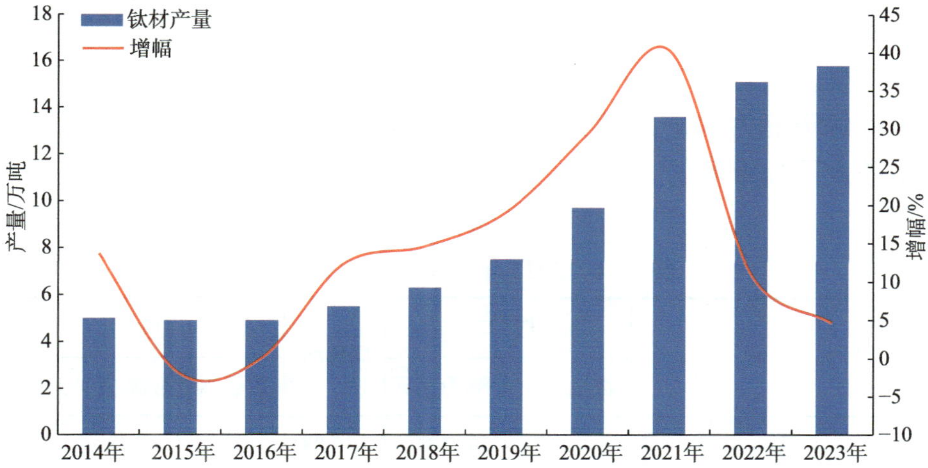


图 16-1　2014—2023 年中国钛材产量走势
数据来源：涂多多

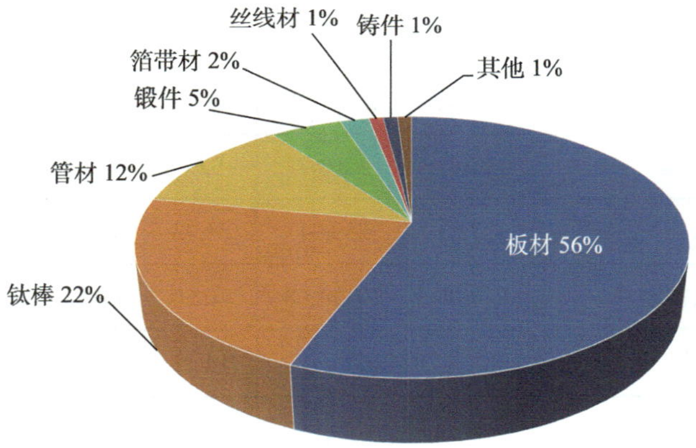


图 16-2　中国钛加工材分类占比
数据来源：涂多多

## 二、钛材进出口情况

2023 年，中国钛材累计出口 29462.65 吨，居于前三位的产品分别为厚度大于 0.8 毫米的钛板、片、带，累计出口量占比 35.61%；其次为钛条、杆、型材及异型材，累计出口量 8546.40 吨，占比 29.01%；其他锻轧钛及钛制品，累计出口量 3136.83 吨，占比 10.65%。2023 年，中国钛材进口量为 7816 吨，远小于出口量。

10 年来，中国钛材出口量大幅增加，出口总额持续增长。其中，厚度大于 0.8 毫米的钛板增长速度最大，2023 年相较 2014 年增长了 275%，表明中国钛材产品得到国际市场认可，国际竞争力提升；进口增长速度趋缓，说明国内保障能力和产品优势提高，钛产业正向产业链中高端迈进，中国钛产品进入国际市场的大门已经打开，见表 16-1 和表 16-2。

**表 16-1　2023 年钛材进出口数据表**

| 商品名称 | 进口 | | 同比/% | 出口 | | 同比/% |
|---|---|---|---|---|---|---|
| | 数量/吨 | 金额/万美元 | | 数量/吨 | 金额/万美元 | |
| 钛管 | 541.69 | 1682.31 | –35.88 | 3136.83 | 548.88 | –19.86 |
| 厚度不大于 0.8 毫米的钛板、片、带、箔 | 1889.57 | 3977.44 | –20.26 | 1148.42 | 1663.13 | 14.28 |
| 厚度大于 0.8 毫米的钛板、片、带 | 1136.37 | 6053.89 | –1.03 | 10492.09 | 12525.04 | 29.35 |
| 钛条、杆、型材及异型材 | 2464.17 | 11650.9 | 24.62 | 8546.40 | 14940.38 | –1.68 |
| 钛丝 | 523.86 | 2795.43 | 62.02 | 1193.71 | 1564.95 | 11.08 |
| 其他未锻轧钛 | 114.41 | 380.67 | –92.66 | 855.14 | 798.91 | 35.70 |
| 钛粉末 | 327.81 | 559.31 | 64.48 | 701.48 | 513.88 | 18.19 |
| 其他锻轧钛及钛制品 | 818.08 | 30134.68 | –0.30 | 3388.58 | 11630.16 | –1.63 |
| 钛材合计 | 7815.97 | | 14.11 | 29462.65 | | 43.84 |

数据来源：海关总署。

# 第二节　钛材应用出现新变化

纯钛因其耐腐蚀、低密度等性能，主要应用于化工冶金等工业和生活等民用领域，而钛合金高端钛材因强度高、耐蚀性好、耐热性高、轻量化等特点，主要应用于航空航天、国防等领域。

## 一、钛材的应用领域

### （一）航空级钛合金

航空领域。应用于商用和战斗机的发动机和机身，以及重要零部件。

**表 16-2　2014—2023 年钛材进出口情况**

吨

| 年份 | 钛管 | | 厚度不大于 0.8 毫米的钛板、片、带、箔 | | 厚度大于 0.8 毫米的钛板、片、带 | | 钛条、杆、型材及异型材 | | 钛丝 | | 其他未锻轧钛 | | 钛粉末 | | 其他锻轧钛及钛制品 | |
|---|---|---|---|---|---|---|---|---|---|---|---|---|---|---|---|---|
| 2014 | 1582.3 | 1537.3 | 1147.6 | 100.3 | 1035.8 | 2654.9 | 518 | 5852.5 | 271 | 241.7 | 137.7 | 366.7 | 14.5 | 173.4 | 423.5 | 1522 |
| 2015 | 1785.8 | 1752.5 | 1539.3 | 111.6 | 863.7 | 2778 | 733.3 | 5050.3 | 129.8 | 314.7 | 60.8 | 260.1 | 12.4 | 107.2 | 494.8 | 1838.8 |
| 2016 | 2666.7 | 2331.5 | 1214.5 | 213.2 | 626.6 | 3875.5 | 854.9 | 4646.7 | 152.3 | 549.1 | 115.1 | 182.6 | 42.7 | 108.8 | 429.4 | 2090.5 |
| 2017 | 2125.8 | 1951 | 2182.8 | 261.1 | 1151.1 | 4376.7 | 1085.1 | 5414.5 | 107.1 | 556.1 | 178 | 161.8 | 69.4 | 180.2 | 573.1 | 3041.7 |
| 2018 | 2370.1 | 2766.8 | 2177.4 | 402.5 | 1591.6 | 6742 | 1519.1 | 5897.8 | 176.4 | 440.2 | 550 | 187.2 | 80.5 | 156.3 | 845.9 | 2827.8 |
| 2019 | 1615.1 | 3322.6 | 2313.8 | 491.2 | 1201 | 7181.5 | 1864.6 | 5857.6 | 193.5 | 671.6 | 1398.1 | 267.1 | 172.1 | 147.8 | 928.5 | 3390.6 |
| 2020 | 697.5 | 2337.3 | 2252.1 | 254.4 | 1153.2 | 4814.7 | 1266.5 | 4890.6 | 218.9 | 549.8 | 835.9 | 233.6 | 276.7 | 132 | 551.6 | 2399.3 |
| 2021 | 755.4 | 3796.2 | 2542.8 | 400.1 | 1876.4 | 6812.3 | 1204.3 | 6414.3 | 297.2 | 622.4 | 2535.4 | 297.3 | 219.7 | 238 | 498.6 | 3470.9 |
| 2022 | 844.8 | 3908.1 | 2369.6 | 1002.8 | 1147.8 | 8106.9 | 1977.3 | 8686.6 | 318.9 | 1030.2 | 1559.2 | 630.1 | 199.3 | 547.8 | 821 | 3436.7 |
| 2023 | 541.7 | 3136.3 | 1889.9 | 1143.9 | 1134 | 10488.4 | 2464 | 8553.7 | 361 | 1229.7 | 114.3 | 911.5 | 254.8 | 491.5 | 819.1 | 3379.6 |

数据来源：海关总署。

在发动机上，主要用于风扇叶片、压气机叶片、盘、轴和机匣；在飞机结构中，主要用于骨架、蒙皮、机身隔框、起落架、防火壁、机翼、尾翼、纵梁、舱盖、倍加器、龙骨、速动制动闸、停机装置、紧固件、前机轮、拱形架、襟翼滑轨、复板、路标灯和信号板等；在重要零部件上，钛合金紧固件（如螺栓，螺母等）广泛使用。

战斗机生产。钛合金在新一代战斗机上的应用引人注目。美国和俄罗斯等国家均在军用飞机上大量使用钛及钛合金材料。根据资料，美国的 F22 用钛量为 41%，F35 用钛量为 27%，俄罗斯的苏 27 用钛量为 30%，很多关键部件均为钛合金产品；我国的新一代战斗机也使用了大量钛及钛合金。

航天方面。主要用于燃料及气体高压容器，储存压缩气体的压力容器，储存液体推进剂的压力容器，固体燃料火箭发动机壳体，液体燃料火箭发动机壳体等均采用钛合金制造等。

装备轻量化。钛在坦克、装甲车、榴弹炮、反坦克导弹、干扰弹发射器、迫击炮等方面得到应用。如由英国研制的 M777 超轻型牵引式榴弹炮，是全球首次大规模采用钛和铝合金材料的火炮系统，其质量只相当于常规 155 毫米火炮质量的一半。钛在防弹衣等单兵装备上的应用也在持续增加。

深海领域。深海领域主要用于舰船。钛在舰船上广泛应用于核潜艇、深潜器、原子能破冰船、水翼船、气垫船、扫雷艇，以及螺旋桨推进器、鞭状天线、海水管路、冷凝器、热交换器、声学装置、消防设备上。船体结构使用钛材，可减小船体自身质量，提高有效质量或提高船速，而且可以减少维护费用，延长舰船使用寿命。

### （二）工业级钛合金

化工领域。钛在化工领域主要用于电解槽（电极）、反应器、浓缩器、分离器、热交换器、冷却器、吸收塔、连接配管、配件（法兰盘、螺栓、螺母）垫圈、泵、阀等。

能源领域。用于核能、太阳能和新能源汽车等。钛用于制作太阳能电池、太阳能吸收器等装置，在太阳能热水器的制造中被广泛应用。在新能源汽车中，钛合金可以用于生产新能源汽车外壳、车轮、倒车镜、悬挂件、水箱、变速器等，可改善汽车质量和支架性能和体验感。

生活用钛。主要用于建筑领域、体育及医疗和日常生活。建筑用钛的 90%为工业纯钛，建筑用钛的 63%用于屋顶、31%用于外墙；建筑装饰物、雕塑、纪念碑等也可用钛。钛在建筑领域的应用，有效地解决了滨海地区建筑物腐蚀等问题。在体育领域中，主要用于制造高尔夫球头、网球、羽毛球球拍、赛车、赛艇和登山、滑雪、钓鱼、击剑工具等；在医疗方面，主要包括人体植入件、手术器械和康复器械；在日常生活中，主要用于眼镜架、大型厨具、餐具，办公用品、装饰物、纪念品等。

汽车用钛。钛及钛合金主要用于汽车的发动机系统、底盘系统、各种半轴、紧固件等。除发动机外，在家用轿车上的驱动齿轮系统零件、悬挂系统和结构件，如减震缓冲器中心杆、挂耳螺帽和螺栓、控制杆紧固件、从动轴、车挡支架、制动器卡钳活塞、销轴栓等均适于用钛，可带来减重、节能、降污、降噪、提速、增加机动性和舒适性的多重效益。

冶金工业用钛。在冶金生产中，设备常受到各种介质的腐蚀，因此钛被广泛用来做冶炼加工过程的设备，如泵、阀、管道、槽、风机、电极、加热器等。此外，钛在电解铜、电解镍、电解二氧化锰、钢材、焦化等生产中和阳极泥湿法处理中也有广泛应用。

### （三）3C等新兴领域带来万吨级新应用

钛合金被用于制造手机、笔记本电脑等电子产品的外壳、支架和折叠屏手机铰链，且渗透率持续提升，将带动 3D 打印设备、粉末材料、CNC 数控机床等相关产业链环节的需求增长。

## 二、钛材应用的新趋势

带材消费量倍增。2022 年中国的钛带材消费量为 2.7 万吨，2023 年的消费量达到 5 万吨左右，2024 年市场需求还在继续增大。

3C 市场需求大涨。2023 年，钛合金开始批量进入电脑、通信用品和消费电子一体化信息家电产业等 3C 领域材料，给用户带来全新体验。应用于智能手机的钛合金正逐步替代不锈钢。2023 年首发的 iPhone 15 Pro 首次采用航空级钛金属边框，成为有史以来比较轻的 iPhone Pro 系列手机，iPhone 15 系列手机也采用了钛金属机身；荣耀 MagicVs2 采用“鲁班”钛金铰链等材料，大幅提升了铰链的坚固程度与耐折可靠性；在智能穿戴方面，苹果、三星、华为等都推出了配置钛金属壳的智能手表。2023 年，仅苹果就从中国采购近万吨钛合金丝材。钛制柔性显示屏也在应用于笔记本电脑，成为钛应用的重要场景和新的增长点。

## 三、产品性能大提升

2023 年，中国海绵钛和钛材产品出口量均大于进口量，说明中国钛材产品性能不断优化，国际竞争力不断增强。从 2015—2023 年的钛材进出口交易额与价格对比情况看（表 16-3），中国钛材产品出口呈现量价齐升趋势（图 16-3）。

**表 16-3　2015—2023 年中国钛材进出口交易额与价格对比**　亿元人民币

| 年份 | 钛管 | | 厚度不大于 0.8 毫米的钛板、片、带、箔 | | 厚度大于 0.8 毫米的钛板、片、带 | | 钛条、杆、型材及异型材 | | 钛丝 | | 其他未锻轧钛 | | 钛粉末 | | 其他锻轧钛及钛制品 | |
|---|---|---|---|---|---|---|---|---|---|---|---|---|---|---|---|---|
| 2015 | 2.62 | 2.57 | 1.84 | 0.23 | 2.40 | 3.29 | 2.67 | 5.47 | 0.38 | 0.80 | 0.34 | 0.22 | 0.11 | 0.13 | 18.18 | 5.55 |
| 2016 | 3.92 | 3.49 | 1.43 | 0.32 | 1.75 | 4.37 | 3.18 | 5.00 | 0.49 | 1.18 | 0.51 | 0.18 | 0.23 | 0.12 | 15.58 | 4.64 |
| 2017 | 3.10 | 3.07 | 2.46 | 0.39 | 2.82 | 5.68 | 3.71 | 6.25 | 0.49 | 1.20 | 0.59 | 0.19 | 0.26 | 0.26 | 16.71 | 4.53 |
| 2018 | 3.50 | 4.24 | 2.72 | 0.59 | 3.56 | 7.71 | 4.58 | 7.49 | 0.70 | 0.98 | 0.69 | 0.20 | 0.35 | 0.23 | 18.94 | 5.17 |
| 2019 | 2.73 | 5.61 | 3.11 | 0.83 | 3.53 | 9.55 | 5.83 | 8.88 | 0.92 | 1.51 | 1.14 | 0.27 | 0.27 | 0.20 | 24.24 | 8.18 |
| 2020 | 1.43 | 4.29 | 2.93 | 0.57 | 4.37 | 9.09 | 4.64 | 7.04 | 1.35 | 1.22 | 1.14 | 0.25 | 0.29 | 0.21 | 16.71 | 6.87 |
| 2021 | 1.41 | 6.43 | 3.19 | 0.85 | 4.21 | 8.99 | 3.83 | 8.84 | 1.78 | 1.13 | 2.00 | 0.28 | 0.28 | 0.38 | 15.96 | 10.03 |
| 2022 | 1.53 | 7.66 | 3.12 | 1.85 | 3.74 | 13.31 | 6.51 | 14.05 | 1.90 | 1.81 | 1.68 | 0.72 | 0.26 | 0.61 | 20.02 | 11.91 |
| 2023 | 1.19 | 6.14 | 3.02 | 1.95 | 4.44 | 16.00 | 8.81 | 15.46 | 2.73 | 1.83 | 0.33 | 0.96 | 0.28 | 0.53 | 22.51 | 12.75 |

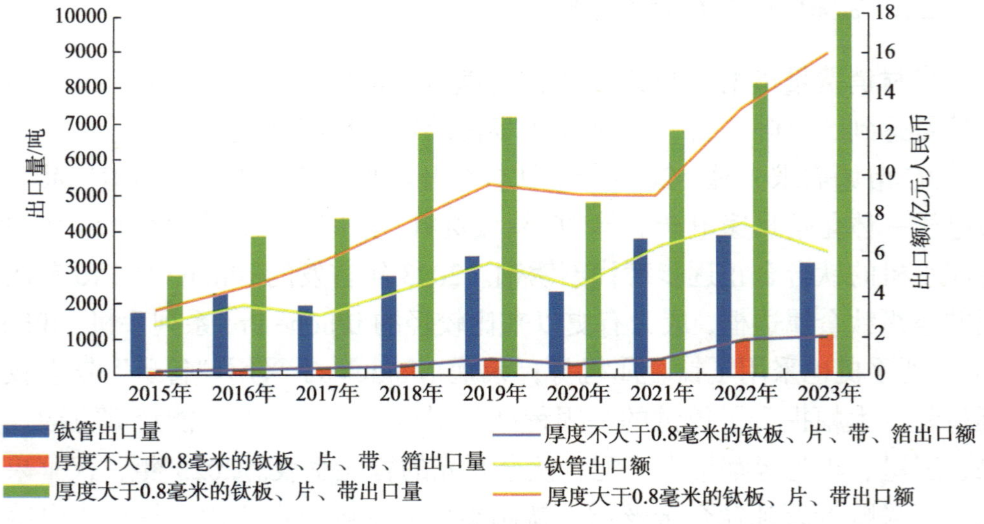


图 16-3　2015—2023 年钛材出口数量及金额变化趋势图

数据来源：海关总署

# 第三节　钛材工艺技术进步情况

2023 年，中国钛材产业在装备国产化、锭型大型化、产能规模化方面取得重要成绩。熔炼产能达到 40 万吨左右，最大的锭型达到 20 吨，各种钛合金熔炼技术实现了工业化生产，钛材产业保障能力持续增强，基本实现自主可控。在钛（合金）材熔炼工艺、钛（合金）材成型工艺不断优化的同时，3D 打印技术稳健发展。

## 一、颠覆性技术

3D 打印技术是钛加工材最具代表性的新技术，是以三维数字模型数据为基础，以粉末、丝状的金属或塑料等材料，在计算机精确控制下，实现逐点、逐线、逐面累加、短流程、近净成形制造实体物品的新兴制造技术。实质是将三维物体分解为逐层叠加的二维平面，然后用打印设备逐层加工成形，这与传统等材（铸锻）、减材（机加）制造形成区别，因此被称为增材制造。增材制造技术可以轻松实现多件合一整体化、拓扑轻量化、多孔点阵结构等复杂零件的快速制造，且力学性能与锻造件媲美，是对传统制造技术的一场革命，被称为“第四次工业革命的工具”。2013 年，美国将 3D 打印列为颠覆性技术之一。

## 二、3D 打印技术的发展

20 世纪 90 年代以来，欧美国家在 3D 打印设备、材料、工艺和产业链构建方面开展了大量引领性工作。1991—2013 年间，欧盟通过多个“框架计划”，设立 88 个 3D 打印相关项目，总投资 2.25 亿欧元；实施投入 800 亿欧元的“地平线 2020 计划”，支持 3D 打印。2012—2014 年，发布了多版《3D 打印战略研究报告》，制订和明确了 3D 打印技术路线图、产业路线图和标准路线图，与美国同步开展了 3D 打印太空应用研究。同期，新加坡、日本、韩国、印度等国均投入巨资开展 3D 打印研究计划。

中国先后推出“863”“973”“重点研发计划”，2015 年的《中国制造 2025》，2017 年 12 部委联合发布《增材制造产业发展行动计划（2017—2020 年）》，各地方政府还发布实施意见和推进方案等，支持 3D 打印技术研究和产业化发展。最常见用于钛合金等金属材料的 3D 打印技术，包括激光选区熔化（SLM）、电子束选区熔融（EBM）、激光送粉熔覆（LENS）和金属熔丝成形（WAAM）。目前，我国增材原料、增材设备、增材服务、增材应用全产业链高速发展，市场快速增长，与世界先进水平基本同步，并在高性能复杂大型金属承力构件3D打印等技术领域达到国际先进水平，在复杂零部件多件合一整体化增材制造、米级大型结构件增材制造、高性能钛合金零件增材成形等方面，实现了研制、验证和应用，展现出较强的创造力、生产能力，并已成为传统等材、减材制造技术的重要补充。随着等材、减材和增材制造技术的不断融合与突破，钛合金这种难加工材料的加工将不再困难，为高端钛合金产品的生产提供技术保障。

## 三、3D打印产品的应用领域

3D打印产品特别适用于航空航天、医疗等领域结构异常复杂、薄壁、多孔、点阵结构零件的快速制造。从应用领域来看，在航空航天、国防装备对轻量化、一体化、高可靠性要求越来越高的形势下，3D打印技术通过提高航空航天、高端武器装备复杂制造能力，实现结构一体化、拓扑优化，减重减材，达到轻量化、标准化、高性能和快速制造的结合，推动航空航天产品更新升级，大幅提升了军工装备的性能和战斗力。例如，发动机用钛合金扩压器、TiAl 涡轮叶片、火箭发动机钛合金燃料箱，载人飞船返回舱防热大底钛合金框架等均采用增材制造；在民品应用方面，高端钛合金3D打印产品正向医用、汽车等领域渗透，3D打印的钛合金汽车轮毂、医用植入体及高端3C产品在手表、手机、电脑等领域得到逐步应用。尤其在手机、手表壳、AR头盔、VR眼镜架等高端日用品领域应用，已经成为3D打印产业的重要增长点，并推动市场规模进一步放大。

我国的3D打印产业渗透率还较低，不到0.1%。2022年，钛合金增材用粉及钛合金3D打印服务，在我国3D打印产业中占比约28.2%，约合93亿元。2023年中国3D打印产业规模突破410亿元，2024年有望突破500亿元，根据《增材制造十年发展及展望》数据，3D打印产业2022—2027年的复合增长率将超过25%，2027年产值将超过千亿元。

# 第17章 钛经济

## 第一节 中国钛材产业的特点

中国钛材产业特色鲜明，一是钛资源储量丰富，钛原料供应能力不断增强。二是钛工业体系完整，形成了东北、西南和西北海绵钛生产中心，中原（陕西、河南）、西部（四川、新疆、云南）钛材加工中心，以及长三角、珠三角钛材应用中心。三是供应链产业链和产业生态完善，形成了以宝钛集团为中心的宝鸡钛产业集群；以西部超导、西部材料、咸阳天成为主的“西-咸”钛产业集群；以攀钢集团、龙佰集团、钢城集团、安宁股份、攀云钛等为代表的“攀西”钛产业集群；以新疆湘润为主的“西北”钛产业集群；以龙佰集团、洛阳双瑞万基、中源钛业为中心的“中原”钛产业集群；以中铝沈加、中科院沈阳金属研究所为中心的“东北”钛产业集群；以宝武集团为主的“长三角”钛产业集群；以深圳钛加工企业组成的“珠三角”钛产业集群；以湖南湘投为主的“湖南”钛产业集群；以云南钛业为主的“云南”钛产业集群等，且全产业链企业多，产业弹性和韧性强。四是中国有着超大规模的应用市场和增长潜力，能够为我国钛材产业发展提供有力支撑。

## 第二节 中国钛材消费结构

钛用量是衡量一个国家经济、制造业和国防军工水平的重要指标，钛材居于国家安全和经济发展的关键节点。中国是钛材大国，钛在一般性工业中应用规模大，化工领域占据钛应用首位，占比 50%左右，其次为航空航天、医药、电力、船舶等。对比国外发达国家特别是美国的钛消费结构发现，中国与其他国家的钛消费结构存在较大差异。据统计，美国的钛材主要应用于航空航天工业，初期占比 80%以上，目前占 60%左右，其次为工业、生活用品和非航空军工。从美国钛头部企业经营情况看，其 70%左右的收入来自航空航天工业，ATI 公司 2023 年来自航空航天和国防的收入占比高达 84%。同时，曾“翻开了俄罗斯飞机制造和航天工业发展许多篇章”的 VSMPO-AVISMA 公司，其产品也深度融入航空航天工业。近些年来，中国的钛材消费结构不断优化调整，在航空航天领域的应用稳步增加，但 2021 年的用量不足 20%，2022 年的用量在 23%左右，2023 年的占比虽有增加，但比例仍不高。从中国钛材的消费结构看，低中端内卷、中高端不足，钛的价值还没有得到充分体现；从科技线、安全线和经济线的视角看，中国钛工业还存在需要追赶的距离，也反映出中国钛材产业发展潜力巨大。美国 ATI 公司产品收入结构见表 17-1。

**表 17-1 美国 ATI 公司产品收入结构**

| 领域 | | 2023 财年 | | 2022 财年 | | 同比 | |
|---|---|---|---|---|---|---|---|
| | | 收入/美元 | 占比/% | 收入/美元 | 占比/% | 收入/美元 | 占比/% |
| 航空航天和国防 | 商用喷气发动机 | 1255.3 | 59 | 975.7 | 59 | 279.6 | 29 |
| | 商用机身 | 350.6 | 17 | 184.1 | 11 | 166.5 | 90 |
| | 国防 | 181.0 | 8 | 158.2 | 10 | 22.8 | 14 |
| | 小计 | 1786.9 | 84 | 1318.0 | 80 | 468.9 | 36 |
| 能源 | 油气 | 10.6 | 1 | 35.0 | 2 | –24.4 | –70 |
| | 特殊能源 | 93.9 | 4 | 113.6 | 7 | –19.7 | –17 |
| | 小计 | 104.5 | 2 | 148.6 | 9 | –44.1 | –30 |
| 医疗 | | 102.6 | 5 | 73.2 | 4 | 29.4 | 40 |
| 建筑/采矿 | | 35.0 | 2 | 34.1 | 2 | 0.9 | 3 |
| 其他 | | 91.2 | 4 | 67.3 | 5 | 23.9 | 36 |
| 总计 | | 2120.2 | 100 | 1641.2 | 100 | 479 | 29 |

数据来源：美国 ATI 公司年报。

# 第三节 钛 经 济

## 一、钛经济的特征

钛经济指围绕钛材供应链产业链形成的经济发展新模式和新形态。据麦肯锡研究，美国的钛经济规模巨大，钛经济企业有 5 个方面的特点：（1）基本是制造业企业；（2）规模以中小型企业为主；（3）名不见经传；（4）韧性十足；（5）很多具有传承特征和“专精特新”能力。这些企业本身有韧性，并以韧性强的钛为主要原料，被冠以“钛经济”。

据《钛经济》统计，美国的钛经济企业有近 5000 家，分为 90 个垂直行业，领域涵盖从飞机零部件、汽车、电子行业，到家居日用品、食品、酒店，从科技领域到传统行业，占据了全美经济/就业基础的 18%~20%。这些企业中约 20%是上市公司，80%是中小盘股，年销售额在 10 亿~100 亿美元，雇员人数 2000~20000 人。另外，80%是中小型私营企业，大多数年收入低于 50 亿美元，有些低于 10 亿美元。研究者认为，钛经济代表美国制造业水平，是美国发展的神秘力量和宝藏，代表了美国制造业的方向。美国的钛经济韧性强，钛经济企业十分活跃，加快成长。以 ATI 公司为例，2023 年公司较 2022 年产能提高了 45%，预计 2025 年将较 2022 年增长 80%，以满足来自航空航天、国防和新能源等领域不断增长的需求。

美国的钛经济应为钛产业链经济。美国不生产海绵钛，钛原料全部来自日本。但从其每年 4 万～5 万吨的钛材加工和应用规模看，其创造的钛经济规模让人震惊。分析和研究美国钛经济发现，其所谓的“钛经济”其实是包含了上游、中游、下游的“链化”经济形态。这种强大的“链式”协同与“长尾”效应，对制造业和经济发展具有“神秘”的加快与放大作用，强化了钛材产业和钛经济的魅力。

宝鸡的钛产业在中国最发达，是中国“钛经济”的样本。宝鸡不生产海绵钛，但并不影响宝鸡是中国钛工业的摇篮和中国钛谷、世界钛都。2023 年，宝鸡的钛材加工量近 7 万吨，产业规模跃居全球首位，年产值达 610 亿元，显示了钛经济的力量。宝钛集团带动宝鸡钛产业崛起，围绕宝钛集团老厂区比比皆是的钛加工和贸易企业，构建了有中国特色的钛经济，也带动了中国钛材产业发展，“溢出效应”明显。在我国钛产业发达和企业较集中的区域，都有“宝鸡钛”元素。在四川攀枝花地区，就有“攀宝钛产业园”，很多钛企业来自宝鸡。这种钛经济现象，也正由钒钛龙头企业在四川的攀枝花和新疆的哈密等地造就的。

## 二、钛经济的引擎作用

钛材是很多高端制造的首选材料，其以超强的韧性和卓越性能处于高端制造产业中心。居于制造业产业链顶端的国家，往往是钛应用强国，有着发达的钛经济。

钛经济的引擎作用，主要表现在三个方面。**一是引领高端技术提高，推动高端制造业发展。**从国外钛材的应用领域看，钛材在航空航天、国防军工和重要工业领域的应用占比很高，这些产业居于制造业和钛产业链的高端。由于要实现制造高端化需要有先进的技术和制造工艺做保障，这些先进技术和成熟工艺以不同的方式“转移”到其他领域，成为促进制造业向高端迈进的重要力量。**二是带动相关产业发展，对经济有巨大促进作用。**钛及钛合金支撑了航空航天和新一代战机等高端制造。先进的航空航天制造业，需要有先进材料、电子信息、自动控制、装备制造等领域的支撑，从而带动相关产业发展，形成群体突破。从世界著名钛公司销售情况看，2023 年一般工业端市场降低 6%，但在航空航天和国防市场的销售增长了24%，说明高端市场需求出现显著增加。中国 C919 大飞机的首飞，代表一个新产业的诞生。全国有 24 个省市、1000 余家企业、70 余所高校、100余家科研院所、近 30 万人参与国产大飞机研制。据悉，一个常规的飞机项目可直接带动 600 多家企业，间接带动 2500 多家企业发展。专家分析，在维持目前 C919 国产化率不变的情况下，国产大飞机会带来万亿级市场规模。**三是提高生活质量，为人类幸福作贡献。**钛替代其他材料在生活领域的应用，以及在生活、健康和体育等领域的应用，将对改善人类生活质量起到重要作用，并将成为钛应用的重要领域，推动钛材产业发展。

国家和产业从钛经济的角度发展钛材产业，会为经济发展带来超大规模的贡献；企业和资本从钛经济的视角研究定位和估值，将会为钛材产业带来强大的推动力，中国钛经济迎来发展的春天。

## 三、中国发展钛经济得天独厚

**原料供给充足，具有更大的可能。**中国的海绵钛产能和产量“遥遥领先”。2024年，攀钢集团、龙佰集团、新疆湘润等企业的产能产量都将增加，全行业将增加5万吨左右。海绵钛的产能和产量保证，特别是高端海绵钛保障能力的增强，为我国钛材产业提供了独一无二的原料支撑，为钛材产业和钛经济发展奠定了基础。

**钛作为大国重器和国防建设的战略材料具有不可替代性。**钛作为战略材料目前尚无替代产品，在航空航天及国防建设等战略市场，对钛材存在刚性需求，新的应用领域和消费需求持续出现，有助于推动钛经济长期繁荣。如C919钛合金的应用量为12%，C929宽体客机进入“关键”阶段，预期的钛合金用量将达到15%，与波音787和空客A350的标准一样。新领域新需求会引发对钛材产品的万吨级需求。如低空经济作为战略性新兴产业，会增大钛需求，成为钛经济发展的引擎和主要驱动力。

**钛金属作为优势产业能够更多地参与世界竞争。**中国钛材产业在供应链网络强韧和规模超大效应的双重作用下，规模优势和市场优势带来的成本优势，会推动中国钛材产业整体性地融入世界钛经济体系，满足世界对一般钛制品的需求，形成跨国用户群和全球影响力。推动中国钛迈向产业链中高端的愿景将很快实现，为钛经济带来巨大的想象空间。

# 第四节　钛材产业的问题和对策建议

## 一、产业生态需要深耕

产业生态能够为产业和企业经营发展提供要素支撑，提高竞争效率，降低竞争成本，只能逐渐形成，很难快速复制。一些离开宝鸡的钛材企业，在完成项目建成进入生产状态后，都十分怀念宝鸡的钛产业生态。宝钛集团作为“链长”企业，带动辐射形成了世界级产业集群，宝鸡以完善的供应链产业链、新技术新产品的产业化基地和完善的人才保障、政策环境等，构建形成了钛材加工的共生系统。在其他区域，供应链不完备、产业链前强后弱、“有主无链”现象较为普遍。如四川的攀西地区和新疆的哈密市，有着我国全产业链的攀钢集团、新疆湘晟等钛材企业。这些企业有着国内或区域“链长”的实力，但因缺少匹配的供应链产业链企业，资源就地转化和深加工很难实现。要想建链补链、系统配套，只能依靠政府部门招商引进或者自身构建。同时，中国钛工业与发达国家相比，在制造能力上存在差距，很多龙头企业资源类特征强、高端制造特征弱，还缺乏属于自己的战略市场，作为国际公司的能力还需要提升。建议要对钛材产业统筹规划，高质量实施，避免低水平重复建设，厚积产业土壤，以大带小，让大者更强，并支持中小企业向专业化、精细化、特色化、新颖化发展，优化产业结构，加强成本控制，打造独特优势，建设最优产业生态。

## 二、产业链韧性需要铸强

中国钛工业基本形成了稳定、安全、系统的供应链产业链，有着丰富的资源做支撑。但受工艺技术难度大、资质要求和门槛高、产品多批量小规模等影响，很多企业的投资特别是资源类企业，投资主要集中在有产值效应的海绵钛，或者一般性钛产品，导致产业低中端产品过剩，竞争持续激烈，后端供应不足，存在关键点“断”链、高端供给掉“链”风险。从现实看，中国钛材加工业在军品和民品领域，在关键钛及钛合金材料供应和全套技术与装备等方面，还存在一定的完全依赖、严重依赖和只能少量替代的产品，甚至存在无进口渠道等关键核心问题。高端突破需要根基深厚，不断叠加才能达到产业链的顶端。建议国家强化对钛金属产业布局及高端突破的研究，提高进入门槛，以政策引导和支持核心骨干企业，加大对产业链中高端技术的研究和高精尖产品的投资，强化对新工艺和新材料的研究，不断优化产品结构，补足产业链断点，铸牢产业链连接点，满足各领域不断增长的需求，避免关键时间“链”不上或者被“熔”断。同时，要推动和鼓励产业整合重组，组建创新联合体，既能够增强供应链产业链韧性，实现自主可控，又能形成合力，抓住国外需求加大、我国产能扩大的机遇，开拓国际市场，推动产业良性竞争和可持续发展。

## 三、产业发展需要驱动

创新是引领产业发展的第一动力。国家重视以科技创新推动产业创新，推动传统产业升级和战略性新兴产业壮大。钛材加工具有高科技、高效能和高质量特征，随着“用不起”“不敢用”“不会用”问题得到解决后，“往哪用”和“高端用”问题变得越来越重要。国家加速发展新质生产力、培育新引擎，对钛材产业提出了新要求。钛材产业要谋划新篇章，扩大应用，实现更多高端应用，需要创新驱动。一是创新要有高度，要坚持高端化和高值化，以高端创造高价值。高端化的意义首先在满足战略需要，以增强“稀贵难”特性增加产品附加值，并掌握更多话语权。如实现对航空用高强度钛合金无缝管、钛铝合金等钛及钛合金产品、高强钛合金宽幅厚板等的替代，本身就是产业高度，能够创造更多价值。二是创新要有广度，龙头要带头创新，要推动产业链创新，以全产业链创新，消除“脆点”“弱点”，驱动产业发展，带动制造业整体升级。三是创新要有长度，既要“百米短跑”，快速完成关键突破，“急用”先立，也要“万米长跑”，争取领跑，并保持领先。同时，要创新体制机制，建立强强联合、风险共担、利益共享的机制，保持创新持续运转，以各方的主动性介入持续地保持产业竞争力，强化引擎的驱动力。

# 第18章 市场主体

## 第一节　海绵钛企业

### 一、攀钢集团（攀枝花）钛金属材料有限公司

攀钢集团（攀枝花）钛金属材料有限公司位于国家级的攀枝花市钒钛高新技术产业园区，海绵钛产能 6 万吨/年，是全球最大的单体全流程海绵钛生产企业，全国唯一一家 100%使用攀枝花钛精矿通过熔盐氯化技术生产四氯化钛的企业，全球唯一一家同时拥有流水线镁电解工艺及多极槽镁电解工艺的生产企业。公司已获得国标、国军标和航空航天质量体系认证，海绵钛产品荣获“四川省名牌产品”称号，流水线镁电解技术成果获得四川省 2019 年度科技进步奖一等奖。拥有超软海绵钛、小粒度海绵钛、国标海绵钛等特色产品，适用于航空、航天、航海、化工、轻工、冶金、建筑、医疗、体育、生活用品等领域。

### 二、云南国钛金属股份有限公司

云南国钛金属股份有限公司是龙佰集团控股子公司，龙佰集团总部位于河南焦作，是一家致力于钛、锆、锂、钪、钒等新材料研发制造及产业深度整合的大型工业企业集团，主营产品钛白粉产能达 151 万吨/年，海绵钛产能达 5 万吨/年，双双位居全球第一。现已形成“234”产业发展新格局，即拥有龙佰集团和东方锆业两家上市公司；建成“钛、锆、锂”三条产业链和创新耦合发展体系；成为钛白粉、钛锆金属、电池材料、锆材料等四

大绿色新材料制造领域的佼佼者，同时布局河南焦作，四川德阳、攀枝花，湖北襄阳，云南楚雄，甘肃金昌等五省六地市，在职员工近2万人。

云南国钛成立于2019年10月，注册资本21.96亿元，总部位于云南省楚雄州禄丰市，现有甘肃国钛、武定国钛和四川国钛三个下属子公司，员工2100余人，主要从事海绵钛的生产、研发及销售，并建立"钛矿→钛精矿→高钛渣→四氯化钛→电解镁→海绵钛"全流程产业链，同时配有镁电解还原生产工艺，是全球唯一具有I型炉和倒"U"形双工艺技术的企业，相对行业内"半流程"企业在成本控制、质量管理、产品研发等方面具有绝对的竞争优势。

## （一）主营产品

公司主营产品海绵钛产量5万吨/年，位居全球第一。海绵钛是钛工业生产中的最主要原料，是钛材和钛合金的重要原料。钛具有密度小、比强度高、耐蚀性好、热导率低、无毒无磁、可焊接、生物相容性好等特性，广泛应用于航空、航天、舰船、海洋岛礁建设、化工、电力、医疗、建筑、体育用品等领域，是国防安全、武器装备的重要保障。

## （二）生产基地分布情况

云南国钛是一家致力"矿-渣-海绵钛"全钛产业链研发与智能制造的大型高科技企业，正探索立足滇攀，面向全国，辐射全球，致力于开创绿色、低成本、高质量、面向市场需求的全钛产业链体系。在云南武定、甘肃金昌、四川攀枝花设立子公司，初步形成"一中心三基地"格局，现有高钛渣产能8万吨/年，海绵钛产能5万吨/年，在建海绵钛产能3万吨/年，规划海绵钛产能6万吨/年，后期海绵钛产能达到14万吨/年。

## （三）行业地位

海绵钛领域的引领者与挑战者；产能跃居世界单体第一；技术方面不断突破国外关键核心技术，实现行业首创，持续进行技术升级，提升发展质量。通过产业创新，把海绵钛成本降到极致，让钛合金像不锈钢一样便宜和普及，同时协助下游企业实现对进口高端钛材的替代。利用云南、四川丰富水电清洁能源生产的海绵钛占比78.6%，绿色低碳优势明显。

## 三、新疆湘晟新材料科技有限公司

### （一）基本情况

新疆湘晟新材料科技有限公司（以下简称“公司”）是由哈密当地政府招商引资落地，由湖南五江集团在新疆哈密投资兴办的一家国内唯一年产2万吨全流程大型钛及钛合金新材料高科技企业。公司注册于2013年，占地1750亩，2019年全流程贯通投产，总投入76亿元人民币，下辖新疆湘和新材料科技有限公司（主导产品高钛渣）、新疆湘辰钛业科技有限公司（主导产品海绵钛）、新疆湘润新材料科技有限公司（主导产品钛及钛合金加工材料）和西安柯辰威尔金属材料有限公司（技术与市场）。公司已通过质量体系认证，海绵钛、钛及钛合金产品广泛应用于军工、海洋工程、石化、环保、医药、民用生活品等领域和行业，产品畅销国外市场。

公司下设新疆钛产业创新中心、湘晟新材料研究院，主要研究方向为钒钛原料、钛工艺及产品、钒工艺及产品、钛金属工艺及产品、钛及钛合金材料及制品等相关技术工艺及产品研发，将建设成钒、钛资源综合利用的国家重点实验室、博士后工作站、院士或专家工作站等研发平台。

截至目前，公司共有干部员工2000多人，管理人员80余人，专业技术人员260人，其中高级工程师40人、工程师131人、技术员89人，其中100多人来自钛行业知名企业，形成了一支专业过硬的技术团队，呈现出干部员工队伍知识化、专业化、年轻化的特点，同时，多措并举，为公司的可持续发展提供人才支撑。

### （二）项目介绍

公司年产2万吨钛及钛合金新材料项目是全国首家钛全产业链［钛矿–海绵钛–钛材–民（工业）用品］企业，将建成国内装备水平一流、综合竞争实力领先的钛材生产基地。2014年4月该项目被列入自治区重点建设项目，同年9月被列入自治区战略新材料产业重点调度项目，2016年被列入国家重点建设项目调度平台，2018年被列入中央预算内（新材料类）重大支持项目范围。公司“煤–电–钛”循环经济项目按照“资源高效利用、产品高附加值、产业高端定位”的发展方针，采用目前国际国内最先进工艺和装备，重点开发高端装备制造、节能减排、新能源等战略性新兴产业领域钛材应用市场，主要产品为高性能钛合金板材、高精度钛合金管材、高质量宽幅大卷重带材，是“航空航天装备、海洋工程装备及高技术船舶”的关键性基础材料，同时也是《中国制造2025》重点支持领域中“新材料”中的高性能结构材料。

### （三）公司发展愿景

未来十年规划（至2028年），富钛料收入不低于12亿元人民币，海绵钛收入不低于25亿元人民币，钛加工材收入不低于40亿元人民币，钛民用生活品不低于30亿元人民币。从业人员达到2000人，经济规模不低于100亿元人民币，利润不低于10亿元人民币；实现规模型、效应型、可持续上市公司；具有国际综合竞争力和影响力。2020年已启动规划投资100亿元建设二期年产3万吨钛及钛合金新材料全产业链项目。

到2025年，规划投资70亿元建设年产1万吨钒及含钒制品和120万吨特种合金钢材料及铸件项目、投资30亿元建设年产30万吨高品质金红石型氯化钛白粉项目，倾力打造“钒钛磁铁矿-含钒铁精粉-钒-含钒制品”及“钒钛磁铁矿-钛精粉-海绵钛-钛合金-钛复合材料”全产业链，围绕钒钛资源综合利用，建设国内领先、国际一流的钒钛新材料循环经济产业基地。园区建成后年销售收入将达到210亿元，年可产生利税40亿元，安排劳动力就业5000人以上。

### （四）社会责任担当

公司不断引进人才发展壮大：一方面，为公司的可持续发展提供人才支撑；另一方面，弥补了当地产业结构的空白点，为带动当地经济作出了巨大贡献；再一方面，公司的持续发展解决了当地剩余劳动力就业问题，努力让企业员工安居乐业，对当地社会稳定起到了关键作用。

## 四、洛阳双瑞万基钛业有限公司

### （一）企业概况

洛阳双瑞万基钛业有限公司是由中国船舶集团有限公司第七二五研究所和万基控股集团共同投资组建的大型海绵钛企业，其中七二五所控股78.36%，万基控股集团控股21.64%。公司成立于2005年，占地面积632亩，职工800余人，海绵钛生产能力30000吨/年。公司历经十余年的发展壮大，已成为国内综合实力第一的海绵钛生产企业。公司主营产品为海绵钛，其中核心产品是航空级小颗粒海绵钛，占据全国 40%的军工和航空航天钛原材料市场份额。成为“国产大飞机”“第四代战机”“深海工程”等大国工程用钛的第一高纯钛原材料供应商，并成为国际一流的支柱产业。

## （二）生产经营

2023 年度，双瑞万基海绵钛产量 2.65 万吨，营业收入 148321 万元。

2023 年市场形势发生急剧变化，一方面，行业竞争对手产量激增，市场竞争激烈，产品价格下降至低位，行业形势恶劣，部分海绵钛企业已减产或停产；另一方面，航空级小颗粒海绵钛主要军工客户企业的订单急剧萎缩，市场由供不应求变为饱和，同时，军工客户降成本大幅压价，营业收入进一步受创，但在这种情况下，双瑞万基仍然做到了全产全销，同行业利润率最高，并顺利完成“十四五”规划的年度目标。

## （三）项目建设

### 1. 固定资产投资方面

2023 年共投资约 2000 万元，完成电解槽、压滤机室厂房及压滤机建设、X 荧光分析仪购置；完成能源管理系统上线运行，实现对公司能源的三级计量，完成磅房无人值守改造及产品物流跟踪系统建设，降低劳动强度、提高工作效率。

### 2. 新增生产能力

提升电解槽产能并新建两台电解槽：通过提升电解槽的轮换效率，使电解槽的轮换周期缩短近 1 个月；新建的电解槽已具备试运条件，全部运行后液镁年产能增加 2300 吨。

### 3. 智能制造及信息化建设

2023 年，双瑞万基加大信息化和智能制造投入力度，利用工业互联网平台将分布式控制系统（DCS）、智能仓储管理系统（WMS）、能源管理系统、生产管理系统、设备管理系统、实验室管理系统（LIMS）、企业资源计划管理系统（ERP）等软件实现互联互通，重点打造过程数据分析能力，实现各工序、车间内及车间之间的协同生产，实现了生产、物流、仓储、研发数据自动检测、自动生产、查询、统计、分析比对等功能，数智化能力评价达到三级阶段。同时，通过了两化融合 3A 认证，巩固了智能工厂的建设成果。还蒸炉实现反应温度、加料料速、风量调节的连锁控制，使反应器散温区的温度分布均匀，保证了海绵钛铁含量和疏松度的稳定。

### （四）科技创新

双瑞万基目前公司已拥有国内领先的氯化、电解、还蒸等 80 余项专利。其中 2023 年度授权专利 13 项，受理专利 25 项，投入研发费用为 7050 万元，占营业收入比例为 4.75%。双瑞万基坚持走军工及航空航天等高端钛工艺技术研发与创新路线，突破大型 10 吨炉钛坨致密问题，解决了国产海绵钛疏松度差的技术瓶颈；首创四氯化钛中氧碳在线快速检测及控制技术，彻底解决因四氯化钛氧碳不受控带来的海绵钛氧碳波动大等问题；配套开发高纯四氯化钛精制工艺技术、高纯镁精炼技术，为小颗粒海绵钛的量产提供高纯原料，实现了小颗粒海绵钛的高纯净性，彻底解决了国内钛原料纯度低、均匀性差的问题，为国产长寿命航空发动机、第四代战机的研制提供了高端钛原材料；研发了大型节能型智能还蒸炉，还蒸吨钛能耗下降 40%，能耗水平处于国际领先地位，成为行业排头兵。

公司先后获批成立国家级“先进钛及钛合金国家地方联合工程中心”“省级高纯海绵钛工程技术研究中心”“省级企业技术中心”和“省级高品质海绵钛全流程控制技术工程研究中心”。承担的郑洛新国家自创区重大专项，其科技成果获评中国有色金属工业科学技术奖三等奖和河南省科学技术奖二等奖。“大型炉小粒度海绵钛开发技术及海洋工程领域应用”获中国有色金属工业科学技术奖二等奖。承担的 2023 年河南省重大科技专项，获批 1080 万元的立项资金，助力企业科技创新再上新台阶。

基于科技创新发展，企业获评“省级智能工厂”“省级制造业头雁培育企业”“省级制造业单项冠军企业”“河南省质量标杆”“省级提质倍增试点示范企业”“河南省瞪羚企业”“河南省知识产权优势企业”、国家级“专精特新”小巨人企业，系列荣誉使得企业的综合实力进一步提升。

### （五）节能减排、绿色低碳

公司加强推进绿色低碳生产，切实履行节能降碳主体责任，持续推进产品单耗管理工作，完成能源管理体系年度监督审核。2023 年生产海绵钛 26500 吨，同比 2022 年产量提高 15.16%。同比 2022 年吨标准煤降低 4.36%，蒸汽用量降低 3.66%。废水处理能力提升 3 倍，解决了水处理能力不足的问题，以及由此导致的设备寿命缩短，现场环境恶劣及生产不稳定的问题。

新增设备有次氯酸钠制备装置一套，代替原来粗放敞开式碱池吸收工艺，彻底解决电解工序含氯尾气无组织排放问题。

### （六）资本运营

洛阳双瑞万基钛业有限公司于 2005 年 5 月 23 日经河南省新安县工商局批准设立，2015—2016 年，中国船舶重工集团公司第七二五研究所分批出资 23100 万元，公司实收资本变更为 43100 万元（其中：七二五所持股比例 78.36%、万基控股持股比例 21.64%）。2016 年 2 月 9 日公司换发了新的营业执照，营业执照号为统一社会信用代码 914103237751167548。公司住所为河南省新安县铁门镇，法定代表人为许伟春。至此，运营资本未再进行变更。

### （七）对外经贸与合资合作

在国际市场开发方面，抢抓俄乌战争和疫情后航空业复苏带来的机会，目前已成功进入俄罗斯市场，同时维系日本、韩国、爱沙尼亚等客户，带领销售团队及时对波音、空客等企业及项目进行跟踪调研，确定国外航空市场需求与开发方向，并积极参加国际钛展会，加强国外客户拜访和交流。2023 年外贸收入达到 3500 万元。

# 第二节　钛 材 企 业

## 一、宝武特冶钛金科技有限公司

### （一）基本情况

中国宝武钢铁集团有限公司（以下简称“中国宝武”）由原宝钢集团有限公司和武汉钢铁（集团）公司联合重组而成，是国务院国资委监管的国有重要骨干中央企业和国有资本投资公司，是世界最大的钢铁公司。宝武特种冶金有限公司（以下简称“宝武特冶”）是中国宝武直接管理的一级子公司，是中国宝武新材料产业的旗舰企业，被誉为中国宝武钢铁皇冠上耀眼的钻石。2021 年 1 月 5 日，依据中国宝武对特种冶金材料产业发展的战略部署，以宝武特冶钛产业为主体，引入非国有资本和员工持股，成立钛材专业化高科技企业——宝武特冶钛金科技有限公司（以下简称“宝武特冶钛金”）。

## （二）传承与发展

宝武特冶钛金源自创建于1958年9月成立的上海第五钢铁厂（以下简称“上钢五厂”）与1960年成立的上海钢铁研究所。

上钢五厂作为专业开发、生产、销售特殊钢材的大型国有企业，创建以来为国民经济和国防事业的建设作出了巨大贡献，曾获国家一级企业和国家质量管理奖等国家授予的荣誉称号，被称为特钢行业的排头兵，为国防军工材料供应作出巨大贡献。自1968年国内第一家引进工业化生产的5吨级真空电弧自耗炉，开启了钛合金产品的工业化制造之路，承接或参与了众多钛合金材料开发国家项目，其中“TC11钛合金材料、模盘锻件的工艺研究”获得国家科技进步奖一等奖。

上海钢研所自成立之初，就承担了许多国家关键材料、关键技术研发的使命。1976年，与西方发达国家同步开展钛合金超塑成形机理研究，并逐步实现产业化，现已建成系列化、规模化的钛合金等温锻件制造基地，为国家钛合金锻造技术发展作出卓越贡献，其中“大型优质钛合金盘及管坯等温锻件研制”“TA15 钛合金框大型模锻件制造技术及应用”获得国防科学技术进步奖二等奖。

2018年8月，以宝钢特钢的特种冶金核心资产为主体，聚焦特种冶金材料发展，设立宝武特种冶金有限公司。2021年1月，由宝武特冶发起引入非公经济和员工持股，以钛材冶炼和等温锻造资产和业务为基础成立宝武特冶钛金科技有限公司，是国家发改委第四批混合所有制改革试点企业，公司的“航空发动机及机体结构件用钛合金材料及等温锻件”被列入国资委发布的《中央企业科技创新成果推荐目录（2020年版）》。

## （三）生产能力

熔炼能力：拥有钛合金自动化电极压制设备2套，等离子真空焊接炉2台，真空自耗电弧熔炼炉5台，50千克中试自耗炉1台，3200千瓦电子束冷床炉1台，3300千瓦等离子冷床炉1台，年冶炼能力13000吨/年。

热加工能力：6000吨快锻、4500吨快锻、2000吨快锻、1300吨径锻，可生产钛合金板坯、管坯、棒材等产品，年锻造能力4000吨/年。

等温锻造能力：包括315吨、500吨、800吨、2000吨、3000吨、6000吨、8000吨共计10台等温锻造设备，锻件产品投影面积0.1~3平方米，年锻件产能1500吨/年。

### （四）2023年经营情况

公司主营产品为钛合金棒材及等温锻件产品，公司2023年实现销售730吨，营业收入4.45亿元，与2022年基本持平。

2023年科研投入1665余万元，申请并获得授权专利8项，其中2项发明专利。宝武特冶钛金2022年获批高新技术企业，2023年获批上海市专精特新企业。

### （五）创新与发展

宝武特冶钛金以中国宝武提出的“四化”（高端化迈进，智能化升级，绿色化转型，高效化发展）为方向引领，坚决完成保供使命，不忘历史传承初心，探索央企混合制改革创新路径，致力于高端钛合金材料与等温锻件的研发与生产，产品结构多元，应用领域聚焦，企业活力旺盛，发展潜力强劲。

作为创新型企业，公司紧紧围绕等温锻造“近净成形、趋零残余应力、小压力实现大锻件、组织控制均匀”的特点，逐步形成了钛合金锻件的“大型框类锻件整体成形技术”“超薄高筋机匣类锻件成形技术”“叶轮一体化成形技术”“双性能盘类锻件成形技术”等核心技术，与普通模锻相比，实现了材料节约20%～50%，锻造压力是普通模锻的1/20～1/10，可大大降低碳排放，是当之无愧的“绿色技术”。

公司同时致力于新型钛合金等温锻造模具的制造，将模具的“低成本化”“耐高温性”作为两大核心指标，致力于研发批量综合成本优于普通模锻件的钛合金产品，为产品的应用场景拓展注入新的活力。

## 二、洛阳双瑞精铸钛业有限公司

### （一）基本情况

洛阳双瑞精铸钛业有限公司（以下简称“公司”）于2005年10月在洛阳市高新技术开发区（国家级）注册成立，是专业从事钛及钛合金材料及制品的设计、开发、生产和服务的高新技术企业。是国内外高端钛合金铸件、钛设备、板、带、管材的专业供应商之一。

### （二）生产经营

2023 年，公司承接合同 9.25 亿元，同比增长 8.4%；完成合同 8.42 亿元，同比增长 2.5%；营业收入 7.38 亿元，同比增长 2.1%。

### （三）市场开拓

克服内外部不利影响，市场开拓稳步提升。2023 年，公司积极应对国内外钛加工材市场需求放缓和中美贸易战等带来的不利影响，聚焦细分市场，深入推进经营模式创新，市场开拓稳步提升。**一是船海市场开拓取得新进展。**钛板带产品紧跟所内外客户项目进展及产品需求延伸，通过整体套件销售，在中船系统部分客户的批产项目中实现了高份额或独家供货，承接所外合同总额首次突破 5000 万元。2023 年，钛板带产品在船海市场承接合同 1.12 亿元，同比增长 47%，创历史新高。钛铸件产品积极跟踪、对接中船系统关重项目，取得实效。2023 年，钛铸件产品在船海市场承接合同近 8000 万元，同比增长 57.3%。**二是高端存量市场实现新突破。**聚焦客户需求"痛点"，定向优化相关材料技术指标，以技术引领市场，提升市场占有率。2023 年，高端冷轧板材全年承接合同 2.34 亿元，同比增长 33%，创历史新高。**三是积极参加国际展会，欧洲市场业务取得新突破。**2023 年，外贸产品在原主要业务板块受到冲击导致订单同比减少的情况下，钛锭产品承接合同 4300 万元，同比增长 67.1%；出口欧洲纯钛卷材取得突破，累计新签 25 吨订单。

### （四）科技创新

聚焦产品结构调整，持续推进创新提升。2023 年，公司加强研发平台建设，打造"产品创新中心"，驱动产业转型升级。完成高新技术企业和省企业技术中心年度评价等工作，完成国家级制造业单项冠军企业申报；受理专利 23 项，授权专利 13 项；开展 46 项科技创新项目，实现成果转化 10114 万元。**一是聚焦市场客户新需求，加快新产品开发。**积极对接客户、市场新需求，发挥技术优势，整合内外部资源，大力推进新产品开发。全年开发新产品 22 项，其中："PEM 电解水制氢用钛材"实现推广应用，承接合同420万元；“非耐压结构用低成本钛合金板材研制”项目成功实现短流程、低成本非耐压壳体用EB锭钛合金宽幅板的工艺贯通并制备出合格产品。二**是积极策划成果奖励申报，增强科技创新能力**。加大科技成果评价力度，持续提升科技创新能力及品牌影响力。全年开展成果鉴定2项，获得省部级科技成果奖励5项、专利奖1项。“新型高温钛合金材料及铸造技术研究与应用”获河南省国防科学技术进步奖一等奖；“钛合金焊接材料关键制备技术与应用”获有色工业科学技术奖一等奖；“高品质板式换热器冲压用钛带制备技术及产业化”项目获得河南省科技进步奖三等奖；“深海通信用高端钛合金结构件研究及应用”等两个项目通过中船集团科技成果鉴定，总体技术均达到国际先进水平。

### （五）精益制造

打造精益制造中心，生产保障能力显著提升。2023年，公司以“精益制造中心”建设为抓手，持续优化生产流程，积极协调内外资源，加大过程管控力度，不断提升生产效率，生产保障能力显著提升。**一是创新管理模式，交付及时率不断提升**。2023年，结合精益生产计划推进，不断优化生产流程，通过引入自动化生产设备、多能工培养等措施，不断提升生产效率，缩短产品交期。创新生产管理模式，通过建立“产能应急绿色通道”，实施重点项目护送制生产模式，为市场营销提供了有力保障。**二是推进精益管理，降本增效成果显著**。2023年，通过“双十成本”管控与精益推进相结合，持续减少各种浪费，从原材料战略采购、外包成本压控、产品设计优化、劳动效率提升等方面制定成本管控措施，推进降本增效。全年完成“双十成本”改善项目48项，完成课题7项，累计节约成本1590万元，有效促进公司高质量发展。

### （六）精细化管理

持续深化精细化管理，产品质量稳步提升。2023年，公司以落实舰船精细化质量管理和穿透式质量管控为抓手，实现产品质量稳步提升。大力开展工艺创新、流程梳理、QC、合理化建议等质量改善活动，持续提质增效。全年完成QC课题33项，同比增长10%，实现经济效益545万元，同比增长4.4%；合理化建议提案3611项，同比增长19%，产生经济效益346万元，同比增长16.5%。

### （七）安全环保

强化责任落实，筑牢安全环保底板。2023 年，公司积极响应国家节能环保要求，强化能源管理系统的使用，通过优化生产流程、升级节能环保设备、加强节能环保宣传和培训等措施，提升公司节能环保管理水平。全年投入安全环保治理费用 378 万元，完成蒸汽热源机改造、荧光着色废水处理等项目，大幅改善现场环境。全年未发生轻伤及以上安全生产事故，无火灾事故，无环境污染事件和职业病发生。

### （八）优化治理结构

不断优化治理结构，持续提升管理水平。公司以自身培养和人才引进相结合，持续优化人才队伍结构。2023 年推荐 7 人申报河南省高层次人才，1 人获评“洛阳市第九批学术技术带头人”，1 人获评“2023 年度河洛青年创新创业人才”，1 人获评七二五所“青年拔尖人才”，1 人考取七二五所定向工程博士。公司设置专职法务岗位并聘用兼职法律顾问，为公司合规管控提供了法律保障。积极落实公司“225”信息化发展规划。完成 ERP 系统上线运行和运营指挥中心系统建设，为管理决策提供数据支撑；加快推进 MES 系统建设；完成公司共享文档管理系统建设，保障公司共享文档统一规范管理；完成车间无线网络二期改造，实现生产现场无线网络全覆盖。公司已完成互联网上网行为安全管理系统建设，大力开展宣传教育活动，增强全员保密意识与防范技能，筑牢国家安全人民防线。2023 年，无失泄密事件发生。

## 三、中色（宁夏）东方集团有限公司

中色（宁夏）东方集团有限公司原名冶金部 905 厂，是 1965 年因国家“三线建设”从北京有色金属研究总院搬迁到宁夏的。2008 年，经中国有色集团重组而成立中色东方。公司下设 3 个子公司、2 个分公司，包括东方钽业、西材院、金航钛业公司、特种材料分公司，物资集中采购分公司。

公司主要从事稀有金属钽、铌、铍、钛等高新技术产品的研究、开发和生产，产品广泛应用于电子、冶金、化工、航空、航天、核工业等领域，是国家重点高新技术企业，世界钽冶炼加工三强企业之一，中国唯一的铍材加工、研究基地，是国际钽铌研究中心（TIC）的执行委员单位，中国有色金属工业协会钽铌分会常务副会长单位。公司拥有国家“863”产业化基地、国家级企业技术中心、国家钽铌特种金属材料工程技术研究中心、博士后科研工作站、稀有金属特种材料国家重点实验室；是国家首批科技兴贸出口创新基地、首批“创新型企业”、首批国家技术创新示范企业。

面向未来，公司将高举习近平新时代中国特色社会主义思想伟大旗帜，全面贯彻落实党的二十大及全国两会精神，深入落实习近平总书记对中国有色集团的三次重要指示批示精神，立足新发展阶段、贯彻新发展理念、融入新发展格局，推动高质量发展，围绕“聚焦钽铌铍，行业引领国家保障；发展新材料，创新驱动做优做强”发展战略，坚持科研和产业并重，以科技创新和深化改革为两大主攻方向，以高质量党建引领保障企业高质量发展，全面增强企业竞争力、创新力、控制力、影响力和抗风险能力，到“十四五”末把公司建成“世界一流的钽铌铍和稀有金属材料科研生产基地”。

## 四、浙江飞剑工贸有限公司

### （一）基本情况

浙江飞剑工贸有限公司成立于 2004 年，注册资金 2000 万元，是一家集研发、生产、销售智能健康杯壶为一体的领军型企业。公司拥有两座现代化生产基地，总建筑面积约 13 万平方米，员工 1600 余名，固定资产 3.23 亿元。

浙江飞剑工贸有限公司为国家高新技术企业、中国日用杂品工业协会杯壶分会副会长单位，国家标准《杯壶类产品安全通用技术要求》、行业标准《钛杯》主要起草单位，2008 年北京奥运会、2010 年上海世博会特许生产商和 2022 年杭州亚运会特许生产商及零售商，2023 年中国日用杂品工业协会杯壶分会第四届三次会员代表大会承办单位。

公司旗下拥有四大品牌（飞剑钛、施密特、悟童、FJ bottle），产品近 25 个系列 300 多个品种，满足 TUV、FDA、LFGB、国标等食品级检测标准，远销欧美、日韩、新加坡、泰国、俄罗斯、澳大利亚、沙特、阿根廷、墨西哥等五十多个国家和地区。2023 年公司工业总产值 7.2 亿元，较上年同比增长 8.2%；实现营收 7.16 亿元，同比增长 15.15%；缴纳税金 3900 万元，位列永康市纳税百强第 27 名。

### （二）科技创新引领发展

公司已通过 ISO 9001：2015 质量管理体系认证、ISO 14001：2015 环境管理体系认证、OHSAS 18001：2007 健康安全管理体系、知识产权管理体系、安全生产标准化机械二级达标企业认证、出口工业产品生产企业分类中的一类企业认证、全国工业产品生产许可证（QS 认证）、两化融合管理体系认证、国军标备质量管理体系认证。

自 2018 年起，公司规划两化融合战略，全面推进自动化和信息化，打造行业智能制造示范标杆。近三年投入 1500 万元以上用于信息化软、硬件建设，已形成覆盖研发、采购、生产、销售及售后服务等各个环节的"信息高速"网络。投入 8000 多万元进行智能化数字化改造，建立了行业首条 5G 数字化自动化生产线，同时引进了全自动喷漆线、全自动喷塑线、机器人金工线、机器人抛光线、机器人焊接线等先进设备。通过智能化改造，实现运营成本降低 20%，生产效率提高 30%，产品不良品率降低 10%，能源消耗减少 15%，每年节省人工成本约 1458 万元，制造效率提升约 30%，品质提升约 10%，有效提升了企业的生产效率、产品质量和市场竞争力，为可持续发展注入了新动能。

公司每年投入 3000 万元左右作为研发费用，坚持走科技创新之路。先后成立浙江省飞剑智能健康杯壶研究院及省级博士后工作站，与北京体育大学、宁波大学、浙江科技学院、成都大学、东北大学、浙江工业大学成立联合研发中心。引入先进的阳极表面处理和特殊焊接工艺，研制出可实现产业化的钛真空保温杯，实现了革命性突破，更是荣获“永康第六金”的称号。并成功掌握行业领先的真空保温技术，有效保温时长高出国际标准 20%；产品轻量化的旋薄技术，同等大小的产品，钛杯的质量更是轻 18% 以上。已成功突破镭射七彩技术、立体布料感表面技术、钛产品晶钻科技技术、内喷陶瓷荷沥技术等多项新技术。

公司拥有各项专利 242 项，参与国家标准编制 3 项，行业标准编制 3 项，团体标准 7 项，主导编制浙江制造标准 2 项，参与编制浙江制造标准 4 项。主导项目《钛真空杯成型及表面处理工艺开发与应用》荣获中国轻工业联合会科学技术发明奖二等奖。研发传家壶系列产品荣获 DIA 中国设计智造大奖、IF 奖、宝船奖、当代好设计金奖、金物奖、中华设计奖、十佳非遗新造物等荣誉奖项。

## （三）绿色制造促进循环经济

工业快速发展的同时，公司依然十分重视环境保护，坚持走可持续发展路线。分别被评选为浙江省节水标杆企业、浙江省节水型企业、金华市绿色低碳工厂。全面升级废水处理工艺，增加生物降解，有效提高 COD 的降解效果。车间使用超声波清洗设备，循环利用水资源，相比传统工艺每日减少用水 20 吨，工业用水重复利用率达到 96.26%。积极参与 VOCs 整治，投资 500 多万元建设 5 条先进废气处理设备，使用业内先进催化燃烧技术处理有机废气，以达到无害排放。

另外，共铺设太阳能光伏电池板约 20000 平方米，每月可额外发电 14 万度，占总用电量约 7%。并在热能回收工程中，每年回收热量 80 万千瓦，并减少二氧化碳排放 146 吨。

同时，公司积极参与制定绿色设计杯壶行业标准，从天然资源利用、原材料利用率、包装率、资源回收利用率和环保材料选择等方面确定行业标准，指导杯壶行业的绿色环保生产。

## （四）健康企业实现共同成长

公司于 2006 年 6 月成立党组织，坚持以党的领导为方针，积极参与企业的各项经营活动。在厂区重点打造党建引领下的企业文化，同时还增添了党员形象墙，将党建元素融入生产现场，实现党建工作与企业生产经营互融共进、协调发展。在车间打造以“党建引领 塑造时间品质”为主题的党建文化墙，在生产现场设置党员责任区、党员先锋岗，充分调动党员生产积极性，带动车间生产，荣获永康市 A 类红色示范车间称号。

公司坚持自觉守法，维护市场秩序，在党建引领下成立清廉建设小组，组织开展企业廉政建设专项工作，推动廉政文化建设，加强廉政教育和培训。建立并实施《清廉民企建设制度》，明确工作机制及职责，构建和谐、公平、公正、开明、包容、和善的和谐环境。健全内部管理组织结构，强调内部审计，与员工签署《廉洁自律承诺书》，使员工自尊、自律、自警，从思想及源头上杜绝违规违纪事件的发生。

为提升飞剑职工工作能力、处事心性，2014 年，浙江飞剑导入阿米巴经营，经过 8 年的发展，在一定的哲学文化系统基础上，2023 年，浙江飞剑开启哲学数字化项目，深化飞剑哲学体系，形成哲学与数字化的深度融合发展战略，着力打造物质与精神双幸福企业。

近年来，飞剑被评为中国轻工业数字化转型先进单位、中国日用杂品行业“创新新贡献”典型企业、中国日用杂品行业“质量标杆”典型企业、浙江省 AAA 级“守合同重信用”企业、浙江省工业旅游示范基地、浙江省“专精特新”中小企业、浙江制造认证企业、浙江省第一批制造业“云上企业”、浙江省 4A 级电子商务企业、浙江省内外贸一体化“领跑者”、浙江省重点联系外贸企业、浙江跨境电商出口知名品牌、省级数字化车间、金华市隐形冠军企业、金华市中小学生劳动教育示范基地、永康市政府质量奖、永康市科普教育示范基地等荣誉，且连续 9 年跻身永康市纳税百强行列。

飞剑公司始终坚持以“科学健康饮水解决方案提供商”为使命，以“共识 共担 共创 共享”为企业核心价值观，致力成为全球具有影响力的杯壶企业。

# 第19章

# 大　事　记

1. 龙佰集团国钛股份海绵钛产能已达5万吨

2023年3月24日，龙佰集团发布公告：董事会审议通过《关于所属子公司云南国钛金属股份有限公司首次公开发行股票并在深圳证券交易所主板上市的议案》。根据龙佰集团发布的资料，国钛股份目前的海绵钛产能为5万吨，正在推进甘肃国通二期1.5万吨、云南立新二期1.5万吨项目，建成后公司产能将达到8万吨。

2. 双瑞万基与阿维斯玛达成了长期合作意向

2023年4月，在中国钛谷国际钛业博览会上，双瑞万基与阿维斯玛（VSMPO AVISMA）达成了未来航空航天用高端海绵钛的长期合作意向。

3. 安宁股份6万吨能源级钛（合金）材料全产业链项目稳步推进

安宁股份6万吨能源级钛（合金）材料全产业链项目总投资72000000万元，建设期2年，产品包括6万吨钛锭、1千吨钛粉、5千吨等外钛及副产品。

4. 攀钢新增高端钛及钛合金用海绵钛产线投产

攀钢新增35千吨/年高端钛及钛合金用海绵钛产线于2023年8月建成投产。

5. 新疆湘晟拟新增3万吨航空级海绵钛产能

2023年11月新疆湘晟发布《年产3万吨航空级海绵钛绿色智能改造升级扩建项目环境影响报告书》，公司拟新增3万吨航空级海绵钛产能。

# 钛化工篇

钛化工是指以钛铁矿或富钛料（高钛渣）为主要原料，生产过程中以化学反应过程为主并以二氧化钛构成产品主要成分的生产活动。钛化工行业的主要产品是钛白粉。钛白粉是一种具有高折射率的白色晶体粉末物质，有“白色颜料之王”的称号，广泛应用于涂料、塑料、造纸、化纤、橡胶、油墨、化妆品、食品和医药等领域。钛白粉人均消费量是衡量一个国家经济消费水平的重要指标之一。目前，钛白粉生产方法主要有硫酸法、氯化法、盐酸法，我国以硫酸法为主，氯化法近年来发展速度较快；成熟的盐酸法生产线还不多。

# 第 20 章

# 2023 年钛化工行业运行情况

2023 年，钛白粉企业共生产钛白粉 420.34 万吨，较 2022 年增加 28.94 万吨，同比增长 7.4%，与近五年平均增长水平持平，高于 2022 年增长水平。

## 第一节　2023 年产量情况

### 一、钛白粉产品品种产量情况

2023 年，金红石钛白粉产量 358.85 万吨，占比 85.4%，比 2022 年增加 22.75 万吨，增长 10.0%；锐钛型钛白粉产量 44.69 万吨，占比 10.6%，较 2022 年减少 3.91 万吨，下降 8.1%；非颜料级及其他钛白粉产品产量 16.8 万吨，占比 4%，较 2022 年增加 1000 吨，增长 0.6%。按照钛白粉大类品种分类的占比及增长变化情况分析分别如图 20-1 和图 20-2 所示。

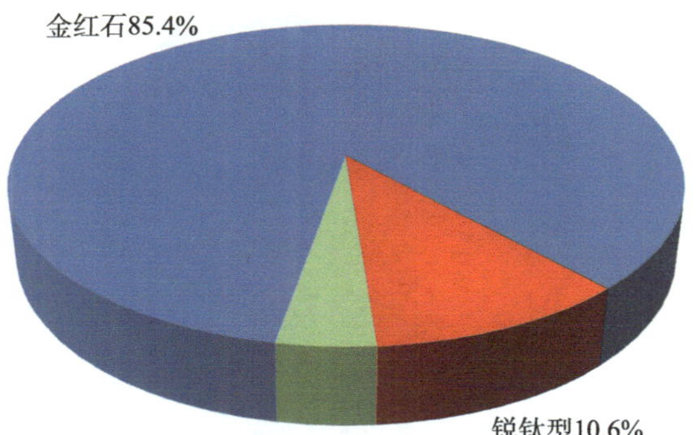


图 20-1　2023 年钛白粉产量（按大类品种）分析

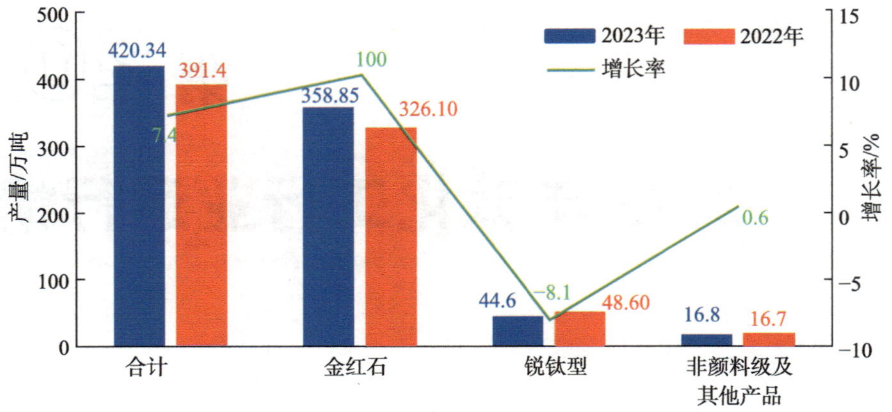


图 20-2　2023 年钛白粉产量（按大类品种）增长情况分析

## 二、钛白粉不同生产方法产量情况

钛白粉生产按照工艺技术的不同，有硫酸法和氯化法两种生产方法。2023 年，硫酸法钛白粉产量 358.54 万吨，占比 85.3%，较 2022 年增加 16.84 万吨，增长 4.9%；氯化法钛白粉产量 61.8 万吨，占比 14.7%，较 2022 年增加 12.1 万吨，增长 24.3%。

2023 年，我国氯化法钛白粉生产增长速度较快。在建产线增加，投运生产线运行更加稳定、品质明显提高、产量大幅增加。按照生产方法的不同，2023 年钛白粉生产量占比及增长情况分析如图 20-3 和图 20-4 所示。

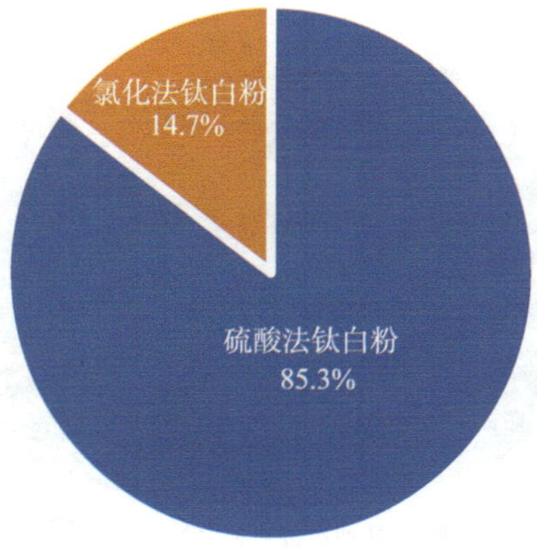


图 20-3　2023 年钛白粉产量（按生产方法分）分析

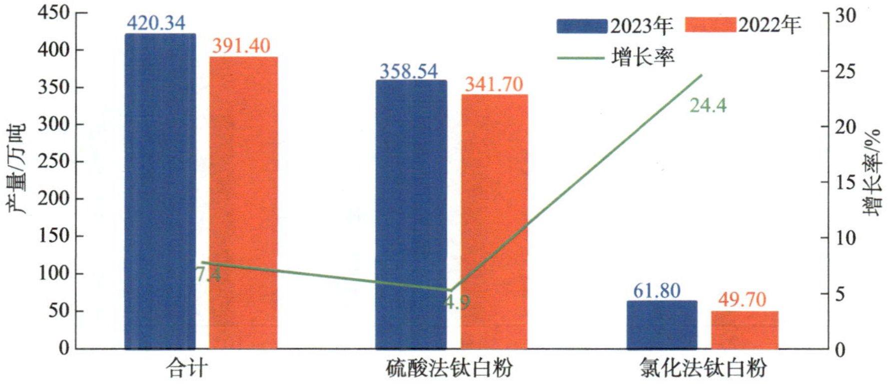


图 20-4 2023 年钛白粉产量（按生产方法）增长情况分析

## 三、钛白粉生产区域分布情况

2023 年，各大经济区域都有钛白粉产品供应市场，受新产线投产影响，华中地区产量增加；从传统产量分布看，华东地区和西南地区仍然是主要生产区域，两个区域合计产量超过总产量的三分之二。2023 年，西北地区有两个新增钛白粉生产基地投产，而且生产稳定，受企业集团化管理统计因素影响，统计产量都没有计入西北地区；华北地区新投产两条硫酸法钛白粉生产线，但 2023 年产量不大。各大经济区 2023 年钛白粉产量分析如图 20-5 所示。

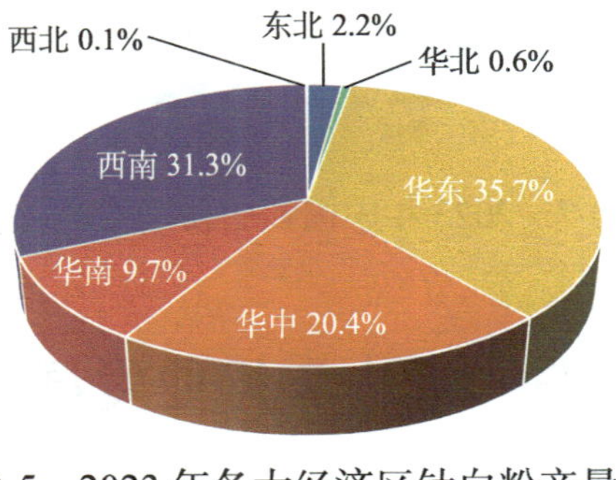


图 20-5 2023 年各大经济区钛白粉产量分析

## 四、钛白粉生产月度变化情况

2023 年，钛白粉行业月平均产量 35.03 万吨，从全年产量变化来看，产量呈逐月上升趋势，受出口拉动等因素影响，尤其是 10 月份总产量创纪录地突破了 40 万吨。2023 年钛白粉月度产量分析如图 20-6 所示。

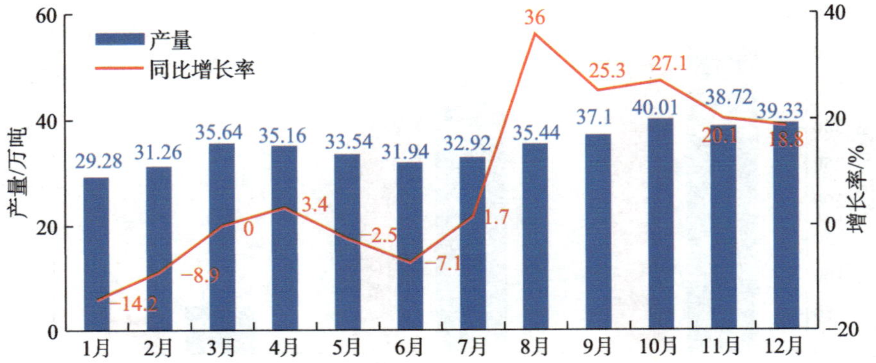


图 20-6　2023 年中国钛白粉月度产量分析

2023 年，季度平均产量 105.09 万吨，与去年同期相比，上半年两个季度的产量均低于 2022 年水平，第三季度以后产量出现较快增长，增速同比都接近 20%水平。2023 年钛白粉季度产量分析如图 20-7 所示。

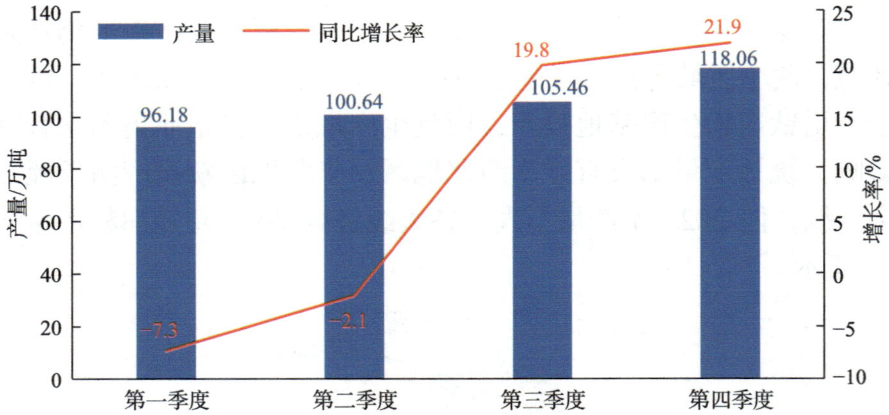


图 20-7　2023 年中国钛白粉季度产量分析

## 第二节　近十年行业发展情况

2023 年，我国钛白粉产量第一次突破 400 万吨，达到 420.34 万吨。2014 年钛白粉产量第一次突破 200 万吨，达到 243.5 万吨，较 2013 年增产 53.2 万吨，比上年度增长 27.7%，是近十年来增长幅度最大的一年。十年来，我国钛白粉产量年均增长 8.5%。在这十年中，我国钛白粉产业保持较快增长势头。2014 年产量大幅度增加 27.7%，2015 年产量减少 4.6%，但很快恢复，2016 年、2017 年连续两年增速超过 10%，2018 年增速放缓到 2.9%，2019

年增速又恢复到接近水平，随后受疫情影响，2022 年增速降到 3.3%，2023 年增速恢复到 7.4%。这十年来，我国钛白粉产量增速有波动，但总体保持较快增长水平，产量从 2014 年的 243.5 万吨，增加到 2023 年的 420.34 万吨。

我国钛白粉年度总产量从 0 增长到 100 万吨（2009 年）用了约 53 年时间；从 100 万吨增长到 200 万吨（2014 年）和从 200 万吨增长到 300 万吨（2019 年）都用了五年时间，从 300 万吨增长到 400 万吨用了四年时间，说明近十年是我国钛白粉产业高速发展的阶段。近十年我国钛白粉生产量增长变化情况分析见图 20-8 所示。

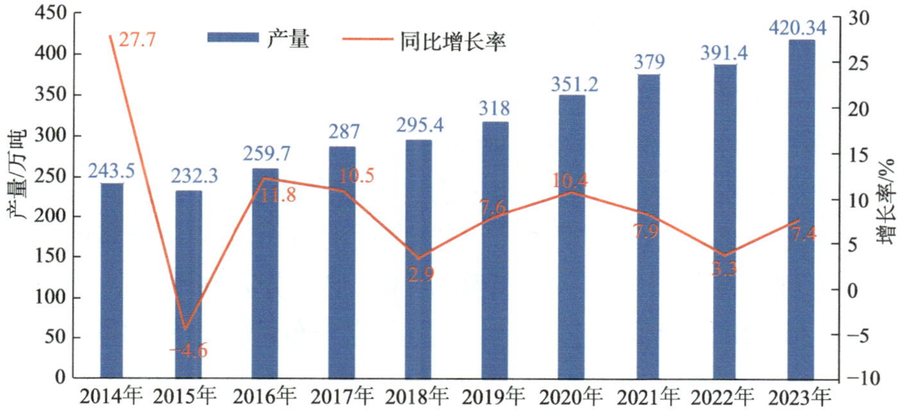


图 20-8 近十年中国钛白粉生产量变化分析

## 第三节 2023 年产能分布与变化情况

### 一、产能增长情况

受钛白粉下游市场需求拉动，尤其是受磷酸铁（锂）电池材料市场需求拉动影响，近年来钛白粉投资项目明显增加。2023 年，新增投产项目 4 个，增加产能 54 万吨/年，到 2023 年底我国钛白粉总产能达到 520 万吨/年。2023 年，钛白粉产能利用率为 80.8%（其中氯化法钛白粉产能利用率约为 64.7%），较 2022 年下降 2.5%，主要是受年内新增产能释放产量的影响；产能利用水平最高的是华东和西南地区。

钛白粉行业目前已经开工在建的项目共 12 个，合计产能约 95 万吨/年，部分项目已经完成设备安装，具备试生产条件。预计到 2024 年底或 2025 年上半年，我国钛白粉总产能将达到 630 万吨/年。同时，已批准立项同意搬迁或新建的项目 9 个，预计增加产能约 118 万吨/年。这些项目如期建成，我国钛白粉产能将接近 750 万吨/年，将比 2023 年底提高 40%以上。

## 二、产能分布情况分析

2023 年末，我国共有钛白粉生产企业（企业集团）53 家。其中，正常生产运行的 47 家、停产进行复产技术改造 1 家、新建在建企业 5 家。47 家正常运行的企业（企业集团）中，拥有 2 个生产基地的 8 家、3 个生产基地的 2 家、5 个生产基地的 1 家。

在正常生产运行的 47 家企业（企业集团）中，产能 20 万吨/年及以上的 6 家，合计产能约 269 万吨/年，占总产能的 51.7%；产能 10 万～19 万吨/年的 13 家，合计产能约 156 万吨/年，占总产能的 30%；产能 10 万吨/年及以上的 19 家，合计产能约 425 万吨/年，占总产能的 81.7%。

从我国钛白粉行业的区域分布来看，西南和华东两大经济区占比较多，产能合计占比 53%。这两个区域，一个靠近消费市场，一个靠近主要钛原料产地。但目前在建项目和一批待建项目，主要分布在华北、华南和西北三个经济区域。2023 年底，各地区钛白粉产能分布情况分析如图 20-9 所示。

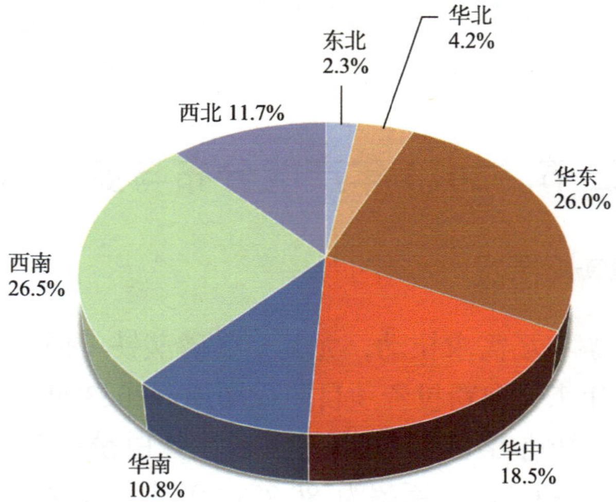


图 20-9　2023 年底中国钛白粉产能分布分析

2023 年末，我国钛白粉产能 520 万吨/年，较十年前 2013 年（290 万吨/年）增长 79.3%，年均增长 7.9%。2014 年突破 300 万吨/年，2021 年突破 400 万吨/年，2023 年突破 500 万吨/年，可见，近年来是我国钛白粉产能快速增长期。

# 第四节　2023 年进出口情况

## 一、产品进出口情况

### （一）产品进口情况

2023 年，我国进口钛白粉 8.45 万吨，第一次降低到 10 万吨以内，较 2022 年减少 3.86 万吨，下降 31.4%。钛白粉进口量连续下降的主要原因，是我国钛白粉品质大幅提升，形成了进口替代。同时，钛白粉产品的价格优势明显、性价比高。

2023 年钛白粉进口量最多的 6 个国家或地区合计 7.32 万吨，占总进口量的 86.6%，分别是中国台湾、墨西哥、日本、德国、美国和澳大利亚；除个别略有增长外，几乎所有国家或地区的进口量都有一定幅度的下降。2023 年钛白粉进口均价为 3376 美元/吨，同比 2022 年下降 7.7%。

### （二）产品出口情况

2023 年，我国出口钛白粉 164.16 万吨，较 2022 年增加出口 23.55 万吨，增长 16.8%，是近年来出口增长较快的一年。2023 年出口量最大的前 10 个国家合计出口 90.71 万吨，占总量的 55.3%，分别是印度、巴西、土耳其、韩国、俄罗斯、越南、印度尼西亚、阿联酋、埃及和马来西亚；2023 年出口增长最快的前 10 个国家合计出口 70.24 万吨，占比 42.8%，较 2022 年平均增长 35.9%，分别是印度、巴西、土耳其、荷兰、波兰、泰国、意大利、沙特阿拉伯、菲律宾和埃及，可见，2023 年我国对欧洲的出口有一定幅度增长。2023 年我国钛白粉出口均价 2191.4 美元/吨，同比 2022 年下降 19%。2023 年钛白粉出口情况分析如图 20-10 所示。

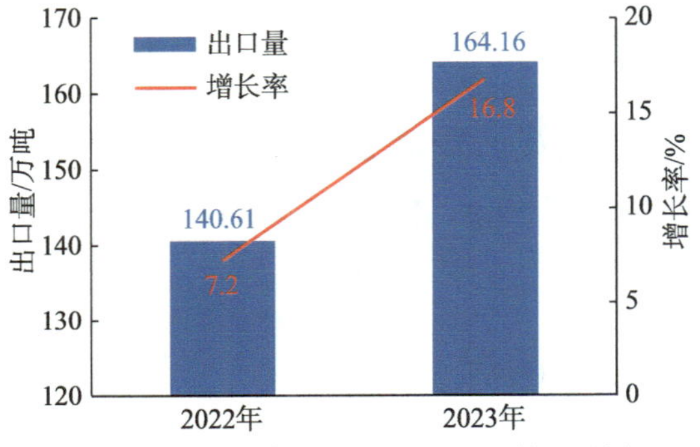


图 20-10　2023 年钛白粉出口情况分析

## 二、近十年钛白粉进出口变化情况

近十年，我国钛白粉产品出口量持续增长，2023 年的出口量达 164.16 万吨，较 2013 年增加 123.86 万吨。

近十年，我国钛白粉年出口量占当年生产量的比重同样不断提高，从 2013 年的 21.1%提高到 2023 年的 39.1%，提高了 17.9%。我国钛白粉出口量不断增长的原因，主要是产品品质提高，品质竞争力增强；生产成本不断降低，成本优势提升；清洁生产水平提高，市场对我国钛白粉行业环境保护、安全生产水平认可度得到明显提升。近十年，我国钛白粉产品出口情况分析如图 20-11 所示。

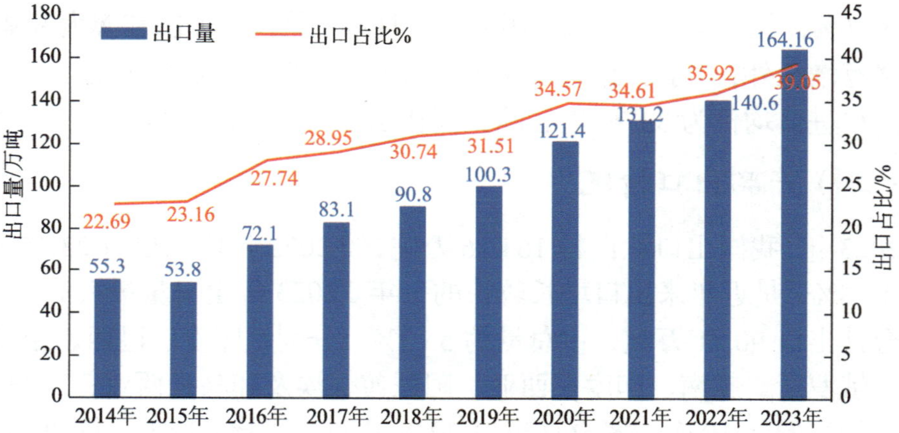


图 20-11　近十年中国钛白粉出口量变化分析

# 第五节　2023 年钛白粉消费情况

## 一、表观消费情况

2023 年我国钛白粉表观消费量 264.63 万吨，与 2022 年基本持平。2023 年，我国钛白粉人均消费 1.9kg，低于发达国家消费水平，说明我国钛白粉产业还有一定发展空间。

## 二、行业应用消费情况

涂料、塑料和造纸工业是钛白粉产品主要的下游应用领域，占钛白粉总消耗量的85%左右，两大领域的消费直接决定着钛白粉产品的市场走势。

## （一）涂料工业

涂料工业是钛白粉行业的最大用户，占钛白粉总消耗量的58%左右。据中国涂料工业协会估算，2023年中国涂料行业完成总产量约3577万吨，同比增长4.5%；主营业务收入4045亿元，同比下降4.5%；实现利润237亿元，同比增长9.5%。

2023年，中国涂料行业经济运行总体处于逆势稳步回升、压力仍然较大的趋势。第二季度初始，产能产量逆势反升，利润平稳增长，主要集中在汽车、船舶、工程机械、水性通用型防腐等细分领域，占比达到40%的水性建筑墙面涂料因房地产业的不景气，需求继续下滑，供需严重失衡也造成高强度同质化竞争，对我国涂料行业全年主营业务收入业绩下拉影响明显，同时也对包括钛白粉在内的重点供应链体系造成较大影响。

根据《中国涂料行业“十四五”规划》，涂料行业将继续向绿色、低碳、高质量发展方向发力，同时，根据《产业结构调整指导目录（2024年本）》和“工信部三年行动计划项目”等政策指引，将在低VOCs含量的环境友好、资源节约型涂料，用于大飞机、高铁、大型船舶、新能源、电子等重点领域的高性能涂料及配套树脂，用于光诊疗、光刻胶、液晶显示、光伏电池、原液着色、数码喷墨印花、功能性化学纤维染色等领域的新型颜料开发与生产重点突破。

基于涂料行业发展重点方向，钛白粉作为涂料重点颜料产品，一方面需要在耐候、遮盖等常规特性方面继续发展；另一方面，针对特种、大型装备需求，特殊环境需求，新能源领域，电子领域，节能降耗领域等开发相应产品体系，满足我国在相关重点发展领域对特种颜料性能的总体需要。

## （二）塑料工业

塑料工业是钛白粉行业的第二大用户，约占钛白粉总消耗量的22%。并随着塑料工业的快速发展，钛白粉的消耗量也呈逐年增长的趋势。

据中国塑料加工工业协会介绍，2023年，我国塑料制品行业企业完成产量 7488.5 万吨，同比增长 3.0%。据海关总署数据，塑料制品出口总额 1008.1 亿美元，同比下降 3.9%；进口 171.9 亿美元，同比下降 12.3%，贸易顺差 836.2 亿美元。塑料行业呈现多样化的发展态势，对产品的质量和性能提出了更高要求，以可循环、易回收、可降解为导向，高性能塑料、功能性塑料等新型材料的研发将引领塑料行业的技术创新和产品升级。

据中国染料工业协会色母粒专业委员会介绍，色母粒主要用于塑料、化纤、橡胶等行业，2023 年全国色母粒行业规模以上企业有 200～300 家。按其中 140 家企业估算，2023 年全国色母粒统计产量约 130 万吨，销售额约 170 亿元，其中白母粒约 30 万吨，销售额约 40 亿元。

### （三）造纸工业

造纸工业是钛白粉行业的三大用户之一，使用钛白粉为填料的纸及纸板产品主要有装饰原纸和字典纸等，用来提高纸张的不透明度等光学性能，据估算，2023 年造纸行业钛白粉消耗量约占国内钛白粉消耗总量的 12%。

据中国造纸协会统计，2023 年，制浆造纸及纸制品全行业完成纸浆、纸及纸板和纸制品产量合计 29139 万吨，同比增长 2.6%，主营业务收入 1.39 万亿元，同比下降 2.4%；实现利润 508 亿元，同比增长 4.4%。其中，全国纸及纸板生产企业约 2500 家，纸及纸板生产量 12965 万吨，较 2022 年增长 4.4%；消费量 13165 万吨，较 2022 年增长 6.1%。纸及纸板进口量 1132 万吨，较 2022 年增长 35.4%；出口量 932 万吨，较 2022 年增长 8.6%。

2023 年，造纸行业面临了原辅材料及能源成本上涨、外部环境变化和竞争加剧等困境，以及全球市场需求减弱，使得造纸行业整体生产和运行困难增多，下行压力加大，经济效益下滑，但随着经济发展的需要，纸及纸板生产总量仍有增加。

## 三、近十年钛白粉表观消费情况

近十年，我国钛白粉消费量呈缓慢增长态势，年均增长约 4.8%，2014 年钛白粉消费出现较快增长，年消费增长达到 23.6%。近十年我国钛白粉表观消费变化分析如图 20-12 所示。

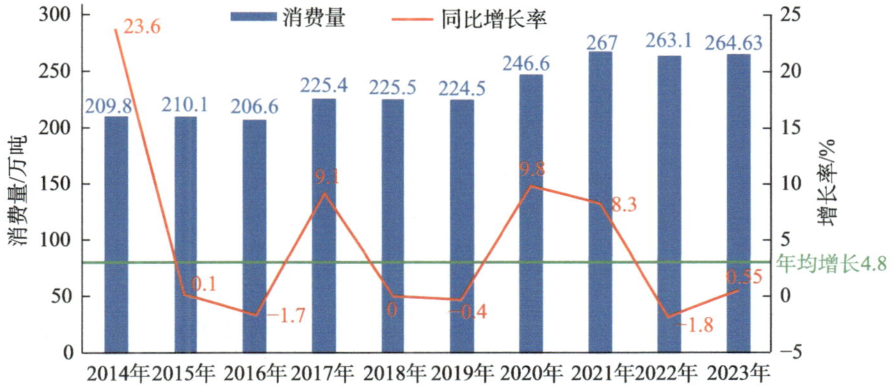

图 20-12　近十年中国钛白粉表观消费量变化分析

## 第六节　2023 年钛白粉行业市场运行情况

2023 年，钛白粉市场呈现“跌涨跌涨跌”变化趋势。年初，受2022 年末市场下行惯性和节前需求不旺影响，1 月份市场弱市下行并逐步企稳；2 月初市场开始反弹，价格上涨，出现年内第一波上涨行情并持续到 4 月初；受下游需求低迷影响，4 月中旬厂家销售出货困难，开启一波缓慢下跌行情，5 月、6 月份生产企业主动两次下调价格，低迷行情一直持续到 7 月初，累计下跌超过 1200 元/吨；受前期钛白粉企业主动调整生产影响，社会库存下降，出口增长，原料价格拉涨，7 月中旬，行业开始宣涨，整个第三季度做了两次大幅度价格上调，到 10 月中旬累计涨幅超过 2000 元/吨，并带来了年内“金九银十”最高行情；10 月末受需求减弱影响，市场开始快速下行，到 12 月中旬累计跌幅超过 1200 元/吨以上。受国外钛白粉市场变化影响，业内大企业主动适应市场变化，在 12 月初上调出口产品价格，因此拉动该月多数企业出口订单增加，年末部分企业价格略有上调，钛白粉市场价格企稳。2023 年我国钛白粉市场变化情况分析如图 20-13 所示。

从全年行情来看，2023 年中国钛白粉市场整体走出上涨行情。年末价格较年初有上涨，金红石型钛白粉价格较年初有 1000 元/吨左右上涨，涨幅约 6%，锐钛型钛白粉价格较年初有 500 元/吨左右上涨，涨幅约 4%。到 2023 年年底，国内金红石型钛白粉含税出厂价格在 15200～16300 元/吨，锐钛型钛白粉含税出厂价格在 13600～14200 元/吨，全年市场价格高点出现在 10 月份，月均价为 16900 元/吨，市场价格低点出现在 1 月份，月均价为 14900 元/吨。

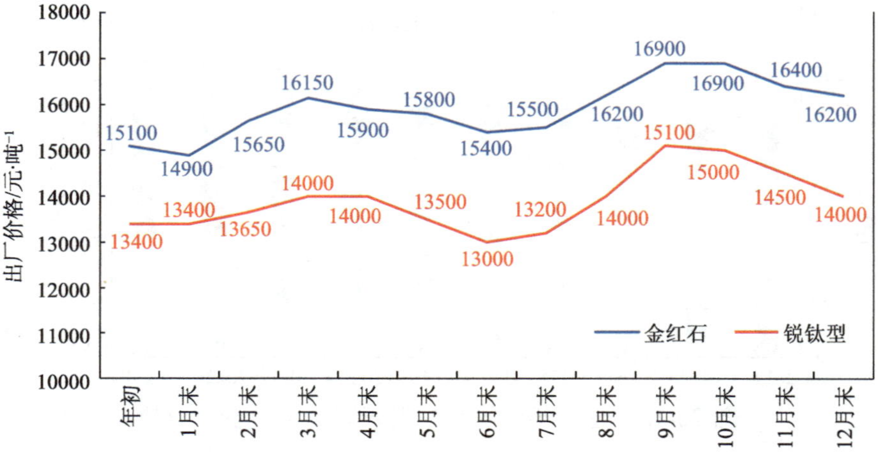


图 20-13　2023 年钛白粉国内市场行情变化分析

从全年钛白粉市场价格水平来看，市场要弱于 2021 年，好于 2022 年；从波动变化趋势看，2023 年钛白粉市场波动幅度要小于 2021 年，与 2022 年幅度相近。

从全年市场波动变化影响因素来看，首要因素依然是供求变化。需求减弱和供应量增长，导致“供过于求”，影响市场走势；其次，出口贸易增长是支撑国内市场的一个基本因素，2023 年出口市场要好于 2022 年，增长 16.8%，从而减轻了国内钛白粉市场竞争压力；第三是成本因素，钛矿、硫酸等原材料价格高决定了钛白粉成本的刚性，当市场售价不足以支撑企业生产成本时，钛白粉生产企业主动通过检修调产等措施适当压产，减少供给成为钛白粉企业支撑市场的基本操作。

# 第 21 章

# 钛化工产业政策及其影响

## 第一节　节能降碳、绿色减排政策

推动制造业绿色发展，推进工业领域清洁低碳转型既是党的二十大精神确定的基本要求，降低能源消耗也是钛白粉企业优化成本、提升竞争力的基本途径。2023 年，国家通过出台系列绿色低碳政策，引导钛白粉产业走向了一条节能降碳、绿色减排的高质量发展之路。

2023 年 3 月 28 日，国家发展改革委发布《固定资产投资项目节能审查办法》（2023 年第 2 号令）（以下简称《办法》），旨在完善能源消耗总量和强度调控措施，《办法》规定固定资产投资项目节能审查意见是项目开工建设、竣工验收和运营管理的重要依据。企业投资项目建设单位需在开工建设前取得节能审查机关出具的节能审查意见，否则不得开工建设和投入生产使用，《办法》进一步强化了能效管控对产业发展的重要性。

2023 年 6 月 6 日，国家发展改革委、工业和信息化部等五部门联合发布《工业重点领域能效标杆水平和基准水平（2023 年版）》（发改产业〔2023〕723 号），第一次将钛白粉纳入能效约束领域并明确了具体的指标值（表 21-1），文件对纳入的工业领域将起到强化能效标杆引领作用和基准约束作用，明确要求依据能效标杆水平和基准水平，分类实施改造升级：对拟建、在建项目，应对照能效标杆水平建设实施，力争全面达到标杆水平。对能效介于标杆水平和基准水平之间的存量项目，引导企业应改尽改、应提尽提，加大节能降碳改造力度，提升整体能效水平。对能效低于基准水平的存量项目，明确了改造升级和淘汰时限，要制定年度改造和淘汰计划，引导企业有序开展节能降碳技术改造或淘汰退出，在规定时限内将能效改造升级到基准水平以上，对于不能按期改造完毕的项目进行淘汰。

**表 21-1　钛白粉能效标杆水平和基准水平**（2023 年版）

| 重点领域 | | 指标名称 | 指标单位 | 能效水平 | | 参考标准 |
|---|---|---|---|---|---|---|
| | | | | 标杆 | 基准 | |
| 钛白粉 | 硫酸法金红石型 | 单位产品能耗 | 千克标准煤/吨 | 1000 | 1300 | GB 32051—2015 |
| | 硫酸法锐钛型 | | | 800 | 1000 | |
| | 氯化法 | | | 900 | 950 | |

2023 年 8 月 4 日，国家发展改革委、科技部、工业和信息化部等十部门联合发布《绿色低碳先进技术示范工程实施方案》（发改环资〔2023〕1093 号），旨在“加快绿色低碳先进适用技术示范应用和推广，在落实碳达峰碳中和目标任务过程中锻造新的产业竞争优势”，明确提出了绿色低碳先进技术示范工程重点方向、保障措施、组织实施方式，并要求到 2025 年，通过实施绿色低碳先进技术示范工程，一批示范项目落地实施，一批先进适用绿色低碳技术成果转化应用，若干有利于绿色低碳技术推广应用的支持政策、商业模式和监管机制逐步完善，为重点领域降碳探索有效路径。到 2030 年，通过绿色低碳先进技术示范工程带动引领，先进适用绿色低碳技术研发、示范、推广模式基本成熟，相关支持政策、商业模式、监管机制更加健全，绿色低碳技术和产业国际竞争优势进一步加强，为实现碳达峰碳中和目标提供有力支撑。

## 第二节　循环经济、融合发展政策

2023 年，国家进一步强化资源高效循环利用和资源集约节约利用水平的重要性，推动钛化工产业提高资源利用效率，降低生产成本，提升竞争力。

2023 年 12 月 27 日，国家发展改革委发布《产业结构调整指导目录（2024 年本）》（2023 年第 7 号令），自 2024 年 2 月 1 日起施行，《产业结构调整指导目录（2019 年本）》同时废止。《产业结构调整指导目录》（以下简称《目录》）是引导社会投资方向，政府管理投资项目，制定实施财税、信贷、土地、进出口等政策的重要依据。《目录》由鼓励、限制和淘汰三类目录组成，上述三类之外且符合国家有关法律法规和政策规定的为允许类，不列入《目录》。《目录》旨在“推动制造业高端化、智能化、绿色化，巩固优势产业领先地位，在关系安全发展的领域加快补齐短板，构建优质高效的服务业新体系”。《目录》在“限制类”产业中将《产业结构调整指导目录（2019年本）》的“硫酸法钛白粉”调整为“硫酸法钛白粉（联产法工艺除外）”，表明国家将具备“联产法工艺”的硫酸法钛白粉纳入“允许”发展范围，这次调整将更加有利于推动硫酸法钛白粉的高质量发展，也更加有利于硫酸法钛白粉行业依循“联产法工艺”要求，积极做好废弃物的减量化、再利用、资源化利用，推动钛白粉产业与其他相关产业的融合化发展。

2023 年 12 月 28 日，工业和信息化部、国家发展改革委等八部门联合发布《关于加快传统制造业转型升级的指导意见》（工信部联规〔2023〕258号）。要求到 2027 年，传统制造业高端化、智能化、绿色化、融合化发展水平明显提升，有效支撑制造业比重保持基本稳定，在全球产业分工中的地位和竞争力进一步巩固增强。工业企业数字化研发设计工具普及率、关键工序数控化率分别超过 90%、70%，工业能耗强度和二氧化碳排放强度持续下降，万元工业增加值用水量较 2023 年下降 13%左右，大宗工业固体废物综合利用率超过 57%。通过实施“推动资源高效循环利用”和“促进行业耦合发展”等措施，“加快设备更新、工艺升级、数字赋能、管理创新，推动传统制造业向高端化、智能化、绿色化、融合化方向转型”。

这些政策的实施，为我国硫酸法钛白粉产业发展指明了方向，将有利于推动硫酸法钛白粉生产企业在废酸、硫酸亚铁循环利用和钛石膏“减量化、再利用、资源化”利用等方面走出一条循环经济发展道路，促进硫酸法钛白粉产业的高质量发展。

## 第三节　调整税收政策，推动产业发展

2023 年 12 月 21 日，国务院关税税则委员会发布《关于 2024 年关税调整方案的公告》（税委会公告 2023 年第 10 号），2024 年关税调整方案中进出口税则税目调整如下：在现有钛白粉税则号列 3206.1110 下，新增子目“金红石型含量≥99.8%、明度（干粉 $L^*$）≥99.0”，税则号列为 3206.1111，技术依据标准《氯化法二氧化钛颜料》（TCNCIA 01016—2021）。

为推动我国氯化法钛白粉产业快速发展，氯化法钛白粉产品税目的增列，将有利于针对该类产品及生产工艺的相关鼓励政策研究，对我国氯化法钛白粉产业技术进步、国际竞争力提升起到重要推动作用。据海关介绍，自 2024 年 1 月 1 日起，对“金红石型含量≥99.8%、明度（干粉 $L^*$）≥99.0”的钛白粉产品，在进出口贸易申报时使用新税则号列（3206.1111），海关将按此税则号对进出口的氯化法钛白粉产品进行管理和数据统计。

# 第四节　2023 年钛白粉行业标准工作情况

## 一、2023 年钛白粉产业开展的标准工作

为了推动钛白粉产业高质量发展，国家相关部门积极组织钛白粉产业开展标准化体系建设工作，2023 年钛白粉行业主要开展的标准化工作情况如下：

（1）为钛白粉企业废水治理工艺技术改进提升、推动行业污染治理和提高行业清洁生产工艺技术水平，生态环境部 2023 年 2 月 1 日发布《钛白粉工业废水治理工程技术规范》（HJ 1279—2023），标准从 2023 年 5 月 1 日实施。该标准规定了钛白粉工业废水治理工程的污染物与污染负荷、总体要求、工艺设计、主要工艺设备和材料、检测与过程控制、主要辅助工程、劳动安全与职业卫生、施工与验收、运行与维护等技术要求。适用于钛白粉工业废水治理设施新建、改建和扩建工程的设计、施工、验收及运行全过程。该标准的实施为企业废水治理工艺技术改进提升、推动行业污染治理和提高行业清洁生产工艺比重提供了技术依据。

（2）2023 年 9 月 7 日，国家市场监督管理总局和国家标准化管理委员会发布《纳米二氧化钛》（GB/T 19591—2023），标准从 2024 年 4 月 1 日实施。标准规定了纳米二氧化钛的分类和代号、要求、试验方法、检验规则、标志和随行文件以及包装、运输、储存。标准适用于未改性涂覆的纳米二氧化钛。该产品主要用于功能化纤、高档塑料、油漆、油墨、涂料、电子陶瓷、催化剂及其载体等制造领域。

（3）由国家标准化管理委员会提出并归口的《钛白粉和氧化铁颜料单位产品能源消耗限额》（GB 32051—2024）已完成初稿并报审国家标准化管理委员会，该标准将代替《钛白粉单位产品能源消耗限额》（GB 32051—2015），与 GB 32051—2015 相比，该标准主要有以下内容变化：1）氧化铁

颜料单位产品能源消耗限额内容；2）更改了术语和定义；3）增加了钛白粉和氧化铁颜料单位产品能源消耗限额等级；4）更改了统计范围和计算方法；5）删除了钛白粉能耗限额先进值；6）删除了节能管理与措施内容。该标准的实施将促进碳达峰碳中和目标的实现，推动钛白粉产业绿色低碳发展，为国家《工业重点领域能效标杆水平和基准水平（2023 年版）》的实施提供技术支持。

（4）由生态环境部固体废物与化学品管理技术中心、中国涂料协会提出的《钛石膏综合利用技术规范》国家标准于 2023 年 3 月由国家标准化管理委员会批准立项（计划号：20230107-T-605）。经过 25 家参编单位的努力，目前该标准已完成了标准（草案）和编制说明的编制工作，标准（草案）2023 年底已经上报全国钒钛磁铁矿综合利用标准化技术委员会（TC 579），预计 2024 年下半年发布实施。该标准的制定将有利于提高钛石膏综合利用水平，尽可能地降低企业生产成本，降低环境风险，有利于解决制约行业发展的难题，促进我国钛白粉行业的健康可持续发展。

（5）已经立项并开展编制工作的行业标准情况。2023 年，经生态环境部环境规划院、中国涂料工业协会、中国化工节能技术协会等单位提出立项的团体标准或国家标准共有 7 项正在开展编制工作，个别标准已经完成草案编制，部分标准正在开展编制工作，同时，部分团标也正在做国标立项申请，预计这些标准将分别于 2024 年上半年至 2025 年底之前发布实施，这些标准的发布实施将进一步规范钛白粉行业的管理，提升行业的技术水平。钛白粉行业已经立项的相关标准情况见表 21-2。

**表 21-2 钛白粉行业已经立项相关标准情况表**

| 序号 | 立项时间 | 标 准 名 称 | 标准等级 |
|---|---|---|---|
| 1 | 1 月 | 联产法硫酸法钛白粉清洁生产工艺技术要求 | 团标 |
| 2 | 7 月 | 碳排放核算与报告编制技术规范 无机颜料生产企业 | 团标 |
| 3 | 12 月 | 碳排放与报告要求 颜料生产企业 | 国标 |
| 4 | 12 月 | 产品碳足迹产品种类规则 无机颜料 | 团标 |
| 5 | 7 月 | 电子工业用高纯二氧化钛 | 团标 |
| 6 | 7 月 | 钛白粉副产硫酸综合利用技术要求 | 团标 |
| 7 | 7 月 | 钛白粉副产硫酸亚铁综合利用技术要求 | 团标 |

## 二、我国钛白粉行业已经发布标准基本情况

近年来，随着钛白粉产业的快速发展，国家陆续发布了大量行之有效的标准，这些标准对推动钛白粉产业高质量发展起到了积极的促进作用，从功能来看，已经发布的标准主要有产品类标准、方法类标准和管理类标准等不同类型。

（1）产品类标准。主要用于规范不同类型的钛白粉产品要求、试验方法、检验规则、标志以及包装、运输、储存等内容。目前已经发布的产品类标准主要有《二氧化钛颜料》（GB/T 1706—2006）等标准，具体产品类标准明细见表 21-3。

**表 21-3 二氧化钛（产品类）标准**

| 序号 | 标 准 号 | 标 准 名 称 |
|---|---|---|
| 1 | GB/T 1706—2006 | 二氧化钛颜料 |
| 2 | GB 27599—2011 | 化妆品用二氧化钛 |
| 3 | HG/T 4202—2017 | 非颜料用二氧化钛 |
| 4 | HG/T 4525—2017 | 触媒用二氧化钛 |
| 5 | GB/T 35960—2018 | 二氧化钛型硫黄回收催化剂 |
| 6 | HG/T 5552—2019 | 造纸工业用二氧化钛 |
| 7 | GB 1886.341—2021 | 食品安全国家标准 食品添加剂 二氧化钛 |
| 8 | HG/T 5923—2021 | 化纤用二氧化钛 |
| 9 | YS/T 322—2021 | 冶金用二氧化钛 |
| 10 | T/CNCIA 18916—2021 | 氯化法二氧化钛颜料 |
| 11 | GB/T 19591—2023 | 纳米二氧化钛 |

（2）方法类标准。主要适用于测定钛白粉在下游应用的产品中二氧化钛晶型、含量或钛白粉生产过程中二氧化钛的晶型等领域。目前，我国已经发布的钛白粉行业的方法类标准主要有《化学纤维 二氧化钛含量试验方法》（GB/T 37632—2019）等标准，具体方法类标准见表 21-4。

**表 21-4　二氧化钛（方法类）标准**

| 序号 | 标 准 号 | 标 准 名 称 |
|---|---|---|
| 1 | GB/T 12910—1991 | 纸和纸板二氧化钛含量的测定法 |
| 2 | SN/T 1478—2004 | 化妆品中二氧化钛含量的检测方法　ICP-AES 法 |
| 3 | HS/T 3—2006 | 硅铝处理的金红石型钛白粉的鉴定方法 |
| 4 | HS/T 25—2009 | 聚酯纤维中二氧化钛含量的测定法 |
| 5 | GB/T 31193—2014 | 二氧化钛型硫黄回收催化剂活性试验方法 |
| 6 | GB/T 30793—2014 | X-射线衍射法测定二氧化钛颜料中锐钛型和金红石型比率 |
| 7 | GB 5009.246—2016 | 食品安全国家标准　食品中二氧化钛的测定 |
| 8 | GB/T 35961—2018 | 二氧化钛型硫黄回收催化剂物理性能试验方法 |
| 9 | QB/T5348—2018 | 塑料异型材用钛白粉技术条件 |
| 10 | GB/T 37632—2019 | 化学纤维　二氧化钛含量试验方法 |

（3）管理类标准。主要用于规范钛白粉行业生产活动中节能减排、清洁生产、废副治理等过程中的管理要求。目前已经发布的有《钛白粉单位产品能源消耗定额》（GB 32051—2015）等标准，具体管理类标准见表 21-5。

**表 21-5　二氧化钛（管理类）标准**

| 序号 | 标 准 号 | 标 准 名 称 |
|---|---|---|
| 1 | GB 32051—2015 | 钛白粉单位产品能源消耗定额 |
| 2 | HG/T 5983—2021 | 绿色设计产品评价技术规范（二氧化钛） |
| 3 | HG/T 5984—2021 | 钛白粉行业绿色工厂评价要求 |
| 4 | GB/T 18916.58—2021 | 取水定额 第 58 部分　钛白粉 |
| 5 | HG/T 6115—2022 | 生产二氧化钛（钛白粉）过程中产生的废硫酸处理处置方法 |
| 6 | HJ 1279—2023 | 钛白粉工业废水治理工程技术规范 |

# 第 22 章

# 2023 年钛白粉行业技术进步及管理提升情况

2023 年，在国家高质量发展政策的指引下，在装备制造企业的大力支持下钛白粉行业企业紧紧围绕品质提升、节能减排、安全环保和两化融合积极开展技术攻关，各个方面取得了明显进步。

## 第一节　工艺技术进步情况

随着我国钛白粉行业产能的扩大，以及钛白粉下游市场对质量要求的不断提高，我国钛白粉企业对质量的重视程度逐步提高，越来越多的大学院校、研发机构、设备厂家介入钛白粉生产过程工艺技术进步攻关工作，近年来在机理研究、装备水平提升、研究成果转化等方面得到充分体现。钛白粉生产企业在通用钛白粉的基础上，采用特有技术进行产品改性，提高其耐候性、分散性、遮盖力等。随着市场竞争的日益激烈以及原料价格上涨，通用钛白粉产品市场优势逐渐减弱，为了满足市场需求和提高竞争能力，很多优秀的企业通过改变生产工艺，开发专用级别钛白粉，实现从通用到专用的转变，并取得了明显效果。近年来我国钛白粉生产工艺的技术进步主要体现在如下方面：

（1）钛白粉产品中有色杂质控制技术的进步。基于硫酸法钛白粉生产过程的漂白、水洗工序的技术进步和管理提升，国内部分硫酸法钛白粉产品中以铁为代表的着色杂质大幅度降低，部分企业可以控制在 10ppm 以下，产品白度得到显著改善，已接近氯化法钛白粉产品的白度水平。

（2）钛白粉产品粒度控制技术的进步。通过对水解、煅烧过程的研究和技术攻关，形成了从水解到煅烧的硫酸法钛白粉粒度控制技术，产品的粒度分布得到有效改善，产品在下游应用体系中的遮盖力得到明显提升。

（3）钛白粉产品分散技术的进步。通过对钛白粉浆料解聚、分散技术的攻关与提升，钛白粉初品浆料的分散性得到显著改善，表面处理前钛白粉浆料得到有效分散，再通过无机表面处理和有机表面处理改性技术的提升，钛白粉在下游应用领域的分散水平得到有效改善，在大部分下游应用领域，国内钛白粉产品已经基本能满足客户的分散要求。

（4）产品品种结构得到优化。国内大多数钛白粉企业，尤其是10万吨以上规模的大企业，产品结构均由单一品种结构向多品种结构转向，包括涂料、油墨、塑料、造纸、化纤等领域的多种钛白粉专用新产品的开发与应用，实现了下游应用领域的全覆盖，有效地支撑了下游用户的产品质量需求。

（5）钛白粉装备技术的进步。硫酸法钛白粉生产设备基本实现了国产化替代，装备逐步大型化，生产效率明显改善；资源综合利用水平也得到有效提升，尤其是酸解泥浆磁选、管式过滤器滤液回收等先进的回收技术在行业内得到推广应用，钛资源利用效率得到有效提升，二氧化钛收率提高2%以上，部分生产企业二氧化钛的收率已经能达到89%以上的水平。

（6）钛白粉生产新技术实现新突破。我国氯化法钛白粉总产能已接近100 万吨/年，氯化法钛白粉生产工艺技术攻关取得明显进步，以国产钛矿制备富钛料（高钛渣）技术取得突破，氯化渣的无害化环保处理技术进步明显，氯化、氧化工艺技术攻关成效显著。

2023年，盐酸法钛白粉循环产业链进入产业化阶段，预计2024年第一季度完成能源装置（工业用电及天然气系统）的配套建设，第二季度具备试生产条件。

## 第二节　节能减排工作

随着碳达峰、碳中和工作的推进，我国钛白粉企业在节能减排方面积极攻关，不断采用新技术、新工艺、新装备，生产能耗指标不断优化，节能降耗工作成效明显。

（1）跨行业节能技术的应用。硫酸法钛白粉中钛液浓缩工序由原有的单效浓缩逐步优化为双效浓缩，同时更节能的 MVR 浓缩技术在国内硫酸法钛白粉企业得到推广应用，蒸气的利用效率得到明显提升，吨钛白粉蒸气单耗由原来的 1.0 吨降低至 0.3 吨以下；钛白粉生产过程的酸性废水采用膜过滤回收技术在部分企业推广，吨钛白粉水耗明显降低。

（2）新工艺技术带来的节能技术的应用。硫酸法钛白粉自生晶种水解工艺逐步被外加晶种水解工艺取代，水解工序钛液浓度由原来的 225 克/升降低至 190 克/升左右，浓缩需要消耗的热量大幅度下降，吨钛白粉降低蒸气单耗 200 千克左右。连续结晶技术取代真空结晶工艺的推广，使吨钛白粉蒸气单耗降低 1200 千克左右。

（3）硫酸法钛白粉生产过程的余热利用。回转窑煅烧尾气余热利用技术以及闪蒸干燥余热回收技术在各企业得到普遍推广，将煅烧尾气和闪蒸干燥尾气通过净化后进入燃烧工序，有效回收尾气中的热量，可实现燃气消耗的有效降低，吨钛白粉节约燃气 8%以上。

（4）钛石膏减量化控制技术的应用。各企业结合自身地域特点及企业优势，开展废酸及酸性废水综合利用技术研究，部分企业利用地域优势，将废酸与净水剂行业融合发展，利用废酸制备聚合硫酸铁产品；将废酸与磷化工嫁接，作为生产磷酸的原料；同时部分企业采用回转窑尾气喷淋预浓缩加双效再浓缩工艺将废酸浓度浓缩至 60%以上，实现了硫酸法钛白粉生产过程产生的 20%废酸的全部循环利用，减少了进入污水和系统中的废酸，吨钛白粉钛石膏产生量明显下降，使吨钛白粉钛石膏产量可降低至 3 吨（干基）以下。

## 第三节　安全环保发展

随着近年来国家安全环保管理工作的加强，各级地方政府更加重视安全环保工作，钛白粉生产企业积极履行安全环保主体责任，将安全环保作为企业发展的底线红线，对安全环保的投入逐步增加，企业的安全环保水平得到明显提升，主要体现在以下方面：

（1）生产过程中的无组织排放得到有效控制。各企业通过加大投入，解决跑冒滴漏，对部分无组织排放工序进行集中收集处理等方式，对钛液沉降工序、水解工序等无组织排放气体进行了集中收集处理，企业现场环境得到有效改善。

（2）各企业环保排放指标得到明显改善。目前，国内钛白粉生产企业的酸解、煅烧、干燥、气粉尾气都能实现达标排放；同时，通过采用电除尘、等离子等技术有效地解决了酸解、转窑尾气颗粒物和异味问题。

## 第四节　绿色化和循环经济发展

近年来，各企业结合地域环境条件及资源优势，形成了一些具有一定代表性的钛白粉行业的绿色化和循环经济发展路径，废副资源得到有效利用，与新能源电池材料、水泥、净水剂、造纸、铁系颜料等行业形成融合发展的多种“联产法”生产工艺模式。

（1）硫酸法钛白粉生产中 25%废酸的综合循环利用途径。废酸与造纸行业嫁接，将废酸用于造纸行业污水处理；废酸与净水剂行业嫁接，将废酸作为聚合硫酸铁生产的原料；废酸与磷化工嫁接，将废酸用于磷化工生产的原料；将废酸浓缩后回用于硫酸法钛白粉生产中的酸解工序，直接实现废酸的循环利用。

（2）七水硫酸亚铁的循环利用途径。七水硫酸亚铁与新能源电池材料行业嫁接，将七水硫酸亚铁作为生产新能源电池材料磷酸铁的原料；七水硫酸亚铁与净水剂行业嫁接，将七水硫酸亚铁用作生产净水剂聚合硫酸铁的原料；七水硫酸亚铁与饲料行业嫁接，将七水硫酸亚铁转化为一水硫酸亚铁，作为饲料行业的原料；七水硫酸亚铁与颜料行业嫁接，将七水硫酸亚铁用作生产铁系颜料的原料。

（3）钛石膏的综合利用途径。钛石膏与水泥行业嫁接，将钛石膏作为水泥缓凝剂使用；钛石膏与建涂行业嫁接，将钛石膏转晶后制备半水石膏用于建筑行业；钛石膏与生态修复行业嫁接，将钛石膏用于矿坑生态修复；钛石膏用于生产硫酸，在国内也已经有了成熟的生产工艺技术；钛石膏与建材行业嫁接，用于生产免烧砖，不仅可以节约能源，减少碳排放，还可以有效节约土地资源。

## 第五节　自动化控制技术进步情况

近年来，钛化工行业在国家两化融合政策指引下，按照高端化、绿色化、智能化和融合化的发展要求，钛白粉企业积极探讨自动化控制技术的应用场景。2023 年，随着几套新装置的投用，行业自动化控制技术有了明显进步，自动化控制带来的稳定生产和成本优化凸显出其竞争优势，开展自动化控制技术改造已成为行业共识，主要体现在以下方面：

（1）硫酸法钛白粉生产已经由传统的人工操作逐步向自动化控制转变。国内大部分企业基本已经实现 DCS 自动控制，基本改变了全部依靠人工控制的局面，部分企业已经实现远程集中控制，自动化程度得到有效提升。

（2）部分工序已经实现了全自动控制。球磨、酸解，水解、漂白、盐处理、煅烧和表面处理等硫酸法钛白粉生产关键工序实现了自动控制；还有部分企业已经实现了从原矿到成品的全流程自动控制，为后续智能化发展提供了有力的支撑，同时也为钛白粉生产的稳定运行提供了较好的设备保障。

（3）部分工序自动控制的技术实现了新突破。硫酸法钛白粉生产摩尔洗涤工序的自动行车技术的成熟应用替代了传统的人工操作；自动包装技术的国产化在钛白粉行业得到普遍推广，在此基础上，成品智能仓库也在行业中得到推广应用，使钛白粉包装到成品仓储的自动化水平得到极大提升，极大地节约了人力资源。

## 第六节　钛化工产业的管理进步

管理是推动钛化工行业发展的重要工作，近年来，我国众多钛白粉企业积极推行“精细化”管理，并收到较好成效；企业基础管理工作得到加强；现场 6S 管理水平普遍提升，现场环境明显改善；企业信息化管理水平有所提升，部分大企业集团正在导入各种现代化管理方法，管理效率得到提升。

## 第七节　钛白粉产业发展的突破<br>——龙佰集团钛白粉产业发展概述

依靠主动转型，创新求变，龙佰集团走出了“自建项目投资”和“资本市场拓展”双轮驱动的高质量发展之路。“创新，让龙佰集团每一天都是新的”的理念更是根植在基因里，钛白粉体材料、钛金属材料、锆材料、新能源材料、稀散元素材料五大新材料产业版块耦合发展，龙佰绿色新材料产业体系初步建成，正逐步展现其强大的生命力和发展力。

## 一、龙佰集团：全球新材料产业高质量发展倡领者

龙佰集团股份有限公司是一家致力于新材料研发制造和产业深度整合的大型工业集团，是深圳证券交易所的上市公司（股票代码：002601）。公司秉持“创领钛美生活，做受尊敬企业”的使命，依托技术创新和高效的运营模式，在材料制造领域持续深耕60余年，积极构筑全球化的研发、生产和运营网络，目前已构建“135”发展格局，即1体：创新构建龙佰绿色新材料产业高质量发展体系；3链：打造钛、锆、新能源三个优势产业链，探索产业耦合协同潜力，践行绿色发展宗旨；5极：“资本并购＋项目创新”双轮驱动，打造钛白粉体材料、钛金属材料、锆材料、新能源材料、稀散元素材料（钒、钪、铪等）五大新材料产品业务增长极，用新材料创领人类新生活，推动企业可持续发展。主营产品钛白粉产能151万吨/年（约占全球市场份额17%），海绵钛产能8万吨/年，双双跃居全球第一。锂电正极材料磷酸铁产能规模跻身全国行业前五。产业基地布局河南焦作，四川德阳、攀枝花、凉山，湖北襄阳，云南楚雄，甘肃金昌，辽宁朝阳，广东汕头、韶关，湖南长沙、耒阳，山东日照等九省13地市，在职员工近两万人。集团总资产达640.63亿元。“雪莲”商标荣获中国驰名商标。

龙佰自1988年进入钛行业以来，凭借“实事求是，追根究底；说干就干，勇于担当；严谨有序，尊重科学”的企业作风，取得了钛产业领域全面领跑的技术优势、创新独特的横向耦合绿色经济模式叠加规模优势，进而形成全行业低成本、高成长的良性发展趋势，目前稳居全球钛产业领先和国内龙头地位，拥有较强的行业影响力和话语权。龙佰集团是全国制造业单项冠军企业、中国制造业企业500强（421位）、中国上市企业市值500

强（373 位）、中国制造业民营企业 500 强（348 位）、中国新经济企业 500 强（132 位）、中国大企业创新 100 强（32 位）、中国上市公司成长 100 强、中国石化企业 500 强（89 位）、“中小板最具成长性上市公司十强”企业、绿色发展典型案例企业、中国冶金矿山企业 50 强、河南企业 100 强（32 位）等，荣获上市公司“金质量”奖、AAA 级企业信用等级、石油和化工行业能效“领跑者”标杆企业、水效“领跑者”标杆企业等。

## 二、敢为人先，转型求变，绿色发展

龙佰集团的前身是成立于 1955 年的焦作市硫黄矿，自 1998 年企业改制开始锐钛型钛白粉的筹建，尤其是 2011 年上市后的十来年，多次主动变换赛道、主动转型发展。坚持市场导向，产品从低价的硫黄、硫酸铝等，转到钛白粉、锆产品，再到钛金属、锂能材料……钛白产能从 1998 年的 1000 吨/年做到了当前的超 150 万吨/年，营收从不到 4000 万元发展到如今的超 200 亿元。大发展主要依靠“自建项目投资”和“资本市场拓展”两条腿走路，特别是 2016 年以 90 亿元收购国内钛白规模第一的四川龙蟒钛业，精彩演绎业界“蛇吞象”，实现钛白粉产能达 60 万吨/年，居行业前列。2021 年，集团抓住锂电新能源产业发展机遇，再次实施产业转型，跑步进场锂能材料行业，力争做到全国前列。

发展，资本撬动很关键。2011 年至今，龙佰集团募资 13 亿元提升至 170 亿元，业界罕见。2019 年，龙佰集团收购云南新立钛业，为氯化钛白产业发展再添新引擎；收购东方锆业股权，成为其第一大股东；与金川集团签署框架协议，首次参与国家混合所有制改革。凡此种种，无一不是抓住行业发展阶段性机遇的重大举措，以产业整合为契机，充分利用比较优势，形成协同效应，在高效扩张中占尽先机。

在过去的发展中，龙佰明确方向，绿色转型，精耕细作钛产业，探索衍生产业耦合，敢闯敢拼，顺势而为。龙佰的产业转型升级，主要有“三项举措”：

一是“改造＋创新”，构建产业新体系。公司的发展方向将从硫酸法到氯化法和硫氯耦合的转型、从化工产品到多元化新材料产品的转型、从小化工制造到耦合产业链体系的转型和从传统产业到新能源产业的转型方面努力。龙佰从国外引进的先进氯化法技术已成功运营。

二是“资本＋项目”，双轮驱动加速转型，实现从单一工厂到产业集团的转型、从国内竞争到国际竞争的转型、从生产主导到创新主导的转型——引进国际先进氯化法技术，建设年产 6 万吨氯化法钛白粉生产线，收购亨斯迈 TR52 油墨专用钛白粉业务和技术；2016 年并购龙蟒钛业，拥有 80 万吨/年的钛精矿生产基地；收购云南新立钛业，实现当年收购当年复产当年盈利，拓展了氯化法钛白粉和海绵钛业务；收购东方锆业，形成“钛锆共生，两翼发展”的新格局；并购甘肃金川集团海绵钛资产和湖南东方钪业，继续加大海绵钛产业的横向整合，并实现了钪产业链的垂直一体化发展。

三是“减排＋循环”，实现绿色发展。龙佰开创硫氯耦合技术，采用纵向垂直一体化和横向耦合协同的生产模式，拥有从钛矿开采、精矿加工、钛渣冶炼、硫酸法和氯化法两种钛白粉全流程生产工艺及资源综合利用，使钛白行业硫酸法和氯化法两大工艺实现耦合联产、共生共荣，减少了污染物排放，破解了硫酸法固废多、氯化法成本高等技术难题。

在钛产业领域，龙佰集团是全球行业少数同时具备“钛矿—钛白粉—钛金属—钛衍生品”的钛产业链企业；在锂能产业领域，以钛产业为基础，耦合形成硫酸亚铁、烧碱、氢气、双氧水、磷酸铁、磷酸铁锂、石墨负极材料等的全产业链格局。改制、跨界、融合、上市、跨越、发展，龙佰集团实现了飞跃式高速发展。才有了如今在钛产业举足轻重的地位。

## 三、科技创新，培育发展龙佰新动能

“创新，让龙佰集团每一天都是新的”。集团通过建立“全员、全产业、全要素”的“三全”创新体系，促进产业链创新融合，调动全要素创新。着力打造“两研两院”，即在上海、深圳两地布局研发中心，打造“钛锆材料和锂能材料”两个专业的材料研究院，着力布局国家创新前沿城市，吸引高质量人才，快速提升国内新材料产业创新能力，为构建一流创新生态、建设国家创新高地贡献力量。

# 第 23 章

# 钛化工产业发展存在的主要问题及对策建议

我国钛化工产业经过几十年的发展，在产品品质、稳定生产、安全环保、节能减排、自动化生产等方面已经取得较大进步，但是受多种因素影响，产业发展也还存在诸多问题，需要切实加以解决。

## 一、钛化工产业发展存在的主要问题

分析钛化工行业近年来产业发展、环境保护、节能减排等方面情况，主要存在以下几方面问题：

（1）产能增长过快，产能过剩矛盾初现。近年来，受行业内外多种因素的影响，钛化工产业新建项目不断增加，尤其是近五年产能增长超过40%，而且在建和规划拟建项目超过 200 万吨/年产能，受疫情等多种因素影响，国内表观需求增长恢复还有一个过程，供求矛盾近两年已有所显现，如果出口市场没有较快增长，产能过剩的矛盾将会加深，再者，部分钛白粉下游用户企业正在逐步介入钛白粉生产，行业竞争加剧的态势不容小觑。

（2）钛原料资源不足，对钛化工产业发展的影响正在扩大。2023 年，我国钛矿进口量占总消耗量比例已经超过三分之一，进口矿消耗占比 2022 年提高了 4.3%以上，钛矿资源，尤其是氯化法钛白粉和海绵钛生产所需高品质钛原料资源紧缺已是行业共识，因此，2023 年，国内多家大型钛白粉生产企业产业链向上游原料端延伸，希望能稳定化解钛化工产业长期发展所需要的钛原料供求矛盾。国内可用钛资源供应近期没有大的突破，如何解决这个矛盾需要引起行业企业的重视，否则未来一段时间钛白粉行业将可能面临“原料涨价、产品跌价”的困境。

（3）生产过程中废副资源循环利用的问题还没有彻底解决。2023年，硫酸法钛白粉产量占比高达 85%，硫酸法钛白粉生产过程产生的七水硫酸亚铁、25%废酸以及钛石膏的循环利用问题还没有彻底解决。近年来，行业企业积极攻关，25%废酸浓缩技术有较大进步，酸性废水的净化回收利用也正在取得成效，钛石膏“减量化”成效明显；受新能源电池材料生产影响，七水硫酸亚铁的循环利用增加了新的利用途径。部分企业的“硫酸法联产法”工艺正在日臻完善，但是从整个产业来看，废副资源的资源化循环利用工作还有很长的路要走，还需要行业内外积极开展科技攻关，通过减量化、再利用、资源化等方式解决好钛白粉生产过程中的废副资源循环利用难题。

（4）生产自动化控制水平还需要提升。近年来，钛白粉行业正常运行的47家企业或企业集团生产装置的自动化控制水平普遍不高，尤其是硫酸法钛白粉生产装置只有个别企业可以实现生产全流程的自动控制，部分企业实现了酸解、水解、回转窑、包膜等关键工序的自动控制，但大部分企业仍然停留在手工操作状态，离国家要求的智能化生产还有较大的差距。

（5）高端产品供应不足。我国钛白粉产品的品质还不高，高端产品的比例还很低，随着出口市场的进一步扩大，高性能、精细化和高稳定性产品将更加有利于占据出口市场和满足国内高端用户需求，尤其是随着国内产能的进一步增长，为避免低端产品的恶性竞争，钛化工产业还需要从技术提升、管理进步等方面加大技术改造的力度，提升产品品质，促进行业健康发展。

## 二、对策建议

按照国家高端化、智能化、绿色化和融合化高质量产业发展政策要求，钛化工企业要瞄准目标，积极开展技术改造和科技攻关，努力解决好钛白粉生产过程中的关键问题，推动行业高质量发展。

（1）加强行业自律，确保钛化工产业健康、有序发展。政府要发挥好指导作用，用好高质量发展的产业、环保、安全、金融等政策工具，引导行业高质量发展；企业要切实从原料供应、产品需求、供求矛盾、技术进步等多方面进行科学研究、理性决策，杜绝盲目跟风，既要看到长期市场需求增长的趋势，更要看清短期供求矛盾对钛白粉市场的深刻影响，要防止产能规模更进一步地快速增长。

（2）加大废副资源循环利用研究力度，推动行业高质量发展。按照国务院办公厅《关于加快构建废弃物循环利用体系的意见》要求，遵循减量化、再利用、资源化循环经济理念，切实解决好硫酸法钛白粉生产中硫酸亚铁、25%废酸、钛石膏以及氯化法钛白粉生产中氯化尾渣、氯化镁的循环利用问题，用“联产法”工艺和融合化思路解决好与其他相关产业的耦合发展问题，切实解决好环境污染与资源循环利用困境，推动钛化工产业高质量发展。

（3）积极推进自动化控制技术改造，逐步提升钛化工产业自动化、智能化生产水平。实施自动化甚至智能化生产技术控制是国家产业发展的方向，钛化工企业要对标国内外优秀企业，加大技术改造力度，借助自动控制技术切实解决好钛白粉生产的稳定性难题，借助自动化、智能化技术控制切实优化人力资源成本，提升企业竞争力。

（4）加大科技攻关力度，增加钛资源供应。针对我国现有钛资源状况，行业企业和企业集团要联合科研院所的技术力量，加大对现有钛资源选别利用的科技攻关力度，进一步提高钛矿选矿收率，增加钛资源供应。同时，要继续做好利用国内钛原料生产富钛料（高钛渣）的科技攻关工作，从工艺技术、装备制造等方面开展攻关，尽快解决氯化法钛白粉生产的原料供应难题。

# 第 24 章 大 事 记

结合 2023 年我国钛白粉产业运行发展总体情况，收集整理钛白粉产业重大事件 10 项（以时间先后排序）如下：

1. Chemours 公司宣布关闭台湾钛白粉工厂

7 月 27 日，Chemours 公布 2023 年第二季度财务业绩，并宣布关闭台湾观音钛白生产厂。观音工厂于 2023 年 8 月 1 日停止生产，并开始退出。Chemours 的销售和技术服务团队将与受影响的客户密切合作，以保持不间断的供应。

2. 惠云钛业拟购德天化工控股权，并将产业延伸至原料端

8 月 31 日，惠云钛业（300891）披露公告称，为进一步拓展公司在钛白粉行业的产业布局，满足市场需求，拟以自筹资金收购广西德天化工循环股份有限公司控股股权。

11 月 27 日，惠云钛业在阿勒泰新设矿业子公司——青河县惠云矿业有限公司，注册资本 5000 万元，注册地位于新疆阿勒泰地区青河县，经营范围包括非煤矿山矿产资源开采、金属与非金属矿产资源地质勘探、矿产资源勘查等。该公司由广东惠云钛业股份有限公司全资控股。

3. 西昌钒钛重整，原西昌瑞康钛业项目复工复产及技术改造项目正式启动

9 月初，西昌钒钛新材料有限公司（以下简称“西昌钒钛”）6 万吨/年金红石型钛白粉项目复工复产及技术改造项目正式启动。2022 年 8 月，西昌钒钛完成对原西昌瑞康钛业有限公司的破产重整，经过一年的前期准备工作，2023 年 9 月该技术改造项目进入施工阶段；西昌钒钛计划投资 6 亿

元对该项目进行复产检修和节能减排绿色化技术改造，预计复产项目将于2024年9月投产、技术改造项目将于2025年3月投产。

4. 海峰鑫重整项目——天伦化工正式复产

2023年9月20日，攀枝花市海峰鑫化工有限公司（以下简称“海峰鑫”）重整项目——攀枝花天伦化工有限公司复产开工仪式顺利举行，标志着攀枝花海峰鑫对攀枝花天伦化工的重整基本结束。

5. 鲁北化工投资钛锆新材料，向上游延伸产业链

9月25日公告，为满足公司对钛矿资源的需求，稳定钛白粉产能，提高公司竞争力和盈利能力，完善公司战略布局，山东鲁北化工股份有限公司拟出资人民币2400万元占股80%与海南鑫富供应链有限责任公司（出资600万元，占股20%）共同设立山东鲁北钛锆新材料科技有限公司（暂定名）。

双方拟以该项目公司为经营主体，建设钛精矿、金红石、独居石及锆英砂深加工基地，主营钛精矿、金红石及锆英砂的加工和销售。深加工基地预计产能为60万吨/年。建设项目名称为“年产60万吨钛锆新材料加工项目”（暂定）。

6. 齐峰新材拟定增引入中核钛白推进扩产事宜

10月9日，日前齐峰新材正推进一起定增事宜，拟引入上游企业中核钛白，以补足成本端布局。9月5日，齐峰新材更新募资说明书，拟定增募资不低于3.9亿元且不超过5.49亿元，新上20万吨特种纸项目（一期）进行扩产。项目实施后将新增装饰原纸产能8万吨，届时公司装饰原纸产能将达到50.40万吨。

7. 2023年中国钛白粉行业年会在攀枝花召开

11月23—24日，2023中国钒钛论坛——钛化工分论坛暨中国钛白粉行业年会在四川省攀枝花市召开。会议由国家钒钛产业联盟、化工行业生产力促进中心钛白分中心、中国涂料协会钛白粉行业分会、四川省钒钛钢铁产业协会共同主办；龙佰集团股份有限公司、攀钢集团钒钛资源股份有限公司、中海油常州涂料化工研究院有限公司联合承办；安徽金龙机械集团公司、北京涂多多电子商务股份有限公司、攀枝花市钒钛产业协会协办。20多家行业企业、上游装备制造企业和下游用户企业的代表共300多人参加了此次会议。

此次年会的主题是“绿色、低碳、循环和高质量发展”，会议发布了2023

年中国钛白粉产业报告、产业技术创新、钛白粉市场行情报告以及钛白粉下游应用情况报告，解读了行业相关环境保护政策，展示了2023年钛白粉产业发展成就。同时，还召开了钛白粉与涂料企业的供需对接会议，就涂料应用方向和对钛白粉需求变化趋势、数字钛数字产业链等行业普遍关心的问题进行了深入探讨。

8. 道恩钛业向上游延伸钛产业链条

12月5日，承德天福钛业公司合作项目签约仪式在山东烟台龙口工商联合大酒店举行。道恩集团有限公司副总裁宋慧东与山东道恩钛业公司总经理李建立、河北省承德县新禹冶金公司董事长李新禹，就天福钛业股权转让签署协议，这标志着该项目迎来了新的发展机遇。

当前，道恩集团正在加速“聚焦一圈三链，做强三大板块”，道恩钛产业链、钛产业板块就是“三链”和“三大板块”的重要组成部分。据了解，按照协议约定，该项目今后将向道恩供应符合指标要求的钛精粉，契合“上游延伸钛矿资源”的延链思路，确保原材料的供给稳定与质量可控，为道恩锻精拉长钛产业链条提供支撑保障。

9. 国家发展和改革委员会发布《产业结构调整指导目录（2024年本）》

12月27日，国家发展和改革委员会公布了《产业结构调整指导目录（2024年本）》，从2024年2月1日开始执行。在《产业结构调整指导目录（2024年本）》的“限制类”中，将《产业结构调整指导目录（2019年本）》中的“硫酸法钛白粉”调整为“硫酸法钛白粉（联产法工艺除外）”，这项调整有利于促进硫酸法钛白粉进一步向绿色化和循环经济的方向发展。

10. 国内五家钛白粉生产企业新线投入试生产

2023年，中国钛白粉产业相继有五家钛白粉企业或产线投入试生产：5月，湖南创达玉兔化工有限公司改扩建10万吨/钛白线投产试运行；5月，甘肃东方钛业有限公司20万吨/年钛白生产线投入运行；7月，潜江方圆钛白有限公司7万吨/年钛白粉生产线投产试运行；8月，内蒙古国城资源综合利用有限公司20万吨/年钛白粉生产线投产运行；10月，龙佰襄阳钛业有限公司20万吨/年后处理生产线投产并顺利产出合格产品。五家企业产线的投入运行，增加了国内钛白粉产能约10%。

# 智能制造篇

党和国家高度重视智能制造，强调加快新型基础设施建设，加快战略布局，突出应用好人工智能这个关键变量，以智能制造为主攻方向，以数字基础设施为关键底座，以“智改数转”为重要抓手，加快制造业质量变革、效率变革、动力变革，增强发展新动能。智能制造，已经成为我国钒钛产业迈向产业链中高端、实现高质量发展的关键措施，通过打造一批数字化、智能化示范工厂/产线，较完整地搭建了智能制造基础架构，完善了基本功能层级，达到智能制造能力成熟度第三级——“集成级”，正向“优化级”迈进，为全行业智能制造起到了示范作用。

# 第 25 章 钒钛产业智能制造概况

钒钛行业按照工艺和产品分为钛原料、钒制品、钛化工和钛金属等类别，与其他流程型制造业相比，总体规模不大、制造商数量众多、分布区域广、智能制造难度大，呈现不同特点，走过了独特的发展历程。

## 第一节　国外制造业智能制造概况

从 2011 年开始，美国大力推进材料行业转型发展“基因组”计划，旨在指导企业建设创新基础设施。该计划以“材料发现、制造与应用速度提高一倍，成本降低到原来的几分之一”为目标，以提高材料“加工与合成、表征与评价”能力为方向，倚重数据科学和新兴智能计算工具促进共同发展，提高企业的核心竞争力。钒钛领域积极行动的公司，成为该计划的重要受益者。

欧洲企业全力推进贯彻制造业工业 4.0 战略。一些工厂通过广泛分布的传感器，及时收集数据并发送到智能制造平台，帮助工厂在维护计划、生产线调度、物流运营和环境保护等领域取得突破性进展；还有一些工厂通过大量引入 AI 技术，实现全要素深度学习，使其成为综合效率全面提升的智慧型工厂。

目前，国际上采用评选“灯塔工厂”办法来衡量企业智能制造水平程度，旨在通过总结智能制造建设的成果经验、树立行业标杆来推进智能制造普及与发展。

“灯塔工厂”（Lighthouse Factory）是世界经济论坛（World Economic

Forum，WEF）携手麦肯锡咨询公司（McKinsey & Company）重点推出的一个智能制造评价标准。“灯塔工厂”是“数字化制造”和“全球化 4.0”示范者，是第四次工业革命的领路者，是数字化、自动化、高级分析和预见性分析、虚拟现实和增强现实、工业物联网 IIoT 等先进技术的开拓者，这些制造企业在推动工厂、价值链和商业模式转型方面展示出卓越的领导力，有着超凡的业绩和运营、环保能力。

全球“灯塔工厂”评选于 2018 年正式启动。合格的“灯塔工厂”主要满足四大标准：一是智能制造对工厂产生重大影响；二是成功整合多个案例；三是拥有可扩展的技术平台；四是在关键推动因素方面表现优异，如管理变革、能力构建及产业链协作等。

“灯塔工厂”打造经验为制造企业发展指明了方向，展现了数字化对挖掘企业新价值的重大作用，包括大幅提升资源生产率、提高敏捷度和响应能力、加快新品上市速度、提升定制化水平等。截至 2023 年底，全球已评选出 132 个“灯塔工厂”。其中，我国有 50 个企业（工厂）入选，但流程型制造企业（工厂）占比不到 5%，国内流程型化工行业“灯塔工厂”只有上海华谊新材料有限公司一家，钒钛行业暂无企业入选。

## 第二节　国内制造业智能制造情况

我国制造业通过多年整体引进与创新，装备技术和信息化水平已经迈入国际前列，在利用数智化技术突破资源能源限制、探索“双碳”达标的路径、促进质量和品种提升等方面取得较大进步，解决了长期困扰产品质量、效率、成本、稳定性和一致性等诸多难题和关键核心工艺技术、装备，并依据国情和行业特点，逐步向绿色、数字、高端转型升级。

在流程型制造业，智能制造的典范首推宝钢股份。经过 30 年多年的发展，建成了较完整的信息和自动化体系；自 2015 年始，该公司面对智慧制造等新技术对企业转型升级带来的巨大机遇，全面推进以工业大数据、全局优化为主要特征的智慧制造，制定了《宝钢股份智慧制造专项规划（2016—2021）》；明确了规划期内“构建集智能装备、智能工厂、智慧运营于一体的智慧制造体系，将其打造成为宝钢核心竞争力，成为国内钢铁企业智慧制造的领先者”的建设目标、总体方向及重点提升内容。公司把智慧制造分为“智能装备、智能工厂、智能互联、IT 基础变革”四个发展方向，推进智能制造的实现。到2020年，宝钢股份四个基地（上海宝山基地、湛江东山基地、南京梅山基地、武汉青山基地）共完成2000个以上工位“机器换人”，完成3个以上国家/省部级智能制造示范试点产线建设，初步建成智慧钢厂。

## 第三节　对钒钛产业智能化的基本评价

我国对制造业各工厂/产线智能制造水平的评价主要以国家、行业、团体标准等为指导，结合行业实际进行指标细化和量化打分、定性评价，采用《智能制造能力成熟度模型》（GB/T 39116—2020）、《智能制造能力成熟度评估方法》（GB/T 39117—2020）、《数据管理能力成熟度评估模型》（GB/T 36073—2018）、《信息技术数据管理能力成熟度评估方法》等技术标准或评价办法，将企业的智能制造先进程度分为一套可以操作的评价指标，最终将智能制造水平由低到高分为五个等级，即规划级、规范级、集成级、优化级、引领级。具体评价定义如图25-1所示。

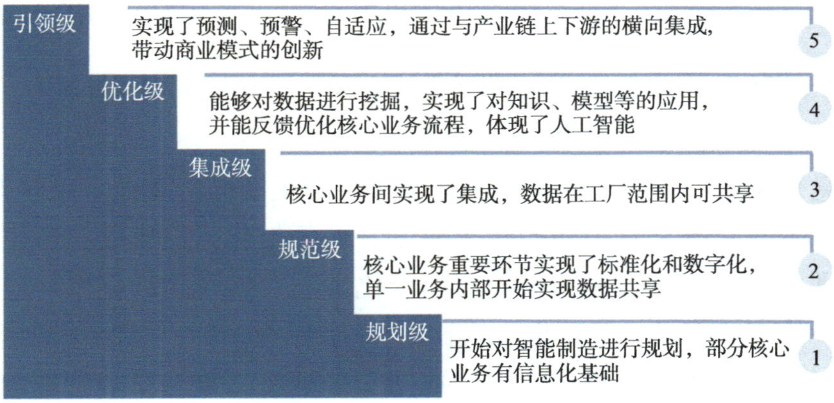


图25-1　智能制造成熟度能力分级图

为更加直观地对钒钛行业智能制造进行评价，结合行业和企业实际，将图25-1的定性指标进行适应性改进和细化，主要从自动化、信息化、数字化、智慧化、保障体系和效益六个方面对企业智能制造效果和先进程度进行评价，具体指标设计如图25-2所示。

其中，自动化包括生产设备数字化率、关键工序数控化率、工控网络覆盖率、操作室集中化率、3D岗位机器换人率、工业控制软件国产化率、工控类硬件国产化率、工业控制系统等保二级率 8 项三级指标。

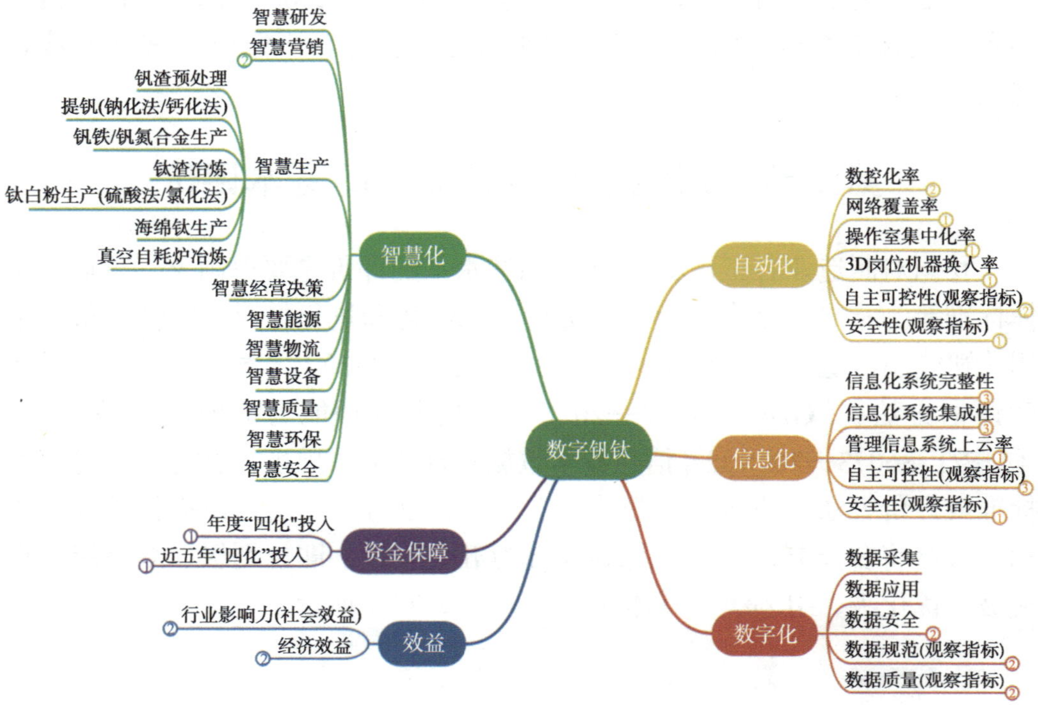


图 25-2　数字钒钛成熟度评价总体架构图（引用鞍钢集团办法）

信息化包括集团管控类业务系统使用率、集团监督类业务系统对接率、信息化系统普及率、管理与控制集成度、财务与业务集成度、产供销集成度、管理信息系统上云率、服务器国产化率、数据库国产化率、应用系统软件国产化率、信息系统等保二级比率 11 项三级指标；数字（网络）化包括数据采集能力、数据应用能力、数据安全策略、数据安全管理、数据编码规范性、数据接口规范性、数据完整性、数据准确性 8 项指标；智慧（智能）化包括智慧研发、智慧销售、智慧采购、智慧决策、智慧物流、智慧能源、智慧设备、智慧质量、智慧安全、智慧环保等 18 项指标。

资金保障包括年投入、5 年连续投入 2 项指标。

效果包括政府（国家/省）智能制造相关试点示范、人均经济效益增长率、劳动生产率提升率 3 项指标。

按照以上 6 个一级指标和 42 项二级指标，结合智能制造成熟度权重计算方法，钒钛行业在智能制造方面的现状统计详见表 25-1 和表 25-2。

表 25-1 钒钛行业总体智能制造现状统计 %

| 关键指标 | 矿山采选 | 钒 | 钛原料 | 钛化工 | 钛金属 |
|---|---|---|---|---|---|
| 3D 岗位装备换人率 | 5 | 10 | 5 | 10 | 5 |
| 产线自控化率 | 20 | 30 | 20 | 35 | 20 |
| 操作室集中化率 | 5 | 10 | 5 | 10 | 5 |
| MES 系统建设覆盖率 | 30 | 40 | 15 | 20 | 10 |
| 管理系统建设覆盖率 | 10 | 35 | 15 | 20 | 5 |
| 经营信息系统上云率 | 5 | 10 | 5 | 5 | 5 |

表 25-2 钒钛行业头部企业智能制造现状统计 %

| 关键指标 | 矿山采选 | 钒 | 钛原料 | 钛化工 | 钛金属 |
|---|---|---|---|---|---|
| 3D 岗位装备换人率 | 30 | 35 | 25 | 30 | 35 |
| 产线自控化率 | 55 | 60 | 60 | 75 | 40 |
| 操作室集中化率 | 40 | 55 | 50 | 60 | 35 |
| MES 系统建设覆盖率 | 60 | 70 | 70 | 60 | 55 |
| 管理系统建设覆盖率 | 70 | 65 | 65 | 70 | 60 |
| 经营信息系统上云率 | 45 | 50 | 40 | 45 | 35 |

通过统计分析，可以对目前钒钛行业智能制造水平情况得出如下概括性评价：

在自动化方面，总体接近“规范级”，头部企业达到“集成级”；在信息化方面，总体处于“规划级”，头部企业接近“优先级”；在数字化方面，总体处于“规范级”，头部接近“集成级”；在智慧（智能）化方面，总体处于“规划级”，头部接近“集成级”；钒钛行业智能制造成熟度总体接近“规范级”，头部企业处于“集成级”，个别标杆工厂/产线（如龙佰集团焦作氯化钛白厂、攀钢钒钛西昌钒厂等）达到“优化级”。

概括而言，我国智能制造成熟度总体处于制造业中游偏下水平；行业内部各企业发展不均衡，头部企业成熟度高于行业平均 1～2 级。

# 第四节　钒钛智能制造存在的主要问题

我国钒钛行业呈现出以下五个特征：多（行业多元）、独（工艺独特）、杂（产线繁杂）、散（分布分散）、弱（基础薄弱），行业的独特性加大了智能制造的难度。

通过标杆对比，我国钒钛工厂/产线在自动化、信息化、数字化、智慧（智能）化方面都存在“短板”：

在自动化方面，行业基础自动化水平普遍不高。除新建产线外，80%以上的产线仍然为现场机旁操作为主，自控率平均不到30%；PLC或DCS品牌较多，数据无法交互，硬件老化、功能无法满足产线全自动生产需求，操作室和人工岗位多；大多数产线离不开炉窑和反应槽（罐），由于炉窑和密闭容器内部反应场的机理解析是个世界难题，工艺分析及控制模型开发全靠自己摸索，工艺与控制模型缺失导致过程控制无法实现；化工生产过程控制需要精准数据和手段，但关键点位如料仓料位计、pH计、流量计等仪器仪表应用精度不够，且由于检测点多为酸碱工况，检测仪器仪表和各类阀件易腐蚀、寿命短、可靠性差，加之缺少在线快分及判定技术手段，人工干预多造成产成品质量波动大；由于原料品种、制造过程物态和用户要求多样，包装形态、方式的差异性，限制了智能装备在物料转运、仓储等领域的应用；“3D”岗位的装备替代人工，大多也无成熟智能装备，也需要自己开发，失败概率大；产线不少主体工艺设备故障率较高、运行保障性较差，工艺流程不完全受控，且多数工厂没有形成标准化作业，给集中控制带来很多难题。

在信息化方面，没有完全实现业务信息融合。由于我国钒钛企业半数以上为中小微公司，除了办公和财务系统外，其他管理系统基本为空白；信息管理系统呈“孤岛”运行，横向未融合，运营管控缺少集成平台，没有形成协同效应；一些大型企业虽然建有信息化管理系统，但普遍缺乏统一规划，导致业务流程规则和系统软硬件的差异大，整合不易，效果不佳；钒钛行业分属于不同的制造行业，工艺流程和业务流程存在很大差异，几乎所有企业目前还没有类似ERP的公司级管控平台，行业互联网平台和云应用更是空白；主要生产单元（工厂）未完全建立MES系统或生产管控系统，已有的MES大多是在钢铁或有色应用平台上开发的，适应性不理想。

在数字化方面，大数据平台建设和应用尚未成规模开展。钒钛行业少数企业开展了个别产线/工序的大数据分析和模型开发试用，全流程业务管控系统尚未开展大数据分析应用；生产单元（工厂）之间的内部数据没有形成交互、集成；矿、钢、钒、钛界面的数据链没有贯通，数据无序，业财不同源，纵向未贯穿，ERP 系统、OA 系统、WMS 系统及各种生产经营数据难以统一整合采集、汇总、分析，没有实现信息共享；IT 基础设施较为薄弱，工业互联网及平台建设刚刚起步，大数据平台建设和应用尚未成规模开展，特别是行业大模型开发难度大。

在智慧（智能）化方面，智能装备和 AI 在个别生产单元已开始应用，少数智能示范产线也尝试融合信息技术、制造技术、控制技术、通信技术和人工智能等技术开展智能制造生产线建设；同时，智能装备和智慧化技术应用尚未实现突破，缺乏智慧化管理总体思路，对大数据、AI 技术研究不足，应用局限于单个业务而非系统，价值管理、运营管理和技术支撑没有充分融合，对决策活动支持不大。

# 第 26 章 智能制造实践

## 第一节　国内流程型智能制造标杆——宝钢智能制造实践

钒钛行业多数制造企业为流程型工厂/产线生产，因此选择国内相似性较高的钢铁行业智能制造标杆宝钢股份公司作为样本。

宝钢股份将智慧制造分为智能装备、智能工厂、智能互联、IT 基础变革四个方向。其总体思路为生产装备从自动化向智能化转变；工厂制造过程管理从事后向事中、事前转变，实现柔性制造；企业运营从响应式制造到预测制造，从局部优化到全局优化转变；基于新一代信息技术逐步建立适合于智慧制造的信息系统与网络架构，支撑智能制造的实现。

（1）智能装备：工业机器人及智能装备应用；在线检测与过程智能控制。

（2）智能工厂：全程协同的高级计划排程；质量全程实时动态智能管控；关键设备状态监测及预测式维修；能源精准管控、协同优化；物流自动化及精细化管控；精细化成本管理。

（3）智能互联：营销与服务——全渠道、快速、差异化；采购——与供应商、电商平台的供应链集成；钢铁行业产品生命周期管理（PLM）应用探索。

（4）IT 基础变革：企业大数据平台建设；建设适用的智慧制造的钢铁企业信息系统架构。

宝钢股份智能制造发展方向如图 26-1 所示。

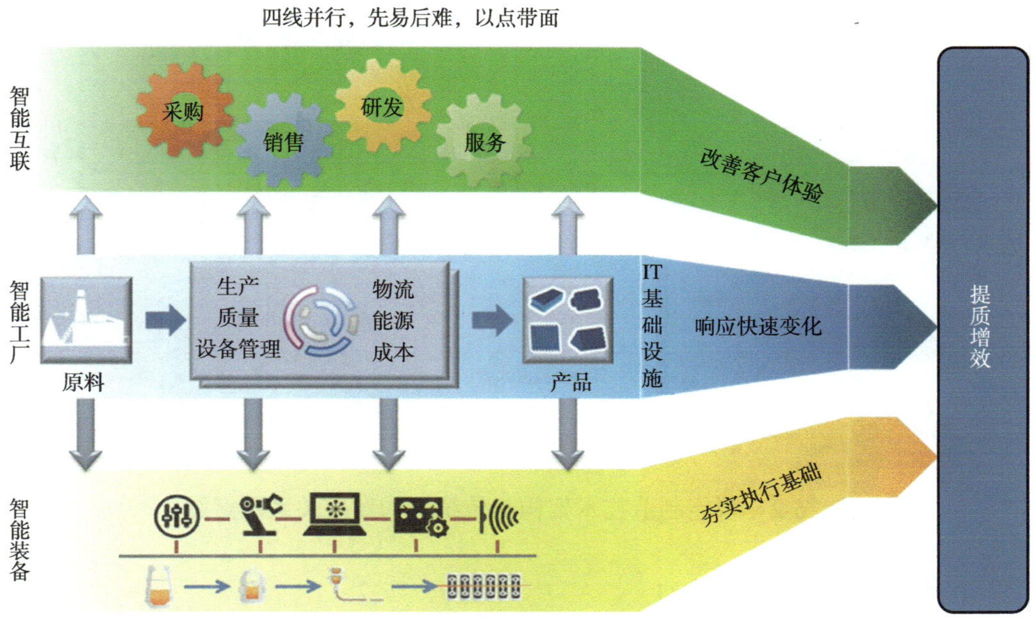


图 26-1　宝钢股份智能制造发展方向示意图

## 第二节　钒钛智能制造解决方案

### 一、体系架构

现代制造业已经从传统的自动化、信息化发展到智能制造阶段，其特征为基于工业互联网架构，对传统制造行业自动化、信息系统体系架构（L0～L5）进行了重构，将系统功能重新定义划分形成智慧运营、智能工厂、智能装备三个层级，形成了新一代的制造行业智能制造体系架构。总体架构如图 26-2 所示。

#### （一）智能装备层级

智能装备层对应原有结构的 L0～L1，包括生产线的智能设备、在线检测仪器、传动设备、机器人、智能设备以及各工序的基础自动化系统（PLC），通过对生产线设备自动化改造和控制系统升级，实现设备（仪器）自动运行，达到现场无人（少人）化目标。

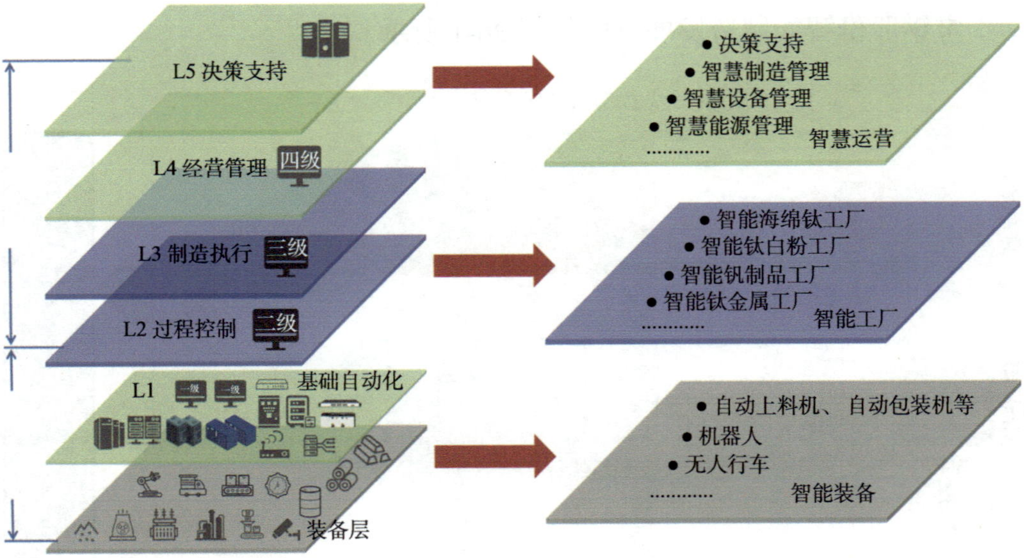


图 26-2　智能制造技术架构与传统架构对应关系示意图

### （二）智能工厂层级

智能工厂层，对应原有结构的 L2、L3，包括生产线过程控制系统、可视化系统和集中操控系统，设备作业过程管理，以及各类 L2 模型，将数据展示与调度组织有机结合，将模型融入过程控制，实现全厂整体远程集控和智能生产；MES 或生产管理系统，扩展到所有工序和仓储，并对部分业务管理系统模块进行优化和完善，提高管理效率和执行保障，结合大数据分析，提高运行效率和制造过程信息透明度；MES 就近部署在企业区域或边缘云上，系统按模块化搭建，便于快速迁移和组合。

### （三）智慧运营层级

智慧运营层级主要对应原有结构的 L4、L5，包括物流仓储系统、产销系统及设备物资管理系统等，并承接、落实集团公司的各类业务管理系统，少量根据钒钛行业特性自建的业务管理系统，也应该按照统一标准做到平台一致、框架一致和通信标准一致，同时所有管理系统均进行云化处理。

## 二、方案设计

### （一）总体思路

钒钛行业智能制造总的解决思路为充分运用新技术构造公共基础服务

平台，支撑向“智能化工厂 + 平台化运营 + 协同化生态”三个方向转变，努力转变为“智能制造 + 智慧运营 + 生态协同”服务型制造行业。

聚焦“在线化”，充分利用数智化、网络化技术，实现数据闭环，底层（装备）侧重实时数据感知（采集）和反馈（执行），中层（工厂/产线）侧重 OT 与 IT 的数据集成、应用和管控，顶层（公司/集团）侧重业务数据融合、分析（决策）；业务管理系统尽量模块化，统一代码标准、流程标准和平台标准，便于快速迁移和上云部署，钒钛行业数智化转型规划图如图 26-3 所示。

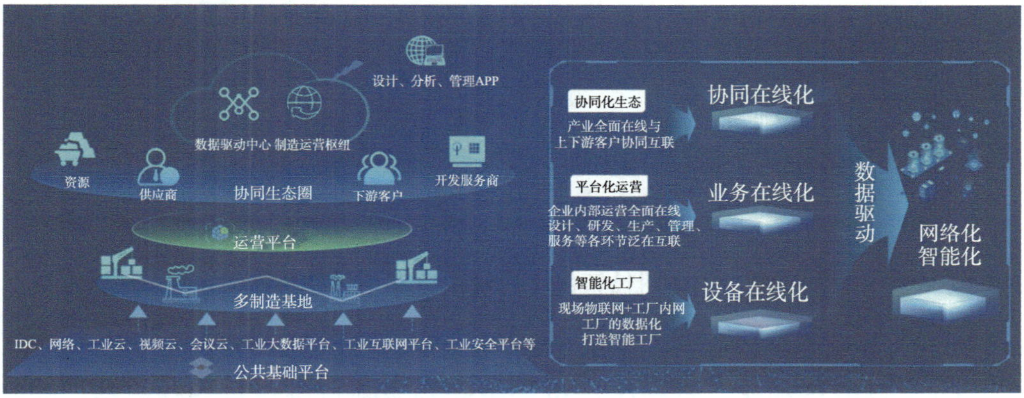


图 26-3 钒钛行业数智化转型规划图

智能制造体系包括工厂/产线、集团/基地管理、行业/产业链三个大层级和业务、技术、应用、基础设施四个 EA 架构，下面就按照这三个层级提出针对性解决方案。

## （二）解决方案

按照钒钛工厂运营特点和工艺流程特性，解决方案包含设备层、控制层、车间层、企业层、协同层的一系列改造提升。方案依照管控一体化的平台思想，从顶层设计、管理体系建立、信息系统建设、控制系统部署、关键设备改造等多方面、多层次进行整体设计。

钒钛智能工厂整体架构详如图 26-4 所示。

### 1. 设备层

设备层智能化改造，主要侧重于物流自动化和智能装备替代人工作业两个方面。

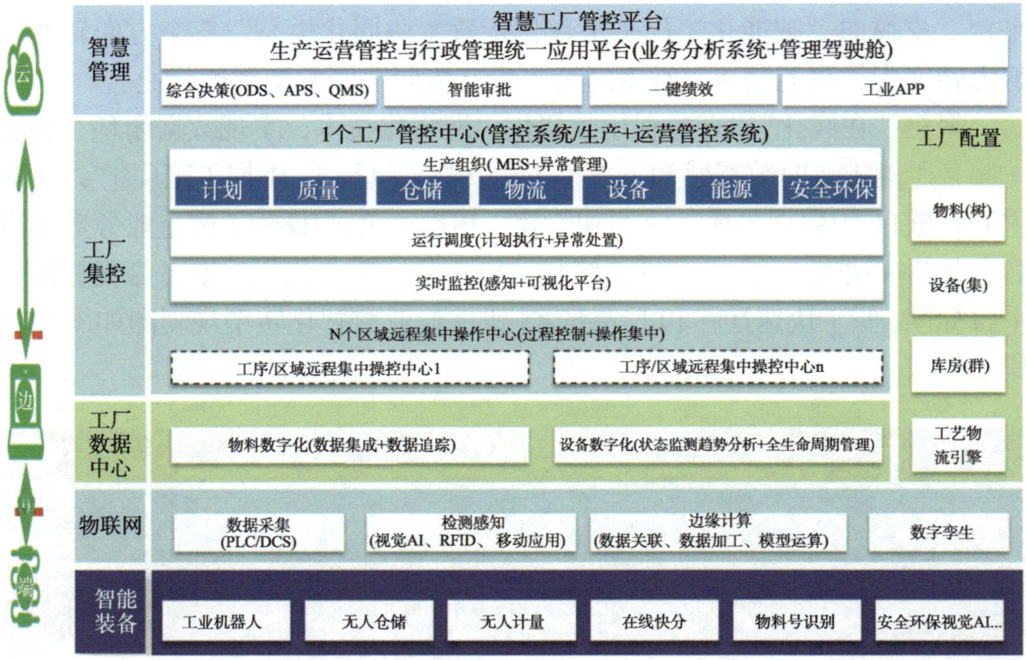


图 26-4 钒钛智能工厂解决方案整体架构图

（1）物流自动化。针对生产过程中的物流断点进行自动化改造，包括物料转运、工序衔接、物料出入库等环节。

（2）智能装备。主要针对现场环境恶劣和人工较多的工位，增加智能装备替代人工操作，如合格液罐清洗、氧化钒中间库转运、冶炼配混料等工位。

2. 控制层

通过对 PLC/DCS 系统（软件和 CPU）进行升级，优化工控网络，增加部分区域 PLC 作为产线安全联锁控制，开发重点工序或工艺设备的生产优化控制模型，建立全产线过程控制系统和可视化系统，实现远程/区域集中操控。

3. 产线层

通过建设 MES 或对现有 MES 进行升级改造，建立较为实用、可靠的感知、检测、监控、执行系统，通过智能化 OT 平台，打破工序界面和管控界限，实现工序操作与生产过程管控的一体化。

4. 工厂层

通过建立边缘计算平台，充分利用大数据技术，加大对实时数据的采集、治理、分类、解析和应用，开发工艺分析模型、炉窑机理模型、生产优化模型和设备、检化验、能源计量、安全环保等业务系统的完善，实现数据全面交互和融合，为企业精细化管理创造条件。

5. 公司层

通过梳理工厂与集团的管控权限和实现方式，完善信息传输网络和管理系统接口，实现集团对工厂的管控和业务支撑，提升市场响应速度和服务能力。

### （三）关注重点

在方案设计中，对工厂产线智能化建设要关注三个重点：

（1）可将工艺差异不大、流程相对完整的多个工序作为一条整体产线，优化工艺、控制、计划调度、物流和能源介质平衡；采用界面技术和装备打通工序壁垒，实现连续、贯通的物流、能量流和信息流。

（2）将不同层级、分属各个业务系统的数据，完整、实时、准确地采集并交互，并集成到一个管控平台上，实现数据无障碍互联互通；由于钒钛行业各生产单元生产组织的独特性和运营管理的独立性，大部分生产单元具有“公司级”的管控职责，可以按“厚三薄四”建立 MES 和业务管控平台。

（3）通过数据分析和知识推理，指导智能装备控制精度提升；通过数据集成和共享，使协同高效。

1）工厂全流程可视化在线监控：

① 实现管控集中化和扁平化，整体工厂在单一控制中心控制之下高效运作。

② 实现全工厂生产、物流、设备、能源、安全、环保、成本的关键指标和状态集中、连续、实时、可视化监控、预警、预测。

③ 工厂控制过程在微观和宏观条件下可观测、可度量、可追溯。

2）制造过程自动化和智能化：

① 生产、物流、能源在车间层面的调度向自动化方向发展。

② 生产、物流、设备、能源等生产资源具备在工厂层面进行自主综合、

联动平衡和优化的能力。

③ 具备通过进行生产、物流、能源过程仿真和预测来发现问题，并基于历史信息进行优化的能力。

## 第三节 企业智慧管理解决方案

方案目标：围绕钒钛行业数智化发展规划与运营管控要求，打造数字化运营管控信息系统，在经营规划制定、销售与运营规划和主生产计划编制、资源计划平衡、生产计划下达与反馈、生产执行管理、采购需求管理、营销统计管理、二次资源管理，以及质量、安全、设备、环保、能源、物流异常监控等方面，进行流程化、规范化、信息化与科学化管理，实现专业数据及信息的全面整合与集中，促进各产业板块各生产单元提升协同效力，总体架构如图 26-5 所示。

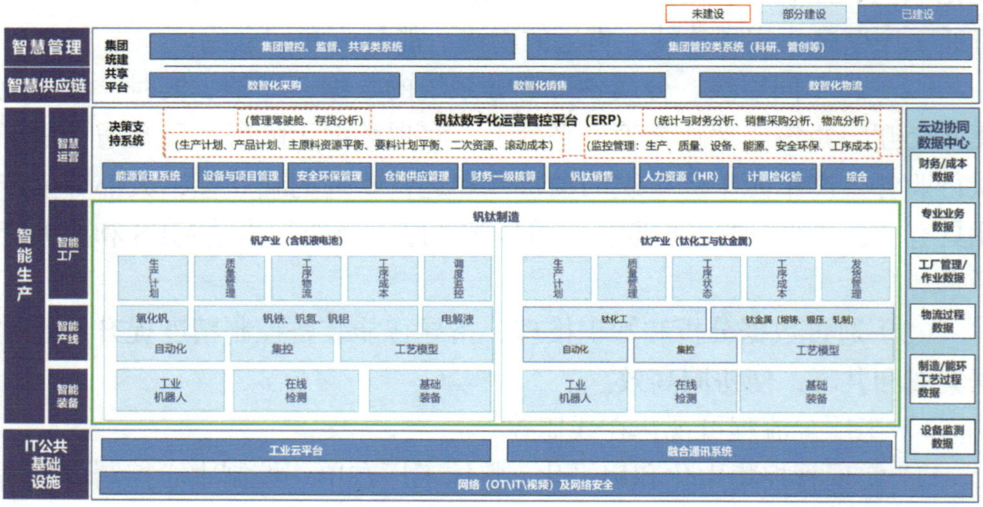


图 26-5 智能制造总体架构图

解决方案基于数字钒钛发展规划和运营管控需求进行框架设计，主要分为数据平台、应用平台和决策支持三个层次。项目依托数据综合治理、流程标准化管控、智能化综合分析等功能，支撑钒钛产业逐步推进精益管理、深层次生产运行监控、全方位综合分析，打造钒钛产业智能制造、智慧经营的现代高效运营体系。

## 一、智慧运营平台构建

建立集团总体规划框架下的钒钛行业智慧运营体系。承接融入集团数字化采购、数字化物流、数字化生产、数字化设备、数字化营销、财务 NC 与共享信息化框架，“云端”搭建集团级智慧运营管控平台，实现对生产运行、设备管理、物流仓储、产品寿命周期管理、成本管理、能源管理、环保运行、安全管理等各专业，以及经营管理各专业的平台全面支撑。

## 二、数据互通互连

统一规划数据侧建设，实现信息的纵向贯通和横向融合，推动全产业链业务与管理流程再造创新，打破行业与专业间的壁垒，破除沟通成本及障碍，提升生产制造与经营管理效率，促进质量产量、成本控制与经济效益的最大化实现，推动钒钛产业数字化智能化转型升级。

## 三、知识化建设

平台建设应该集成分析生产与工艺等制造大数据，沉淀管理与知识模型，促进趋势预测、资源计划平衡、制造排程、风险分析、调度掌控等经营管理能级持续提升，为高层决策支持提供数据支撑。

## 四、精细高效管理

平台侧重点是精细化、标准化工厂状态管控与成本管理，自动集成各类业务信息系统数据，内容涵盖集团的运营管理业务，包括办公管理、人力资源管理、科技管理、财务管理、成本管理、采购管理、仓储供应管理、生产管理、质量管理、设备管理、物流运输管理、能源管理、环保管理、安全管理、计量管理、检化验管理等。

## 五、行业“生态圈”解决方案

### （一）顶层设计

结合钒钛行业特点，促进产业链打造，通过对行业主体企业已有的工业互联网平台进行集成与优化，搭建服务各自行业的工业互联网平台和安全可靠的行业云。钒钛行业数字“生态圈”结构关系如图 26-6 所示。

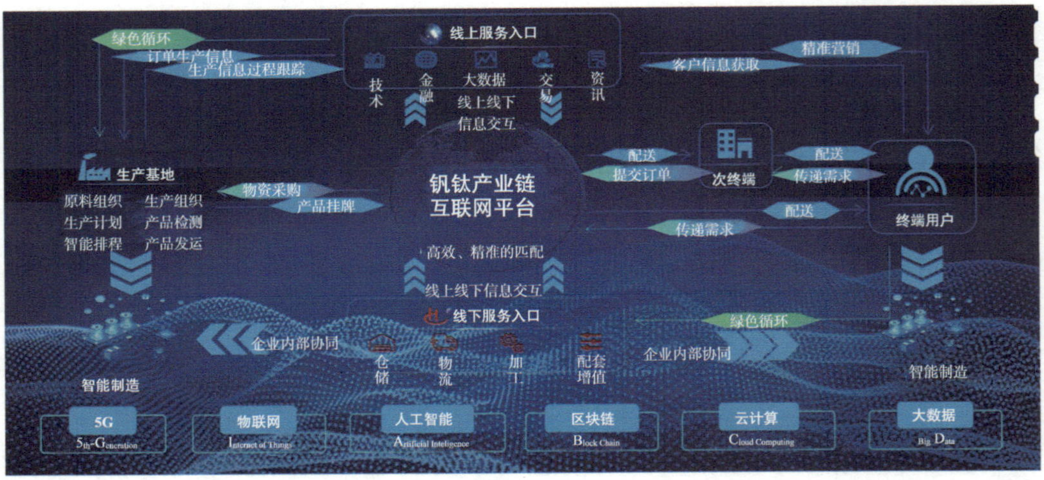


图 26-6　钒钛行业数字“生态圈”示意图

一是融合人工智能、区块链、大数据、云计算等新技术，围绕数据交互、信息共享打造数据底座，解决行业生产环节流程信息透明、物流全程精准追踪、交易过程安全高效等难题；二是强化工业 APP 合作开发功能，通过解决方案的征集、转化与复用，提供异常处理、物流畅通、交易便捷、技术互补等全方位解决方案；三是重点实施云基础设施和数据中心的整体规划和建设，按照国家网络安全等级保护 2.0 要求，建好数据交互“高速公路”和信息“服务区”；四是增强钛金属平台的数据采集、存储、分析能力，便于国家部委和行业协会及时掌握行业链的实时动态和发展状况，精准施策，同时通过行业云加强与国内外高校、研究机构等组织的线上交流，为生态圈中的企业、特别是中小企业提供专业服务。

加快互联网与采购、销售、研发、服务的融合步伐，打通内外信息通道，整合信息资源，创新业务模式，降低行业链综合成本。提升内容包括提升差异化钒钛营销服务能力，开展 C2B 转型；建设智慧型 B2B 原料采购；资材备件采购实现“互联网 +”转变；建设服务平台、管理平台和创新平台三位一体的数字化研发平台。

## （二）数字产业链

钒钛行业要打造以“大数据交互、共享、应用”为核心的数据循环体系。大数据架构在各个板块/制造单元设置数据节点，各个板块/制造单元采集的数据将首先存储在相应的节点，经过处理后送到行业云的大数据中心。

通过大数据系统，内部联通各生产单元及供应、销售、物流等单元，通过企业内部广域网进行互联、交互；外部通过工业互联网与大数据中心，打通矿（钛精矿、煤）、钢（钒渣）、钒、钛四个板块界面的信息阻隔，实现数据贯通、循环。钒钛行业产业链互联互通结构关系如图 26-7 所示。

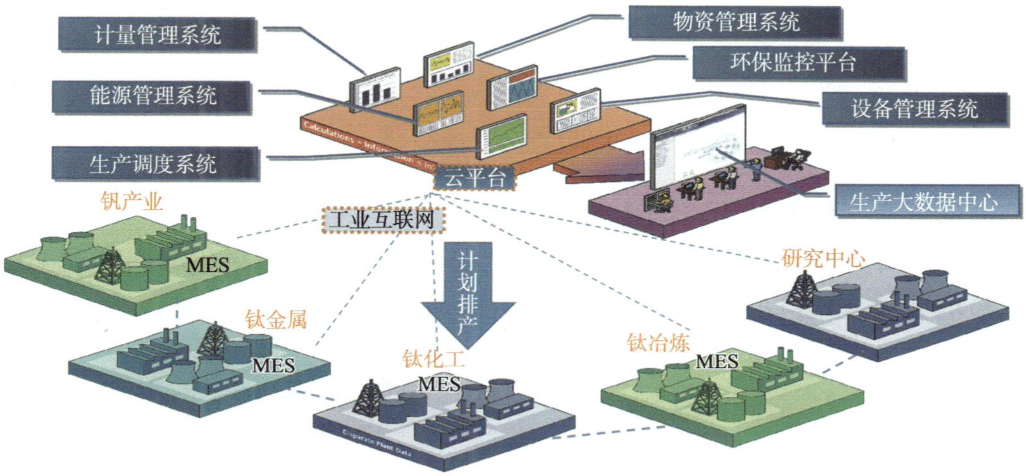


图 26-7　钒钛行业产业链解决方案示意图

## （三）数字供应链

在企业内部，推进智慧运营平台对资源计划平衡、供产运销各业务流程进行整合与管控；在此基础上，以“互联网 +”进行拓展应用，实现行业链上下游的数据互联互通，实现以市场为导向的下游到终端市场、上游至供应方信息高效共享，促进跨区域的系统、设备、模型等远程应用，打造行业级的数字“生态圈”平台，更大范围地整合动态趋势信息，服务生产运行与经营决策。钒钛行业供应链关系如图 26-8 所示。

## （四）IT 基础设施完善

工业互联网是新一代网络信息技术与制造业深度融合的产物，是实现产业数字化、网络化、智能化发展的重要基础设施。钒钛行业智能制造技术架构应该基于工业互联网思路，通过泛在连接、数据采集、软件重构、数据应用等，打造工业互联网平台，构建云–边–端协同的新一代 IT 架构，实现人、机、物的全面互联，全要素、全产业链、全价值链的全面链接，

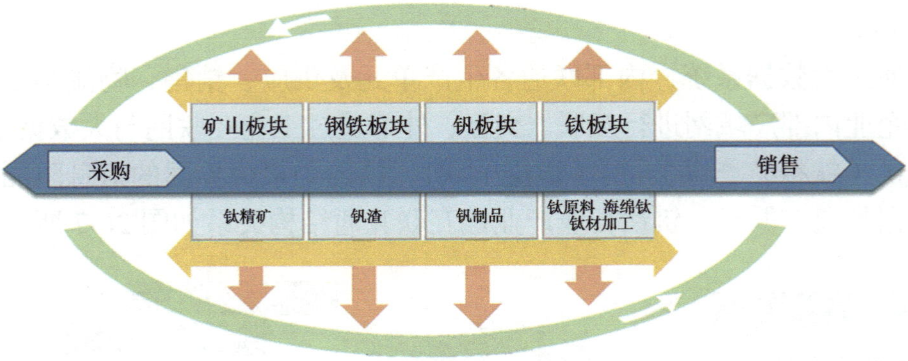


图 26-8 钒钛行业供应链关系示意图

推动形成全新的钒钛生产制造和服务体系。

工业互联网以数据为核心，采用“云—边—端”扁平化架构有利于提高数据效率，这已经成为业界共识，其工业互联网架构如图 26-9 所示。

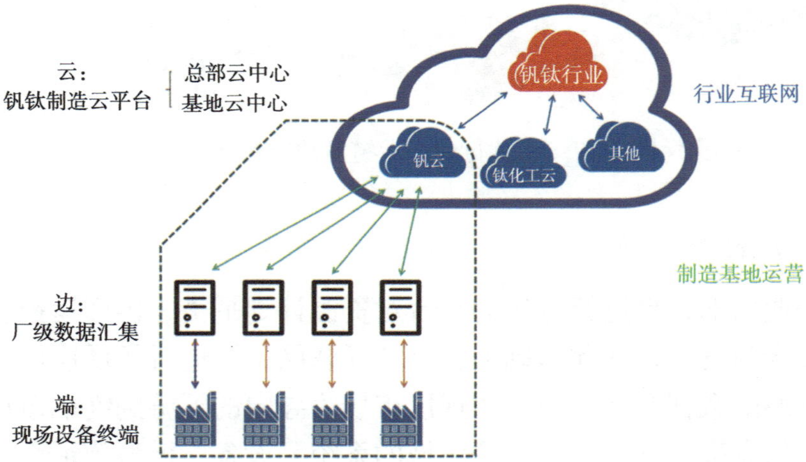


图 26-9 钒钛行业工业互联网部署架构示意图

钒钛行业云数据中心节点主要采集存储钒钛产业经营管理层、制造管理的业务数据、工艺质量、能源环保、设备状态等现场数据，承担智能制造、智慧质量、智慧运维、智慧能环、智慧安保智慧采购、智慧销售、智慧物流、智慧审计等子企业生产经营管理系统。

# 第 27 章 钒钛行业智能制造典型案例

## 第一节 矿山 5G+工业互联网赋能安全生产典型案例

### 一、案例名称

攀钢矿业 5G 无人矿山。

### 二、案例简述

攀钢矿业有限公司密地片区朱兰铁矿是目前进行开采的最大钒钛磁铁矿露天矿山，也是重要的钒钛原料生产基地，钛精矿产量持续保持全国第一。

攀钢矿业开展的 5G 无人矿山项目，是攀钢数字矿山建设的一部分，围绕“本质安全、降低成本”目标，将 5G、边缘计算等技术，应用于核心生产作业流程，实现 5G 对矿山全覆盖、露天矿采矿无人化及地下矿数字化探测，支撑攀钢矿业持续稳定发展。

该项目被选入工信部智能制造应用场景示范项目。

### 三、转型情况

#### （一）战略规划

攀钢矿业借助智能制造赋能矿山安全生产，推动传统矿山向现代化矿山转型。在实施过程中，攀钢矿业以“整体规划、急用先行、效果明显、持续优化”为原则，针对露天采矿穿、采、运传统生产模式面临的“工作环境恶劣、安全风险大”“劳动效率提升难、人员短缺”“传统管理手段落后、效率不高”三大问题，在朱兰铁矿开展研究，探索5G技术与露天矿穿孔采掘运输设备远程智能化的融合应用。

在一期5G无人矿山建设基础上，积极探索无人机5G数字化测量、5G AI智能铲装、5G智能配矿等技术，开展数字矿山顶层规划、地下矿智能化、智能选矿等项目建设，打造5G全连接智能采矿模式，建设“朱兰数字化产线”；并拟将相关技术成果进一步推广应用，支撑攀钢数字矿山建设“一键出矿”愿景实现。

## （二）建设内容

攀钢矿山5G无人矿山一期项目，采用攀钢矿业、星云智联、中国移动、华为公司联合建设模式，于2021年3月开始技术交流，2021年7月立项，2022年7月投入试运行。如图27-1所示。

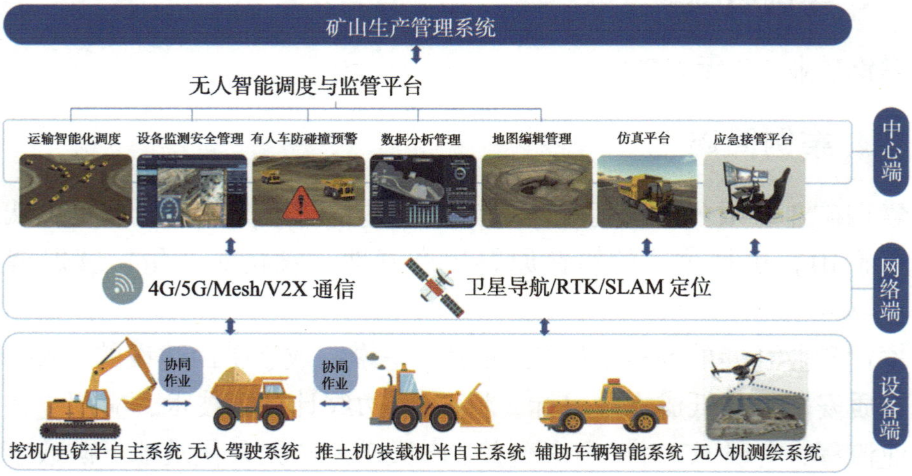


图27-1　5G矿山智能生产管控系统

项目通过对1台牙轮钻机远程操控、1台电铲远程操控、2台矿卡进行无人驾驶及远程操控改造，实现了电铲与矿卡铲运协同作业，支撑露天采矿核心作业流程装备智能化、作业流程连续化、设备及生产数据在线可视化；围绕“矿石流”核心流程增加了数字化测量，设备监测等关键场景，已初步完成钻机、电铲、矿车改造工作，融入无人化生产流程。

目前，朱兰铁矿正在开展“5G全连接智能采矿”二期项目，拓展钻机远程操控、电铲远程操控、矿车无人驾驶场景至5台钻机、5台电铲、8台矿卡，并丰富应用场景，开展无人机智能化应用、设备在线监测及预测性维护、皮带异物识别及撕裂监测等工作，主要内容有：

（1）解决从围绕数采从区域覆盖到矿山全覆盖问题。

（2）解决潜孔钻、电铲及液压挖机、矿卡及宽体车不同型号装备的智能化问题。

（3）钻机开展孔网参数智能化设计等场景应用，提升自主作业能力；电铲进一步开展裸眼3D等应用，提升远程操控体验；矿卡开展自动驾驶路线智能化选择等应用，提升作业效率。

（4）在5G专网支撑下，解决沿着露天采面作业“矿石流”的破碎、皮带运输等作业环节全连接。

（5）利用数字孪生技术建设数字矿山，实现矿山数据动态更新及应用集成。

### （三）建设成果

5G无人矿山一期项目实现了“3项首创”“2项领先”。

（1）世界首创冶金矿山车、铲、钻现场作业无人化及车铲协同。

（2）世界首创5G云网融合应用于矿山采场无人化作业。

（3）国内首创高温电磁环境矿山采场无人化作业。

（4）有人/无人车铲混合编组作业国内领先。

（5）电铲、钻机自动卷缆装备综合应用国内领先。

## 四、转型成效

（1）系统具备多车辆监管、超低传输时延、超远距离遥控等优势，可应用于作业环境恶劣、危险系数高，具有远程监管和接管需求的复杂运营场景，提高系统作业效率，保障人员与设备安全，实现了本质化安全生产。

（2）利用无人机平台多角度高清相机、倾斜摄影相机和激光点云设备等，实现了无人机勘察地理信息、监测边坡稳定性、爆堆生产量和倾斜摄影数据的采集及矿石采样，通过后台数据处理和综合地理信息数据管理和展现，达到矿区空间数据信息化、智能化、可视化管理的目的。

（3）降低车辆、采矿设备的损耗、油耗，减少现场作业人员，破解了高危岗位人员招聘难、监管难等顽症，实现了年降本增效数百万元。

# 第二节　钒行业智能工厂建设典型案例

## 一、案例名称

攀钢钒钛股份西昌钒制品智能工厂。

## 二、案例简述

攀钢钒钛股份有限公司（以下简称“钒钛股份”）是世界钒制品行业的龙头企业，产销量连续20多年位居世界第一。西昌钒制品厂是钒钛股份旗下重要的生产单元，也是全球单体产量第二大的氧化钒和钒铁生产厂，其绿色、清洁制造工艺独步全球。

为推动产业转型升级，探索钒钛行业智能制造的技术路径，钒钛股份持续加大数字化、智能化改造投入，并选择西昌钒厂作为智能工厂示范工厂，通过充分融合信息技术、大数据技术、自动化技术、通信技术和人工智能技术等，对现有生产线和管控系统进行升级改造，建成世界一流的高科技、清洁化的智慧钒制品生产基地。目前，已完成智能工厂一期建设内容，正在开展二期建设的设计工作。

## 三、转型情况

### （一）战略规划

传统的制造业走向智能工厂是传统产业转型的必然趋势，也是企业可持续、高质量发展的内在需求。钒钛股份开展智能工厂建设，“跨界”借鉴其他行业智能工厂建设经验，提出充分借鉴钢铁和化工行业自动化、智能化先进技术，先试点，在技术条件成熟后再大规模集成。

智能钒厂以“整体规划、急用先行，统一平台、绿色环保，效益优先、持续优化”为原则，将生产设备、生产执行、生产过程和运营管控深度融合，以生产平稳、质量可控、指标优化为目标，最终实现生产成本最优。

### （二）建设内容

西昌智能钒厂一期建设内容包括以下七个子项：智能装备应用，仪器仪表升级及部分控制系统改造，检化验升级改造，设备状态监测，视频监控系统升级，网络系统、生产集控中心建设，网络及网络安全。

1. 智能装备应用

新增回转窑结圈料破料机器人、沉淀剂自动上料智能装备和智能成品库，替代现有人工作业，提升本质化安全水平，提高作业效率和本质化安全生产。

2. 仪器仪表、执行机构升级与部分控制系统改造

在原料、配料、焙烧、浸出、沉淀等工序对关键仪器仪表进行重新选型，PLC 配套改造；对钒铁冶炼配混料 PLC 控制系统进行升级改造。

仪表及控制系统升级改造后提高了钒铁收率，降低了氧化钒工序能源消耗，提高了西昌钒制品的经济效益。

3. 检化验作业智能化改造

新建液体样检化验智能装置系统，改变液体样离线检验为在线检测，通过增设取样单元、送样系统、样品管理单元及分析中心实现液体在线监测；加快数据传递，减少人工作业，实现液体样检测的实时性，为过程生产与质量控制提供支撑。

检化验作业的升级改造能提高检测的实时性、准确性及效率，更好地指导西昌钒制品的各工序生产过程操控，促进钒铁收得率提升，降低辅料与能源消耗，提高西昌钒制品经济效益。

4. 关键设备状态在线监测

新建关键设备状态在线监测，可实现设备状态在线监测与分析，做到设备状态异常报警，为设备维护人员提供决策依据。

5. 全厂视频监控系统升级

建设完善全厂视频监控系统，覆盖各重要区域与设备，同时兼顾生产与安全监控。

6. 生产集控中心建设

建设全厂生产集控中心，一是实现多个工序的集中操控，优化岗位，实现工序作业的管理流程再造；二是通过生产可视化系统和信息汇聚，增加生产过程信息透明度和决策反应速度，提升西昌钒制品各工序协同配合和管控效率。

7. 网络建设

对西昌钒制品 IT 网络和 OT 网络进行统一规划并做出相应调整，提升

网络稳定性与传输速度，满足 IT 和 OT 系统之间数据通信要求；按照网络安全等级保护要求，从物理环境、网络架构、边界防护等方面进行规范建设，全面提升网络保障与安全防护能力。

智能钒厂二期建设主要围绕边缘计算平台和工厂数据中心、工艺优化和过程控制模型、大数据深度分析应用、制造协同等数字化完善和智慧化提升展开。

## （三）建设成果

（1）项目通过开发适合工况场景的智能装备，解决了恶劣工况环境对工人的伤害，减少了操作错误带来的损失，实现了本质化安全生产。同时，智能装备不仅打通了自动化生产断点，还打通了数据流断点，可以通过智能装备的识别和定位功能，将物料信息全过程贯通，从而有效地进行质量控制和工艺改进。

西昌钒厂一期建设共采用了 10 多台套智能装备，其中，回转窑结圈料自动破碎机器人采用机器人+视频 AI 技术集成，自主开发了适应高温、烟尘环境工作的锤击破碎头，可以自主发现结圈料并给机器人发出工作指令，当发现特大块结圈料时，可以给机器人发出避让指令以防机械臂受到损伤，如图 27-2 所示。

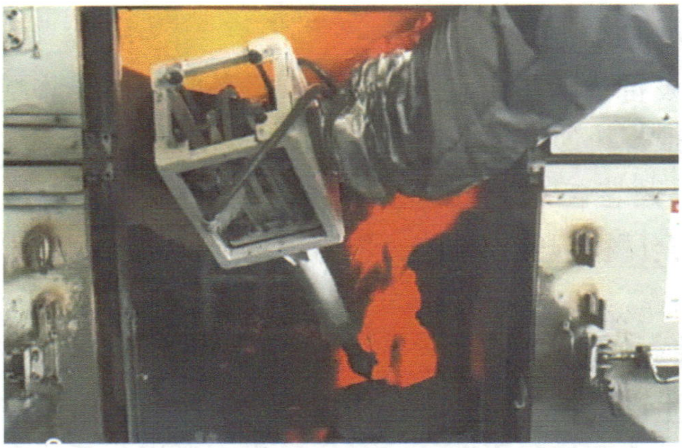

图 27-2　回转窑结圈料在线破碎机器人

（2）项目将数字仿真技术与设备状态监测、工业视频、智能传感器、OT 网络等技术应用以及 MES、WMS 集成，搭建了工厂态势感知平台，并通过信息可视化系统，实现了对生产全流程的安全预警、环保监控、设备状态和物料运行的实时监测和管控；并结合数据分析模型，可及时发现异常并快速处置，如图 27-3 所示。

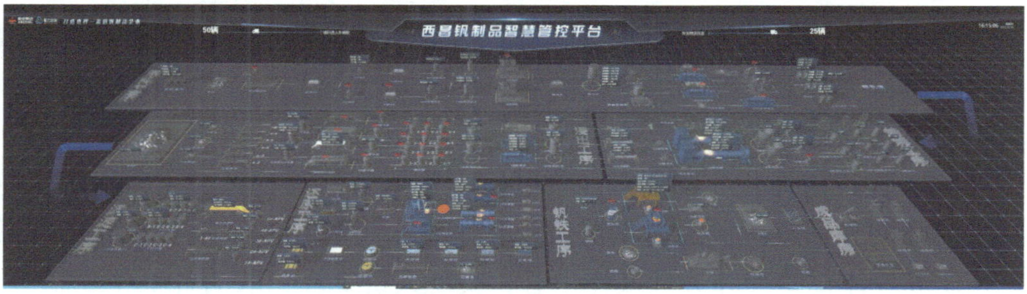


图 27-3　西昌钒制品智慧管控平台显示图

（3）项目通过物联网平台集成 PLC、L2 模型、可视化系统和 MES，建立了生产过程控制系统，实现了生产与运营一体化集中管控。采用集控技术和 KVM 技术，集成现有 24 套 PLC 控制系统，建立生产集控中心，取消 17 个现场操作室（站），操作岗位从 32 个减少为 8 个，劳动生产率得到极大的提高；集中操控对生产最大的提升是打破工序间的间隔，实现产线全协同；操作员与调度人员合署工作，可以及时发现异常，迅速处置，减少非计划停机和质量损失，实现了真正意义的一体化管控，如图 27-4 所示。

图 27-4　西昌智能钒厂生产集控中心

## 四、转型成效

（1）产线自动化。采用智能装备打通生产流程自动化的断点，逐步建立过程控制系统，提高生产集中度，提升本质化安全水平，工厂自控投用率达到 80%以上，提高作业率 15%。

（2）生产数字化。通过机组联网，对工艺、设备、质量、计量、能源、安全环保六类实时数据进行采集，并上传至钒制品数据中心，通过对大数据的集成，改善工艺控制水平，增强产品质量稳定性，钒收率提高 0.1%，增强了市场竞争力。

（3）操控一体化。利用工业物联网、数字通信等技术，完善生产工控网、视频网和信息网，通过集成可视化系统、过程控制系统、业务管理系统，建成一体化管控和远程操作中心，实现人机交互，取消各工序控制室，减少岗位定员 20%，降低消耗 10%。

（4）管理信息化。通过优化 MES 系统，逐步建立智慧设备运维、智慧仓储管控等业务管控系统；调整与股份公司管控信息的衔接和管理流程的匹配，合理利用西昌基地的信息系统和设施，管理执行响应缩短时间 20%以上。

（5）绿色清洁化。利用大数据分析推进清洁生产工艺取得重大突破，建设在线环保监控平台，将生产现场作业本质安全化用智能技术加以强化，减少因为设备本身、现场环境造成的安全事故；将“危、毒、重”岗位用智能装置和自动化设备替代人工，切实保护职工健康，同时推进“双碳”达标，进一步提升了绿色、清洁制造水平。

## 第三节 钛化工智能工厂典型案例

### 一、案例名称

龙佰集团河南氯化法钛白粉智能工厂。

### 二、案例简述

龙佰氯化法钛白粉智能工厂项目总投资 11 亿元，采用企业自主研发大型沸腾氯化法四氯化钛生产装置和全自控生产工艺。工厂建有智能化生产调度中心，生产线广泛采用智能仪表，建有数据采集系统。采用 DCS 系统管控，生产集中控制，所有生产线设备部署联网化及与 EAS 系统业务进行集成，实现了全过程实时监测和数据的收集分析。建设私有云平台和企业信息门户，应用帆软公司的 FineReport 数据决策系统，打造公司经营管理数据平台，打通 ERP、MES、OA、仓库管理、客户关系管理、电子采购云平台、人力资源管理、无人值守、能源管理等信息系统之间的数据壁垒，实现了经营管理过程物流、资金流、信息流的全面一体化管理。通过从生产、检验、销售再到产品交付全流程数据记录、汇总和分析，实现了数据纵向集成、横向集成和价值链集成，形成数据驱动的智能化决策，提高了公司的技术水平、生产效率和管理能力，达到提质增效降本的智能化改造目的，显著提升了公司在全球钛白粉行业的综合竞争力，如图 27-5 所示。

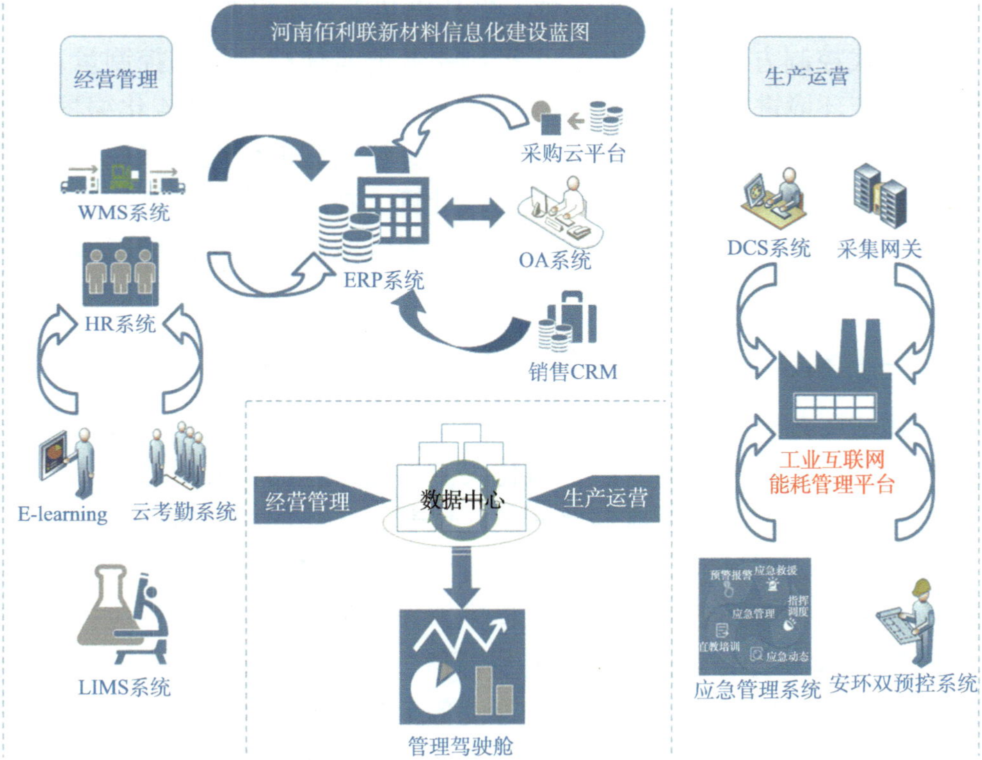


图 27-5　信息化建设蓝图

## 三、转型情况

公司根据钛白粉行业特点，成立了研发团队，从智能设计、智能生产和智能运营三个方面开展技术研究，有效利用人工智能技术，大幅度改善现有企业的运行现状，为企业增加了切实可行的智能化决策方案，实现了技术快速转型。

### （一）氯化工序人工智能应用

氯化工序是氯化法钛白粉生产过程的核心工序，由于其主体设备沸腾氯化炉是非线性、多变量、强耦合、大滞后的复杂控制对象，国内对该炉的控制尚处于仪表监控、人工手动操作阶段，特别是大型沸腾氯化炉智能化控制技术严重制约了我国钛白粉行业发展。由于被控对象沸腾氯化炉的复杂性而无法建立精确的数学模型，基于数学模型的传统控制方法无法适用，公司通过技术攻关，决定采用模糊控制。在分析沸腾氯化工艺流程和控制要求的基础上确定了控制策略，设计出基于专家经验的模糊控制系统，采用分布式控制方式，随后确定了控制系统的具体检测量和控制量，并结合实际生产环境进行系统硬件选型。控制系统下位机采用结构化编程方式，对各程序模块进行功能分析、方法选取、算法实现的研究，采用模糊控制器作为模糊控制系统的核心，可以离线计算、在线查询。模糊控制系统投入运行后，炉内温度波动范围小、炉气中氯气浓度低、炉渣中二氧化钛含量少，工艺指标达到国际领先水平。

### （二）氧化工序人工智能应用

氯化法工艺是目前生产高档钛白粉的先进技术，其中氧化过程是氯化法制取钛白工艺最关键的阶段，氧化反应器是工艺的核心设备，氧化反应器中的气体混合情况与反应器壁面结疤情况，产品的质量紧密关联。公司通过多年研究，对反应器内气体混合情况进行了数值模拟计算，研究了氧化反应器流场分布随各因素的变化趋势，开发出氧化反应器反应控制系统专家模型，DCS 操作员只需设定好目标值，整个系统就可以自动调整压缩空气、天然气、进料量、风机速度等设备工艺参数，实现最优化生产。这一技术开发的成功，打破了国外杜邦等公司的技术封锁，钛白粉的粒度和晶型控制达到行业先进水平。

### （三）工厂模拟仿真人工智能应用

公司采用霍尼韦尔的 UniSim 软件，对工厂的生产过程进行了模拟仿真，工程师能够为工厂设计、性能监控、故障排除、操作改进等创建静态和动态模型。UniSim 软件具有强大的动态模拟功能，动态模拟的方法及过程如下：流程稳态模拟收敛后，首先定义单元操作的动态数据，安装控制仪表，然后就可以进入动态，开始动态模拟；动态模拟过程中，可以随时调整温度、压力等各种工艺变量，观察它们对产品的影响以及变化规律，还可以随时停下转回静态；UniSim 软件还提供 PID 控制器、传递函数发生器、数控开关、变量计算表等动态模拟的控制单元，PID 控制器可完成对任何变量的控制，传递函数发生器可产生任何形式的过程传递函数，如一阶环节、二阶环节、微分和积分环节，用它们可以模拟任何被控制对象及干扰源；控制开关在动态过程中，可通过检查某操作条件而控制另一变量的开或关，进而达到对整体装置的控制，动态模拟可以自动记录相关参数，分析出最优解决方案，供工程师分析和决策使用。

### （四）实验室热态流化床气固相反应装置人工智能应用

实验室热态流化床气固相反应装置可实现钛原料氯化及冷凝制备粗制四氯化钛，可进行钛原料优化利用、氯化工艺模拟等试验，包含进料部分、预热/反应部分、冷凝/洗碱部分、取样分析部分，采用智能 PID 测控、智能 DCS 操作系统，能够每隔 1 秒读取 1 次工艺参数，连锁反馈控制，并自动产生试验数据；实验室过程采用机器深度学习算法，能够记录试验过程温度、压力、流量、气体浓度等参数，把大量矩阵试验数据作为输入，通过非线性激活方法取权重，再产生另一个数据集合作为输出，利用历史&实时数据建模来对反应结果进行预测，从而实现对反应过程的准确把握，实时干预，降低干预不及时造成的原料浪费。

### （五）经营管理人工智能应用

公司通过私有云平台的搭建，将所有系统进行云端部署，打造企业大数据资源池，通过 FineReport 报表系统，构建统一的商业智能数据运营平台，平台通过工业机理模型、工业微服务等技术，对生产经营数据进行分析、提取，实现多源数据实时采集汇总，打通各系统壁垒，做到了跨系统调用数据，并将数据指标及达成的信息通过手机推送至责任主管，为各层级管理层决策提供数据分析与支持。

## 四、转型成效

（1）通过智能制造的实施，降低了物流运输、仓储成本，节约了人力成本，减少了投资。

（2）通过对氧化炉、氯化炉、闪蒸器等核心生产装备增加智能传感器，对设备运行状态进行监测分析与预警，有效避免了机组故障引起的装置非计划停工。

（3）通过信息系统横向集成，实现了产业链价值链一体化协同，把握市场需求，缩短了产品交货周期，实现了精益生产，为公司节约了库存成本。

（4）在产品质量提高方面，由于自动化、智能化设备的广泛应用，大大减少了人为因素对产品生产过程的影响，大幅提高了产品合格率。

（5）通过智能工厂建设，吨产品能耗、耗水量等均有所下降。

## 第四节　钛金属行业智能工厂建设典型案例

### 一、案例名称

宝钛股份辽宁华神钛业海绵钛智能工厂。

### 二、案例简述

宝钛华神始建于 2007 年，坐落在锦州汤河子经济开发区，主要生产海绵钛，公司于 2021 年开始实施以海绵钛还原蒸馏车间、海绵钛精整车间、四氯化锆生产车间、区域控制室、理化研发中心等为主体的海绵钛全流程智能工厂建设项目。

该海绵钛全流程智能工厂项目分为业务智慧管控和生产智能运行两大内容。智慧管控部分的核心是依托云控技术建设全流程工业互联网平台，实现各生产环节与 MES、ERP、WMS、PDM、SCM、CRM、DCS、能源、设备管理等系统的信息互联互通和运营智能管控；智能产线部分主要围绕 DCS 系统、SIS 系统、智能仓储系统、色选机、数控机床、质量在线检测系统等关键控制系统和智能设备进行打造。

宝钛华神海绵钛智能工厂入选 2022 年辽宁省省级智能工厂。

### 三、转型情况

#### （一）战略规划

华神钛业借助智能制造赋能钛金属生产，围绕海绵钛全流程智能工厂的两化融合发展战略目标，以数字化作为企业发展的内生要素，在信息化、数字化技术和海绵钛工业技术不断相互融合的环境下，通过工业互联网平台，优化产能规划和资源布局，实现实时信息共享和资源共用，及时响应生产需求变化，最大限度地满足市场要求。与此同时，华神钛业通过推进两化融合夯实海绵钛生产技术，推进海绵钛的研发设计、生产制造、经营管理和营销服务的优化提升，推动海绵钛业务系统综合集成，公司的创新能力、能源资源优化配置水平和利用效率得到全面提升，实现了企业的创新发展、智能发展和绿色可持续发展。

华神钛业致力于打造精益生产体系，依托高端智能制造平台，逐步创建智能化生产车间，保障工艺工序的无缝对接，实现生产制造的数字化、自动化和智能化。

## （二）建设内容

（1）建立智能化信息数据中心，用大数据分析生产环节的漏洞和不足，推进核心应用系统深度融合，持续提高高端智能制造水平，如图 27-6 所示。

（2）完善远程办公系统，设置多场景视频会议室，搭建高效率沟通桥梁。

（3）稳步推进 MES 与生产业务融合，建立 MES 系统集成分析模型，科学精准地改进和改造运营管控，提升精益管理水平。

（4）工艺主体设备数字化、网络化和智能装备替代人工，实现本质化安全生产，以技术创新带动效能提升。

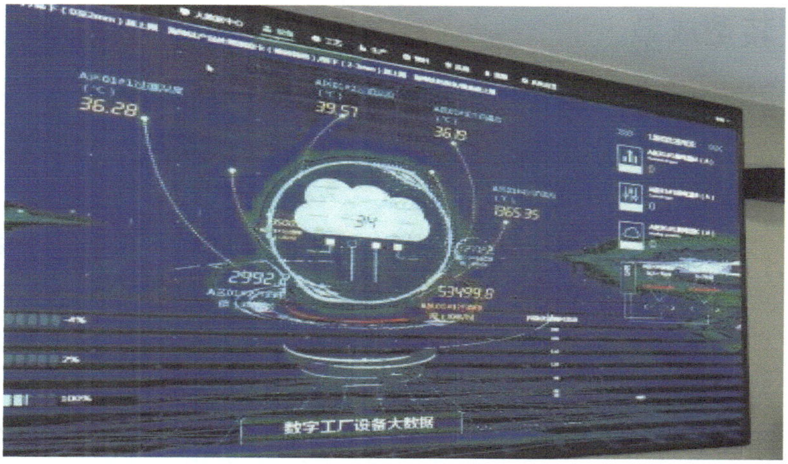


图 27-6 华神海绵钛生产智慧管控系统

### （三）建设成果

（1）建设了海绵钛全流程智能工厂，并搭建了我国首个海绵钛工厂工业互联网平台。

（2）集成了全厂多个生产工序的 2 万多个实时操作点位数据，实现了全厂生产排产、工艺参数、设备状态、物料流动、能源消耗等的精确控制，是国内数字化程度较高的海绵钛制造工厂，如图 27-7 所示。

（3）通过智能改造，实现了全流程质量追溯和精准生产，大大增加了转子级海绵钛的产量，不仅为宝钛提质增效做出了贡献，还为提升我国高端战略钛金属材料打下好的原料基础。

图 27-7　华神海绵钛产线区域集控系统

## 四、转型成效

（1）积极打造数字化智能工厂，紧密对接生产化信息系统，实时跟踪和记录工艺进程，大力提高了工作效率，降低了人员成本和误差，质量损失减少 10%以上。

（2）实现了操作者便捷精确操作，管理者实时远程监控、指挥，实现了更高效、安全、便捷的生产和管理，通过高水平的管理平台的有效利用，有效保证了低成本、高效益的生产运营目标，项目运行成功后每年直接经济效益突破近千万元。

（3）解决了传统海绵钛工厂工艺流程复杂、老旧存量设备数字化改造难、不同厂家设备协议标准融通难等问题，形成了海绵钛制造工厂数字化转型可复制、可推广的新模式。

## 第五节 IT 专业化公司

### 一、赛迪信息

中冶赛迪信息技术（重庆）有限公司为中冶赛迪集团的核心骨干子公司，成立于2010年，也是中国五矿集团旗下智能化、信息化业务板块引领企业。

赛迪信息拥有一支具有创新能力、运营服务能力的智能化、信息化人才队伍，员工1000余人，本科及以上学历占90%以上，在工业互联网、互联网生产服务平台、物联网、信息处理与储存相关硬件与软件产品等诸多方面都居于国内领先，尤其是钢铁及相关领域工程业绩出众，在钒钛行业智能制造业中具备很强的实力。

赛迪信息始终坚持以“打造国际一流的平台型、生态型大数据智能化科技企业”为愿景，以“智能融合、互联万物”为使命，以拥有60年工程技术实践的产业部门做协同，将5G、云计算、大数据、人工智能、工业互联网、物联网等数字技术与产业经济深度融合，致力于数字化转型共性解决方案研究，打造数字化转型产品和服务，用大数据技术、智能化手段构筑工业、城市、企业的数字世界，并建立起服务于智能制造、智慧城市、智慧政企的三大信息技术应用体系，推动社会创新。

赛迪信息致力于为钒钛产业相关企业提供全方位的信息、生态服务，竭力打造了钒钛产业服务平台，平台依托发改委“钢铁低碳服务平台”项目建设，立足数据智能，构建标准化数据知识体系，通过知识图谱、大模型等人工智能技术赋能，为企业提供精准的政策资讯信息、市场预测和趋势分析，助力生产流程、生产效率、供应链、物流、销售等环节的优化，帮助企业实现智能化决策与精细化管理，便利风险评估与管理；通过构建企业库、专家库，为企业提供产业生态服务，紧密市场供需，助力商业模式挖掘与创新点探索，实现可持续发展。

### 二、国联股份

北京国联视讯信息技术股份有限公司成立于1998年，2002年9月在上海证券交易所A股主板上市。公司“基于工业互联网大数据的供应链产业链协同创新平台”项目，入选 2021 年大数据产业发展试点示范项目名单；2023 年 11 月荣获“福布斯中国 ESG 创新企业”。

国联股份业务体系基于工业电子商务平台，利用产业大数据和产业数字化技术，为相关行业提供工业品和原材料的线上商品交易、商业信息服务和数字技术服务；并致力于将互联网、物联网、大数据、云计算、人工智能等新技术与传统产业深度融合，通过多多集采、云工厂、国联云等平台，帮助众多企业实现了降本增效、转型发展。

国联股份拥有多个业务板块，包括工业信息服务平台——国联资源网，工业电子商务平台——涂多多、芯多多、新能多多、冷链多多等，数字技术服务平台——国联云，元企——基于数字孪生、区块链等技术自主研发的工业元宇宙项目。

国联股份主要在以下几个方面赋能钒钛企业智能制造和数字化转型：

（1）云行业，为各垂直细分行业进行赋能、创新和转型，努力做好行业业态聚合者和推动者的重要角色，为行业赋能。

（2）数字工厂，为工厂提供数字营销、智能生产、数字运营、A 决策等数字化解决方案；为工厂降本增产、持续运营提供全方位的数字运营服务，让工厂更加智慧、让数字更有价值。

（3）平台产品，包括智能制造、SAAS 应用、安全管控、智慧物联、数字营销；产业 AI 应用实践主要是将 AI 技术与传统产业深度融合，智能化解决产业难题；智能制造解决方案主要包括国联云销通、仓储管理服务、工厂数字化升级、跨行业生态合作等。

（4）工厂数字化升级的技术服务，包括生产数字化、管理数字化、物流数字化、质检数字化、能耗数字化、设备管理数字化、人员定位数字化、视觉 AI 数字化和订单排产数字化等解决方案和工程实践。

未来，公司将继续落实“平台、科技、数据”的发展战略，不断推进数字经济与传统产业的深度融合发展，以数字科技和数字手段去改造、重构传统产业的产业生态，促进传统产业的降本增效；同时，还将持续优化、探索 ESG 实践的多元途径，在环境保护、社会责任、公司治理等方面做出更多积极成效，助力钒钛行业向可持续的未来迈进。

## 三、星云智联

成都星云智联科技有限公司是攀钢集团全资子公司，成立于 2017 年，前身为攀钢自动化部，是目前国内唯一的以从事钒钛智能制造为主业的专业化公司。

星云智联以“工业互联网+智能制造”为发展方向，以“让制造更智造”为奋斗使命，以成为“IT 与 OT 融合创新的开拓者”为企业目标，秉承“以极致服务为基，以奋斗者为本”的核心价值理念，构建了“制造与服务相结合、创新与创业相结合”并适应数字经济业态与新型工业体系的生态系统，是攀钢集团旗下唯一一家数字产业一体化智能制造整体运营服务提供商和西南地区领先的企业数字化转型服务商，荣获国家高新技术企业、四川省专精特新中小企业、四川省创新型中小企业、四川省服务业百强企业、成都市中小企业成长工程“小巨人企业”、成都高新区连续瞪羚企业。

星云智联自主打造跨金属采选冶、钒钛制造、能源化工等 11 大行业的海星 XYZLink 工业互联网平台和流程型制造执行系统 MES、基于 WNS 的无人行车、生产安全态势感知平台、网络安全态势平台等拳头产品，提供以平台为载体的智能制造整体产品、服务及解决方案，为国内 60%的钒行业企业、30%的钛行业企业、20%的冶金矿山行业企业和 15%的钢铁行业企业提供智能制造整体解决方案，广泛应用于四川、陕西、甘肃、辽宁等 20 多个省、自治区、直辖市。

星云智联凭借“工业互联网+智能制造”高效融合的发展模式得到了国家各级政府和行业的高度认可，已获得工信部服务型制造示范、新一代信息技术与制造业融合试点示范、工业互联网试点示范，四川省服务型制造示范、新一代信息技术与制造业融合试点示范、工业互联网试点示范、工业互联网 APP 优秀解决方案，成都市特色工业互联网平台、成都市工业互联网优秀解决方案等 50 余项荣誉。

# 第 28 章 趋势展望与应对策略

## 第一节 发 展 趋 势

### 一、智能制造发展趋势

IT 和智能技术推动全球数据指数级爆发式增长，新技术新应用数量越来越大、种类越来越多、速度越来越快、价值越来越高。从图 28-1 可以看到 IT 与智能技术每五年就会出现新的技术应用，其对经济社会的贡献比例也是急剧增长的。

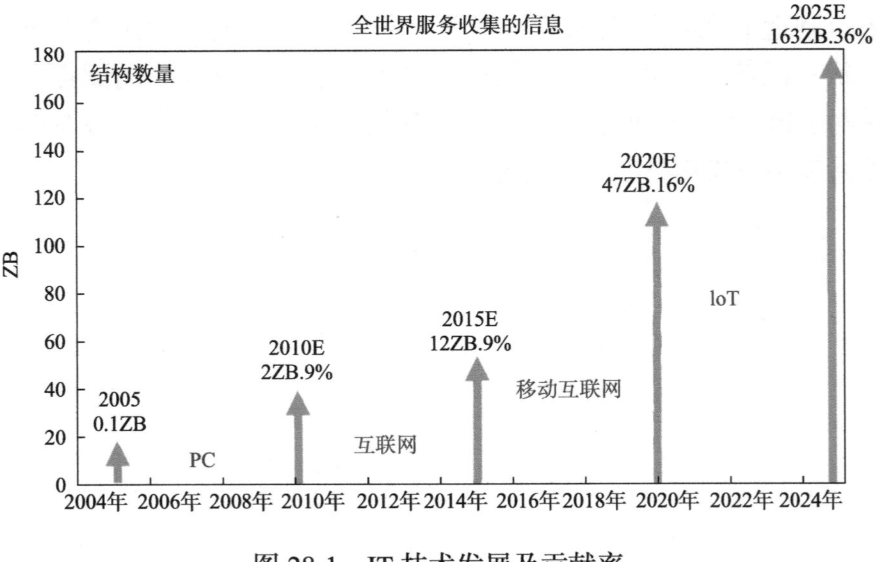


图 28-1 IT 技术发展及贡献率

（ZB—$10^{21}$ 字节）

数据成为数字时代社会发展的重要驱动力，数据作为资源和要素渗透到整个经济运行过程，通过对海量数据的处理分析，以及与其他各行业结合的有效利用，提高全要素生产率，从而推动我国经济增长的质量变革、效率变革、动力变革，数据分析快速成为数字时代人类认知世界的新模式。

随着德国工业 4.0、中国制造 2025 深度融合步伐加快，以信息交互集成、数据传感监测、信息物理系统等为特征的智慧工厂建设将引领我国工业迈入转型发展的新时代，从全球范围来看，智慧工厂的建设已成为传统制造业升级转型的主要突破方向。

### 二、应用创新

（1）智能装备代人重塑制造：利用新一代信息技术开发智能机器代人，实现钒钛生产现场的无人化、少人化，解放劳动力，提高效率，解决本质安全问题。

（2）集中操控重塑管控体系：操作层面，充分利用 5G 等新一代网络通信技术和先进控制建设，取消现场操作室，实现远程集中；管控层面，采用信息可视化技术和管理驾驶舱，打造“一个智慧决策中心 + 系列智慧工厂”的“1 + N”数智化工厂。

（3）AI 代替人脑重塑决策：加大数据、人工智能对工业知识量的挖掘和应用，突破人脑局限，优化产品结构，提升产品质量和市场响应度。

（4）万物互联重塑行业生态圈：依托工业互联网，互联互通，实现网络化共享和智能化协作，为实现全行业各产业链协同创造条件。

## 第二节 应对策略

### 一、科学规划

数据驱动全面提升生产运营与管理效率，努力打造现场高度智能、管理精益高效、决策智慧支撑的智能制造企业。

统一规划、分步实施；统一标准，科学合理。

### 二、理清思路

围绕行业发展规划，为实现钒钛行业数字化智能化转型愿景及“十四五”建设目标，从数据驱动、流程优化、管理高效、智能生产等方面推进相关工作。钒钛行业智能制造建设实施，建议分为基础夯实和能级提升两个步骤：

（1）智能制造基础夯实：包括信息化系统和自动化系统的改进完善。自动化系统改进按照“立足现状、经济实用、填平补齐、夯实基础”的原则实施，重点关注安全顺行、节能减排、产品质量、生产效率等要素，注重效果与性价比，如站所无人值守改造；信息化系统的完善按照“管控衔接、业财无缝、数据驱动、流程高效”的原则进行，重点聚焦业务精细化管理，产销、业财、管控集成高效运作。

（2）智能制造能级提升：关注组织和岗位、管理和业务、作业和操控。组织和岗位方面，实现组织扁平化和岗位融合，重点打造运营一体化平台，例如管控中心建设，操控中心建设等；管理和业务方面，实现专业化一级管理，业务一贯管理，精细化管理等；作业和操控方面，实现现场作业智能化，例如操控集中化，操作一键化，现场作业少人化、无人化，远程运维和技术支持，移动操检等。

重点技术攻关聚焦：

（1）实现金属钒/钛成分在线快速分析技术。研发设计由嵌入式系统控制的全自动在线 pH 值分析仪，实现钒酸碱度的在线分析。

（2）实现设备状态在线监测技术。通过物联网、工业互联网对设备运行参数进行采集，开发算法模型进行分析，实现设备运行状态的在线监测与预警。

（3）推进大数据挖掘分析、深度学习等人工智能技术在钒冶炼、提钒、钛冶炼及钛生产等过程中的应用。针对钒钛冶炼及生产过程中高温、酸性等环境而无法采用机理对其准确建模的难题，通过采集大量的生产过程数据，建立基于机器学习与统计学习的工况诊断模型，实现对当前及未来工况的诊断与预测，实现优化生产。

（4）推进钒钛大模型研发及应用，实现生产过程控制，解决钒钛在冶炼、生产质量、生产稳定性、生产效率等方面的瓶颈问题，进一步提升我国钒钛冶炼水平及钒钛产品的生产水平。

## 三、规划设计

### （一）智慧管理

1. 工作目标

主要管理核心业务信息化率达到100%，完成产线/工厂/集团三级信息系统构建，实现新建产线覆盖；数据挖掘与管理分析技术得到一定应用，引入数据治理、数据管理与大数据辅助决策，基本实现经营管理与决策数据化。

2. 建设内容

在“供、运、销、存、财、人、设备”等核心业务系统、各单元制造执行系统基础上，打造覆盖钒行业、钛化工、钛金属三大板块的ERP类管理信息系统，形成钒钛行业科学有序、统一高效的运营管理体系。

3. 实施路径

建立矿、钒、钛三大行业数字化运营管控ERP平台，形成运营计划制定与下达、资源计划平衡等供应链管理应用功能；构建钒钛一体化运营过程监控与可视化平台，支撑管控中心构建高效协调、事务处理与调度指挥的管控能力；建设钒钛运营管理决策支持平台，构建消耗产出指标分析、运营指标分析、经营指标分析、生产统计报表出具等功能，为管理层运营决策提供数据与分析支撑；建立钒、钛化工、钛金属三大行业链数据中心，建设行业层级的数据整合、数据治理、数据管理、数据服务能力，形成数据资产，为各类业务系统提供标准化、规范化、集成化的数据管理基础。

### （二）智能生产

1. 工作目标

现场自动化水平持续完善与提升，现场操作室进一步集成；符合现场工艺需求的仪器仪表、自动化设备、智能装备、工艺过程控制模型得到有效开发与应用，进一步打通产线工序间物流断点并替代3D岗位，促进各产线降本增效提质。

2. 建设内容

操作室持续集成，基本建成各生产单元集控中心；符合现场作业的自动化设备、智能装备有效开发与推广应用，进一步实现3D作业岗位机器替代与产线工序间物流断点打通；适应钒钛特殊介质在线检测的仪器仪表与仪控程序得到开发应用；关键工艺过程控制模型、先进控制算法开发实现突破。

3. 实施路径

聚焦钒钛生产管控与流程优化，开展智能装备、智能单元、智能产线、智能工厂建设，积极拓展新一代信息技术应用场景，着力一个点、打通一条线、形成一个区（厂），建立面向生产全流程、管理全方位、产品全生命周期的智能制造新模式。加大研究开发各产线关键工序适用在线检测仪器仪表、执行机构与L2仪控程序，提高过程操控能力；自主研发钒钛各产线关键工序工艺过程控制模型，应用先进控制技术，提升产线自动化水平，促进生产质量稳定顺行，并为MES及以上管理系统提供完整数据支撑。

### （三）数据治理与应用

1. 工作目标

建设钒钛行业数据中心和区域数据中心，打造钒钛行业不同层级的数据治理能力，形成行业数据资产，为信息化智慧化管理运行提供标准化、规范化、集成化的数据基础。

2. 建设内容

以钒钛数据治理平台为基础，按照钒钛行业各业务领域进行各专业主题的数据标准化治理和数据湖建设，构建数据清洗、数据整合、数据治理、数据管理、数据服务能力，实现内部信息系统数据聚合与规范化应用，支撑钒钛建立数字化运营管控、成本核算与财务统计分析等信息化应用的双向贯通。

3. 实施路径

遵循行业数据治理整体规划与统一治理规范，开展钒钛行业数据标准化治理和数据湖建设，全面推进数据治理工作，首先实现各企业内部信息系统数据聚合与规范化应用，使长期分散数据资源转变为高辨识度、高可用性的标准化数据资产，满足各应用信息系统计算、分析、预警等对数据质量的要求，支撑钒钛运营管控、成本核算与财务统计分析等各类管理信息系统应用的双向贯通。

### （四）行业链数字生态圈

1. 工作目标

围绕“平台打造、创新支撑、数字生态”目标，通过建设数字示范工厂、制订数智化转型规划、培育企业智慧大脑、搭建钒钛行业互联网平台和公有云、完善IT基础设施和网络安全防范措施，提升行业制造精益化水平，推动行业知识成果共创共享，扩大行业对内对外服务，加强行业链高效协同，实现钒钛行业数字化转型。

2. 建设内容

建设行业数字化示范工厂，编制数字化工厂建设模式和技术标准，培育钛金属制造智慧大脑，推动钛金属行业数智化转型升级，搭建钛金属行业互联网平台和行业云，共建行业数字化生态圈。

3. 实施路径

按照工业互联网架构建立行业大数据中心，打造行业“双跨”平台，打造链长企业数字化示范工厂和智能制造示范样板；通过总结示范工厂建设经验，形成数字化工厂建设模式和技术标准，推广到行业链企业，加快整个钛金属行业数字工厂建设和智能制造的实施进程；行业协会牵头组织行业链主要企业、国内智能装备（控制）专业公司、电信运营商和相关研究院，共同探索智能制造一体化解决方案，做好整体规划，制定行业数智化技术标准，引领行业数智化转型升级。

# 标准篇

《国家标准化发展纲要》明确指出，“标准是经济活动和社会发展的技术支撑、是国家基础性制度的重要方面，标准化在推进国家治理体系和治理能力现代化中发挥着基础性、引领性作用”，具有“通用语言”的特征。中国钒钛产业标准化建设伴随产业发展和标准的重要性持续增强不断发展，持续完善推广，对助推产业发展发挥了重要作用。

# 第29章

# 概 述

## 一、标准化起源与发展

标准化是人类在长期生产实践中逐步总结和创建起来的，是伴随生产发展、科技进步和生活质量的提高而发生、发展的社会化产物。标准受生产力发展水平的制约，也为生产力发展创造条件。以时间为轴，标准化可分为远古时代、古代、近代和现代四个阶段。

### （一）远古时代标准化

原始时代，人类为了提升群居状态下狩猎和防御的生存能力，逐步在集体劳动和简单的协调、协作中总结创造了具有标准化意义的文字和原始工具[1]。

### （二）古代标准化

18 世纪前，伴随着社会的发展，人类制造工具，掌握语言、符号、文字逐渐走向统一。产生了“结绳记事”“滴水计时”“神掌为尺”“手捧为升”以及“迈步为田”等朴素行为和规范统一的方法。秦始皇推行的“书同文、车同轨、统一驰道、统一货币、统一兵器”的标准化活动，促进了经济繁荣和文化发展；北宋毕昇发明的印刷术被称为“标准化发展的里程碑”，其中涵盖的互换性、分解、组合与重复利用等，体现了标准化的基本原则与方法。

### （三）近代标准化

18 世纪 70 年代后，以纺织机、蒸汽机为代表的大机器工业逐渐成形，丰富的生产实践经验和系统的标准化实验手段，加速标准化活动进入以实验数据为依据的定量化阶段。1898 年，美国材料与实验协会（ASTM）成立；1901 年，英国土木工程师学会、机械工程师学会、造船工程师学会与钢铁协会联合成立世界上第一个国家标准化机构——英国工程标准委员会；1906 年，国际电工委员会（IEC）成立；1947 年，国际标准组织（ISO）正式成立。

新中国成立后，1949 年 10 月设立中央技术管理局，下设标准规格处，负责工业生产和工程建设标准化的工作。同时，中央人民政府政务院财政经济委员会颁布新中国第一项标准——《工程制图》，开启了中国标准化事业新的历史起点。1957 年，国家技术委员会内设标准局，主管全国标准化工作，从此全国标准化工作由分散管理走向统一领导，开始制定全国统一标准[2]。

### （四）现代标准化

二战后，随着新技术革命的深入发展和电子计算机的普及应用，大机器工业时代的单项标准已经不能完全适应高新技术发展的需要，随着时代步伐不断发展，标准化已成为促进经济提质增效升级、推进供给侧结构性改革的有效手段，现代标准化从产品扩大到管理，从工厂扩大到国际，标准已成为沟通世界的桥梁。

## 二、中国标准化事业的节点及重要文件

新中国成立以来，我国标准化事业经历了起步探索期、开放发展期、全面提升期，步入了立足国内、走向国际的法制管理轨道。在推进国家治理体系和治理能力现代化进程中，标准化发挥了基础性、引领性作用。以习近平同志为核心的党中央高度重视标准化工作，指出："中国高度重视标准化工作，积极推广应用国际标准，以高标准助力高技术创新，促进高水平开放，引领高质量发展。"

### （一）起步探索期

从新中国成立到改革开放前，我国标准化事业处于起步探索期。标准化工作主要服务于工农业生产，形成了政府主导制定标准的模式，所有标准都是强制性标准。这个时期产生了第一项在全国适用的标准《工程制图》，

出台了第一个标准化管理制度《工农业产品和工程建设技术标准管理办法》，制定了第一个标准化发展规划《1963—1972 年标准化发展十年规划》。

### （二）开放发展期

从改革开放到党的十八大，我国标准化事业进入开放发展期。标准化工作开始立足国内、走向国际，步入法制管理轨道。1978 年，我国恢复 ISO 的成员身份，重返国际舞台。1979 年，颁布了《中华人民共和国标准化管理条例》。1984 年，首次召开全国采用国际标准工作会议，采用国际标准和国外先进标准成为我国重要的技术经济政策。1988 年，颁布了《中华人民共和国标准化法》，把标准分为强制性和推荐性，确立了国家标准、行业标准、地方标准和企业标准的四级标准体系。2001 年中国加入世贸组织以后，为加强标准化统一管理，成立了国家标准化管理委员会。2008 年和 2011 年，我国相继成为 ISO、IEC 常任理事国。

### （三）全面提升期

党的十八大以来，我国标准化事业发展迎来全面提升期。十八届二中全会明确将技术标准体系建设作为基础性制度建设的重要内容。十八届三中全会强调，政府要加强发展战略、规划、政策、标准等的制定和实施。2015 年，中央全面深化改革委员会办公室将标准化工作改革纳入重点工作，国务院出台《深化标准化工作改革方案》，提出了构建新型标准体系的总体目标和建立标准化统筹协调机制等六大改革措施。同年，国务院办公厅印发《国家标准化体系建设发展规划（2016—2020 年）》，对“十三五”期间加强标准体系建设、提升我国标准化水平等进行了部署。十九大明确指出“瞄准国际标准提高水平”。第十二届全国人大常委会审议通过新修订的《标准化法》，并于 2018 年正式实施，确立了新型标准体系，形成政府颁布标准与市场自主制定标准协同发展、协调配套的机制。党的十九届四中全会提出，推动规则、规制、管理、标准等制度型开放。2021 年，党中央、国务院立足国情，放眼全球，面向未来发布实施《国家标准化发展纲要》，这是第一份以党中央名义颁布的标准化纲领性文件，明确了我国标准化发展的指导思想、发展目标、重点任务，绘制了今后一个时期我国标准化发展的宏伟蓝图。2023 年 11 月，国家市场监督管理总局等五部委联合印发《标准化人才培养专项行动计划（2023—2025 年）》，确立了总体要求、标准化人才培养制度建设、标准化人才教育体系建设行动、标准化人才职业能力提升行动、标准化人才实训实战行动、国际标准化人才选培行动及组织实施等方面，为培养造就大批德才兼备的高素质标准化人才做出明确指导。同月，国家市场监督管理总局印发了《行业标准管理办法》，替代了原国家技术监督局于 1990 年公布的《行业标准管理办法》。

## 三、标准化的概念和层次类别

### （一）基本概念

标准化：标准化是为了在既定范围内获得最佳秩序，促进共同效益，对现实问题或潜在问题确立共同使用和重复使用的条款以及编制、发布和应用文件的活动[3]。

标准化活动：具体的标准化活动通常有一个或多个特定目的，包括增进相互理解、品种控制、可用性、兼容性、互换性、健康、安全、环境保护、资源利用、便利贸易等。标准化可在全球、区域或国家层次上，在一个国家的某个地区内，在政府部门、行业协会或企业层次上，以至企业内车间和业务室等各个不同层次上进行。

标准：标准是通过标准化活动，按照规定的程序经协商一致制定，为各种活动或其结果提供规则、指南或特性，供共同使用和重复使用的文件[3]。

协商一致：普遍同意，即有关重要利益相关方对于实质性问题没有坚持反对意见，同时按照程序考虑了有关各方的观点并且协调了所有争议[3]。

### （二）标准层次

1. 国际标准

国际标准是由国际标准化组织或国际标准组织通过并公开发布的，在国际上被广泛认可，适用于全球范围贸易、交流、技术合作的文件。

2. 区域标准

区域标准是由区域标准化组织或区域标准组织通过并公开发布的，适用于区域国家间贸易、交流、技术合作的文件。如欧洲标准化委员会（CEN）和欧洲电工委员会（CENELEC）发布的欧洲标准、非洲地区标准化组织（ARSO）发布的非洲地区标准、泛美标准委员会（COPANT）发布的泛美地区标准。

3. 国家标准

国家标准是由国家标准机构通过并公开发布的标准文件。在我国，国家标准是由国务院标准化主管部门制定的需要在全国范围内统一的技术要求，分为强制性国家标准和推荐性国家标准。强制性国家标准是对保障人身健康和生命财产安全、国家安全、生态环境安全以及满足经济社会管理基本需要的技术要求。推荐性国家标准是对满足基础通用、与强制性国家标准配套、对各有关行业起引领作用等需要的技术要求。

4. 行业标准

行业标准是由行业机构通过并公开发布的标准文件。在我国，行业标准是对没有国家标准而又需要在全国某个行业范围内统一的技术要求所制定的标准。行业标准由国务院有关行政主管部门制定，报国务院标准化行政主管部门备案。

5. 地方标准

地方标准是在国家的某个地区通过并公开发布的标准。在我国，为满足地方自然条件、风俗习惯等特殊技术要求，省级标准化行政主管部门和经其批准的设区的市级标准化行政主管部门可以在农业、工业、服务业以及社会事业等领域制定地方标准。地方标准由省级标准化行政主管部门报国务院标准化行政主管部门备案。

6. 团体标准

团体标准是社会团体为满足市场和创新需要，协调相关市场主体共同制定的标准文件。在我国国务院有关行政主管部门对团体标准的制定进行指导和监督，对标准的实施进行监督检查。

7. 企业标准

企业标准是由企业通过，供本企业使用的标准文件。企业标准化是企业科学管理的基础，企业标准是企业组织生产、经营活动的依据。在我国，企业标准由企业制定，企业法人代表或法人代表授权的主管领导批准、发布，企业法人代表授权的部门统一管理。

### （三）标准类别

1. 国际标准分类法

国际标准分类法（International Classification for Standards，ICS），是国

际标准化组织（ISO）于 1992 年推出的，在国际上广泛使用的一种标准文献专用分类法。ICS 采用三级分类，类目设置以专业划分为主，各级采用数字编号，一级、二级、三级类分别用两位、三位、两位数字表示，各级之间用下脚点间隔。

2. 中国标准分类法

中国标准文献分类法（Chinese Classification for Standards，CCS），是由原国家质量监督检验检疫总局于 1989 年发布的标准文献专用分类法。CCS 采用二级分类，一级类以专业划分为主，用一位大写字母表示，二级类采取非严格等级制的列类方法，由两位数字表示。

3. 标准功能类型分类法

按照标准功能类型分为基础标准、术语标准、试验标准、规范标准、规程标准、指南标准、产品标准、过程标准、服务标准、安全标准、卫生标准、环保标准等。

# 第30章 涉钒、钛标准化组织

## 一、国际标准化组织情况

### （一）ISO情况简介

国际标准化组织（International Organization for Standardization，ISO）是于1947年成立的独立非政府组织，是世界上最大的自愿性国际标准制定组织，现有170个成员，成员分为三类，即全权成员、通信成员和订阅成员，只有全权成员有投票权。每个国家有且只有一个标准机构是ISO的全权成员，我国国家标准化管理委员会（SAC）是ISO的全权成员，香港创新及科技局、澳门生产力及科技转移中心是ISO的通信成员。ISO的技术领域非常广，涉及食品与农业、金属矿石、化工、能源、建筑、运输、机械、信息技术、健康、服务、环境可持续等行业。

### （二）ISO技术工作简介

ISO内设技术管理局（Technical Management Board，TMB），负责ISO技术机构的建立、协调、解散，技术机构活动的监督，技术工作规则的制定与维护。ISO现有技术委员会（Technical Committee，TC）、项目委员会（Project Committee，PC）260多个，其中TC是常设机构，可根据需要设置分技术委员会（Subcommittee，SC）；PC是临时性机构，制定不能归属到已有TC范围的标准。TC、SC可合并或撤销，也可根据实际需要新成立。TC、SC均可根据需要成立工作组（Working Group，WG）。

委员会主席负责业务规划和协调工作，委员会经理（Committee

Manager）负责标准文件的分发、组织投票、会议等常规的管理工作，WG召集人组织具体的标准制定工作。ISO 成员以 P 成员（积极成员）或 O 成员（观察成员）参与 TC、SC 工作，但只有 P 成员有投票权。

## 二、国际涉钒、钛标准化技术组织

### （一）飞机与航天器（Aircraft and Space Vehicles；ISO/TC 20）

ISO/TC 20 于 1947 年成立，下设 11 个分技术委员会，负责航空航天器系统、设备、零部件、材料及使用和维修等的国际标准化工作，秘书处承担单位为美国国家标准协会（ANSI），现有 18 个 P 成员，28 个 O 成员，中国是其 P 成员。中国航空综合技术研究所是其国内技术对口承担单位。其下开展涉钒、钛标准化工作的分技术委员会为 ISO/TC 20/SC 4、ISO/TC 20/SC 10 及 ISO/TC 20/SC 18。

1. 航空航天紧固件系统（Aerospace Fastener Systems；ISO/TC 20/SC 4）

ISO/TC 20/SC 4 于 1984 年成立，秘书处承担单位为德国标准化研究所（DIN），现有 11 个 P 成员，9 个 O 成员，中国是其 P 成员，中国航空综合技术研究所是其国内技术对口承担单位，发布涉钒、钛类标准 2 项，分别是：

ISO 9152:1998—Aerospace—Bolts, with MJ threads, in titanium alloys, strength class 1 100 MPa—Procurement specification；

ISO 12290:2000—Aerospace—Rivets, solid, in titanium or titanium alloy—Procurement specification。

2. 航空航天液压系统及其组件（Aerospace Fluid Systems and Components；ISO/TC 20/SC 10）

ISO/TC 20/SC 10 于 1980 年成立，秘书处承担单位为德国标准化研究所（DIN），现有 12 个 P 成员，12 个 O 成员，中国是其 P 成员，中国航空综合技术研究所是其国内技术对口承担单位，发布涉钒、钛类标准 1 项：

ISO 18487-1:2017—Aerospace series—Titanium tube for 35 MPa operating pressure—Part 1: Inch series。

3. 材料（Materials；ISO/TC 20/SC 18）

ISO/TC 20/SC 18 于 2016 年成立，秘书处承担单位为法国标准化协会

（AFNOR），现有 6 个 P 成员，5 个 O 成员，中国是其 P 成员，中国航空综合技术研究所是其国内技术对口承担单位，发布涉钒、钛类标准 1 项：

ISO 8080:2021—Aerospace—Anodic treatment of titanium and titanium alloys — Sulfuric acid process。

## （二）焊接及相关工艺（Welding and Allied Processes；ISO/TC 44）

ISO/TC 44 于 1947 年成立，下设 12 个分技术委员会，负责除电气安全外的所有焊接（包括术语、定义、焊接图样上的符号标识、焊接设备及装备、各种原材料、焊接工艺及规则、试验方法及控制程序、焊接结构的计算及设计、焊接操作人员的评估、焊接安全与健康等）的焊接工艺方法及相关工艺的国际标准化工作，秘书处承担单位为法国标准化协会（AFNOR），现有 26 个 P 成员，38 个 O 成员，中国是其 P 成员。中国机械总院集团哈尔滨焊接研究所有限公司是其国内技术对口承担单位，其下开展涉钒、钛标准化工作的分技术委员会为 ISO/TC 44/SC 3、ISO/TC 44/SC 10 和 ISO/TC 44/SC 11。

1. 焊接消耗品（Welding Consumables；ISO/TC 44/SC 3）

ISO/TC 44/SC 3 于 1982 年成立，秘书处承担单位为美国国家标准协会（ANSI），现有 18 个 P 成员，20 个 O 成员，中国是其 P 成员，中国机械总院集团哈尔滨焊接研究所有限公司是其国内技术对口承担单位，发布涉钒、钛类标准 1 项：

ISO 24034:2020—Welding consumables—Solid wire electrodes, solid wires and rods for fusion welding of titanium and titanium alloys—Classification。

2. 金属焊接方面的统一要求（Quality Management in the Field of Welding；ISO/TC 44/SC 10）

ISO/TC 44/SC 10 于 1980 年成立，秘书处承担单位为德国标准化研究所（DIN），现有 25 个 P 成员，18 个 O 成员，中国是其 P 成员，中国机械总院集团哈尔滨焊接研究所有限公司是其国内技术对口承担单位，发布涉钒、钛类标准 2 项：

ISO 15614-5:2004—Specification and qualification of welding procedures for metallic materials—Welding procedure test Part 5: Arc welding of titanium, zirconium and their alloys；

ISO 13919-1:2019—Electron and laser-beam welded joints—Requirements and recommendations on quality levels for imperfections—Part 1: Steel, nickel, titanium and their alloys。

3. 焊接和相关人员的合格要求（Qualification Requirements for Welding and Allied Processes Personnel；ISO/TC 44/SC 11）

ISO/TC 44/SC 10 于 1977 年成立，秘书处承担单位为美国国家标准协会（ANSI），现有 28 个 P 成员，13 个 O 成员，中国是其 P 成员，中国机械总院集团哈尔滨焊接研究所有限公司是其国内技术对口承担单位，发布涉钒、钛类标准 1 项：

ISO 9606-5:2000—Approval testing of welders—Fusion welding—Part 5: Titanium and titanium alloys, zirconium and zirconium alloys。

### （三）轻金属及其合金（Light Metals and Their Alloys；ISO/TC 79）

ISO/TC 79 于 1953 年成立，下设 8 个分技术委员会，负责铝、镁、钛及其合金（如铝、镁或钛为主元素的合金）和铝矿石（铝土矿及用于生产金属铝和氧化铝或其他工业用的金属矿）的国际标准化工作，秘书处承担单位为法国标准化协会（AFNOR），现有 19 个 P 成员，25 个 O 成员，中国是其 P 成员。中国有色金属工业标准计量质量研究所是其国内技术对口承担单位。其下开展涉钒、钛标准化工作的分技术委员会为 ISO/TC 79/SC 11。

钛（Titanium；ISO/TC 79/SC 11）

ISO/TC 79/SC 11 于 2002 年成立，秘书处承担单位为日本工程标准委员会（JISC）和日本钛学会（JTS），现有 8 个 P 成员，13 个 O 成员，中国是其 P 成员，中国有色金属工业标准计量质量研究所是其国内技术对口承担单位，发布涉钒、钛类标准 15 项：

ISO 7209:2023 Titanium and titanium alloys—Plate, sheet and strip—Technical delivery conditions；

ISO 7217:2023 Titanium and titanium alloys—Bar, rod and billet—Technical delivery conditions；

ISO 13093:2023 Titanium and titanium alloys—Determination of carbo—Infrared absorption method after combustion in an induction furnace；

ISO 21339:2023 6Al-4V titanium alloys—Determination of aluminium and vanadium contents—Inductively coupled plasma atomic emission spectrometric method;

ISO 21334:2022 Titanium and titanium alloys—Strip for welded tubes—Technical delivery conditions;

ISO 23515:2022 Titanium and titanium alloys—Designation system;

ISO 18762:2016 Tubes of titanium and titanium alloys—Welded tubes for condensers and heat exchangers—Technical delivery conditions;

ISO 13092:2012 Titanium and titanium alloys—Titanium sponge;

ISO 28401:2010 Light metals and their alloys—Titanium and titanium alloys—Classification and terminology;

ISO 25902-2:2010 Titanium pipes and tubes—Non-destructive testing—Part 2: Ultrasonic testing for the detection of longitudinal imperfections;

ISO 25902-1:2009 Titanium pipes and tubes—Non-destructive testing—Part 1: Eddy-current examination;

ISO 22960:2008 Titanium and titanium alloys—Determination of iron—Molecular absorption spectrometry using 1, 10-phenanthroline;

ISO 22961:2008 Titanium and titanium alloys—Determination of iron—Atomic absorption spectrometry;

ISO 22962:2008 Titanium and titanium alloys—Determination of iron—Inductively coupled plasma atomic emission spectrometry;

ISO 22963:2008 Titanium and titanium alloys—Determination of oxygen—Infrared method after fusion under inert gas。

### （四）铁合金（Ferroalloy；ISO/TC 132）

ISO/TC 132 于 1969 年成立，负责钢铁生产中使用的铁合金（镍铁除外，属 ISO/TC 155）和其他合金添加剂以及铁合金原料中使用的锰矿和铬矿的国际标准化工作，秘书处承担单位为冶金工业信息标准研究院，现有 7 个 P 成员，26 个 O 成员，中国是其 P 成员。发布涉钒、钛类标准 6 项：

ISO 5451:2022 Ferrovanadium—Specification and conditions of delivery;

ISO 6467:2018 Ferrovanadium—Determination of vanadium content—Potentiometric method;

ISO 4552-2:1987 Ferroalloys—Sampling and sample preparation for chemical analysis—Part 2: Ferrotitanium, ferromolybdenum, ferrotungsten, ferroniobium, ferrovanadium；

ISO 7723:1984 Manganese ores and concentrates—Determination of titanium content—4,4'-Diantipyrylmethane spectrometric method；

ISO 7692:1983 Ferrotitanium—Determination of titanium content—Titrimetric method；

ISO 5454:1980 Ferrotitanium—Specification and conditions of delivery。

## （五）外科植入物（Implants for Surgery；ISO/TC 150）

ISO/TC 150 于 1971 年成立，下设 6 个分技术委员会，负责手术植入物（涵盖所有类型植入物以及制造和应用中使用的基础材料和复合材料的术语、规格和测试方法；出于诊断或治疗目的而通过手术暂时或永久植入体内的物体或装置）及其所需仪器的国际标准化工作，秘书处承担单位为德国标准化研究所（DIN），现有 24 个 P 成员，23 个 O 成员，中国是其 P 成员。天津市医疗器械质量监督检验中心是其国内技术对口承担单位。其下开展涉钒、钛标准化工作的分技术委员会为 ISO/TC 150/SC 1。

材料（Materials；ISO/TC 150/SC 1）

ISO/TC 150/SC 1 于 1980 年成立，秘书处承担单位为德国标准化研究所（DIN），现有 16 个 P 成员，15 个 O 成员，中国是其 P 成员，天津市医疗器械质量监督检验中心是其国内技术对口承担单位，发布涉钒、钛类标准 5 项：

ISO 5832-3:2021 Implants for surgery—Metallic materials—Part 3: Wrought titanium 6-aluminium 4-vanadium alloy；

ISO 5832-14:2019 Implants for surgery—Metallic materials—Part 14: Wrought titanium 15-molybdenum 5-zirconium 3-aluminium alloy；

ISO 5832-2:2018 Implants for surgery—Metallic materials—Part 2: Unalloyed titanium；

ISO 5832-11:2014 Implants for surgery—Metallic materials—Part 11: Wrought titanium 6-aluminium 7-niobium alloy；

ISO 20160:2006 Implants for surgery—Metallic materials—Classification of microstructures for alpha+beta titanium alloy bars。

### （六）纳米技术（Nanotechnologies；ISO/TC 229）

ISO/TC 229 于 2005 年成立，负责纳米技术领域(包括以下一项或两项：（1）在纳米尺度上控制物质和过程，通常（不限于）在一个或多个维度低于 100 纳米的情况下，尺寸相关现象的出现能够实现新的应用；（2）利用不同于单个原子、分子和大块物质性质的纳米材料的特性，创造出利用这些新特性的改进材料、设备和系统）的国际标准化工作，秘书处承担单位为英国标准协会（BSI），现有 38 个 P 成员，18 个 O 成员，中国是其 P 成员。国家纳米中心是其国内技术对口承担单位。发布涉钒、钛类标准 1 项：

ISO/TS 11937:2012 Nanotechnologies—Nanoscale titanium dioxide in powder form—Characteristics and measurement。

### （七）颜料、染料和体质颜料（Pigments, Dyestuffs and Extenders；ISO/TC 256）

ISO/TC 256 于 2010 年成立，负责着色材料领域（即颜料、增量剂和染料，包括术语、产品规格和测试方法）的国际标准化工作，秘书处承担单位为德国标准化研究所（DIN），现有 11 个 P 成员，19 个 O 成员，中国是其 P 成员。中海油常州涂料化工研究院有限公司是其国内技术对口承担单位。发布涉钒、钛类标准 3 项：

ISO 18473-4:2022 Functional pigments and extenders for special applications—Part 4: Nanoscale titanium dioxide for photocatalytic application；

ISO 18473-2:2015 Functional pigments and extenders for special applications—Part 2: Nanoscale titanium dioxide for sunscreen application；

ISO 591-1:2000 Titanium dioxide pigments for paints—Part 1: Specifications and methods of test。

## 三、国内涉钒钛标准化技术组织

### （一）全国铸造标准化技术委员会（SAC/TC 54）

SAC/TC 54 由国家标准化管理委员会筹建，并进行业务指导，负责全国铸造合金、铸造、工艺、铸造用原辅材料、检测方法、铸件质量分级等专业领域的标准化工作，秘书处承担单位为沈阳铸造研究所有限公司，对口国际标准化组织为 ISO/TC 17/SC 11、ISO/TC 25。

### （二）全国焊接标准化技术委员会（SAC/TC 55）

SAC/TC 55 由国家标准化管理委员会筹建，并进行业务指导，负责全国焊接、钎焊、切割通用工艺技术，试验方法，质量检测以及焊接材料，工艺制备，焊接与切割安全卫生等专业领域的标准化工作，秘书处承担单位为中国机械总院集团哈尔滨焊接研究所有限公司，对口国际标准化组织为 ISO/TC 44。

### （三）全国化学标准化技术委员会（SAC/TC 63）

SAC/TC 63 由中国石油和化学工业联合会筹建及进行业务指导，负责全国化学品等专业领域的标准化工作，秘书处承担单位为中国石油和化学工业联合会，对口国际标准化组织为 ISO/TC 47。

### （四）全国钢标准化技术委员会（SAC/TC 183）

SAC/TC 183 由中国钢铁工业协会筹建并进行业务指导，负责全国钢产品及其配套的试验方法等专业领域的标准化工作，秘书处承担单位为冶金工业信息标准研究院，对口国际标准化组织为 ISO/TC 17。

### （五）全国有色金属标准化技术委员会（SAC/TC 243）

SAC/TC 243 由中国有色金属工业协会筹建，并进行业务指导，负责全国有色金属矿、冶炼产品、加工产品及其辅助材料等专业领域的标准化工作，秘书处承担单位为中国有色金属工业标准计量质量研究所，对口国际标准化组织为 ISO/TC 18、ISO/TC 26、ISO/TC 155、ISO/TC 119、ISO/TC 226、ISO/TC 79、ISO/TC 183。

### （六）全国超导标准化技术委员会（SAC/TC 265）

SAC/TC 265 由中国科学院筹建，并进行业务指导，负责超导技术等专业领域的标准化工作，秘书处承担单位为中国科学院物理研究所，对口国际标准化组织为 IEC/TC 90。

### （七）全国纳米技术标准化技术委员会（SAC/TC 279）

SAC/TC 279 由中国科学院筹建，并进行业务指导，负责纳米技术领域（包括纳米尺度测量、纳米尺度加工、纳米尺度材料、纳米尺度器件、纳米尺度生物医药等方面的术语、方法和安全性要求等）不含产品的标准化工作，秘书处承担单位为国家纳米科学中心。

### （八）全国潜水器标准化技术委员会（SAC/TC 306）

SAC/TC 306由国家标准化管理委员会筹建，并进行业务指导，负责潜水器及相关设备的设计、建造与使用，深海空间站的设计与建造等专业领域的标准化工作，秘书处承担单位为中国船舶重工集团公司第七〇二研究所。

### （九）全国铁矿石与直接还原铁标准化技术委员会（SAC/TC 317）

SAC/TC 317由中国钢铁工业协会筹建，并进行业务指导，负责铁矿石与直接还原铁领域的标准化工作，秘书处承担单位为冶金工业信息标准研究院，对口国际标准化组织为ISO/TC 102。

### （十）全国生铁及铁合金标准化技术委员会（SAC/TC 318）

SAC/TC 318由中国钢铁工业协会筹建并进行业务指导，负责生铁、铁合金领域的标准化工作，秘书处承担单位为冶金工业信息标准研究院，对口国际标准化组织为ISO/TC 132、ISO/TC 25、ISO/TC 155。

### （十一）全国燃料电池及液流电池标准化技术委员会（SAC/TC 342）

SAC/TC 342由中国机械工业联合会筹建，中国电器工业协会进行业务指导，负责燃料电池及液流电池的术语、性能、通用要求及试验方法等的标准化工作，秘书处承担单位为机械工业北京电工技术经济研究所，对口国际标准化组织为IEC/TC 105。

### （十二）全国钒钛磁铁矿综合利用标准化技术委员会（SAC/TC 579）

SAC/TC 579由四川省市场监督管理局筹建，中国钢铁工业协会进行业务指导，负责钒钛磁铁矿综合利用（不含钒、钛产品）领域的标准化工作，秘书处承担单位为攀西钒钛检验检测院。

# 第31章

# 涉钒、钛类标准

截至 2023 年 12 月，以“钒”和“钛”为关键词检索，备案且现行有效的涉钒、钛类国际、国外、国家、行业、地方、团体标准共计 1187 项。其中，国际标准 38 项，欧美标准 418 项，国家标准 180 项，行业标准 433 项，地方标准 23 项，团体标准 95 项。

## 一、国际标准

截至 2023 年 12 月，以钒（vanadium）、钛（titanium）为关键词在 ISO 官方网站上检索，涉钒、钛类国际标准 38 项，主要涉及功能颜料和填充剂、航空航天、钛材应用、钛材含量测定、外科植入物材料，标准分布情况如图 31-1 所示。

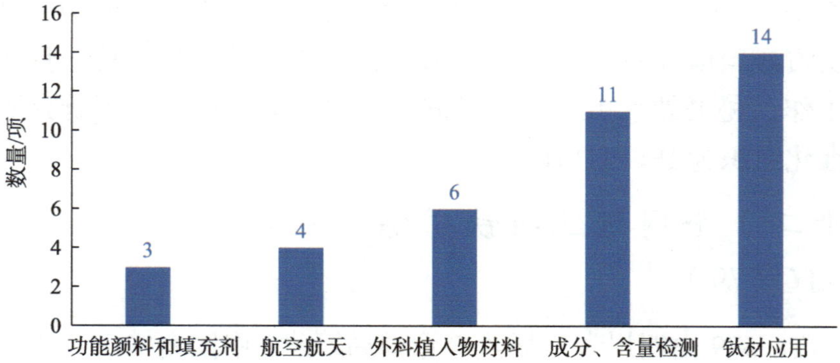


图 31-1　涉钒、钛类国际标准行业分布情况

涉钒、钛类国际标准，主要由钛（ISO/TC 79/SC 11），材料（ISO/TC

150/SC 1），飞机与航天器（ISO/TC 20），纳米技术（ISO/TC 229），外科植入物（ISO/TC 150），颜料、染料及体质颜料（ISO/TC 256），铁合金（ISO/TC 132）等 10 个，技术委员会提出并归口，各技术委员会归口管理标准情况如图 31-2 所示。2023 年发布 4 项涉钒、钛类国际标准，全部归口于钛（ISO/TC 79/SC 11）技术委员会，详见表 31-1。

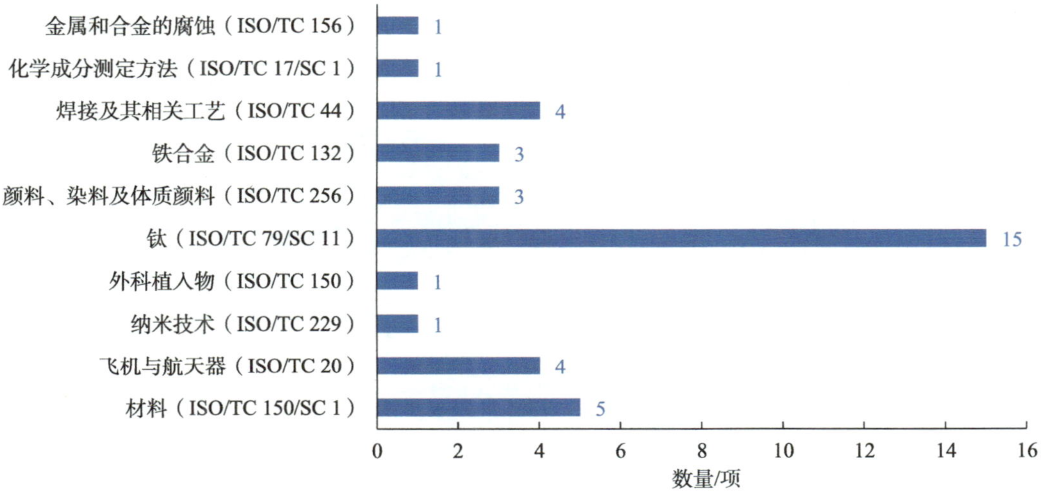


图 31-2 涉钒、钛类技术委员会归口管理标准数量

**表 31-1 2023 年发布涉钒、钛类国际标准统计表**

| 序号 | 标准号 | 标准名称 | 国际技术委员会 |
|---|---|---|---|
| 1 | ISO 21339:2023 | 《6Al-4V 钛合金 铝和钒含量的测定 电感耦合等离子体原子发射光谱法》（*6Al-4V titanium alloys Determination of aluminium and vanadium contents—Inductively coupled plasma atomic emission spectrometric method*） | 钛（ISO/TC 79/SC 11） |
| 2 | ISO 7209:2023 | 《钛和钛合金 板、薄板和带材 交货技术条件》（*Titanium and titanium alloys—Plate, sheet and strip—Technical delivery conditions*） | 钛（ISO/TC 79/SC 11） |
| 3 | ISO 7217:2023 | 《钛和钛合金 棒材、棒材和钢坯 交货技术条件》（*Titanium and titanium alloys—Bar, rod and billet—Technical delivery conditions*） | 钛（ISO/TC 79/SC 11） |
| 4 | ISO 13093:2023 | 《钛和钛合金 碳的测定 感应炉燃烧后的红外吸收法》（*Titanium and titanium alloys—Determination of carbon—Infrared absorption method after combustion in an induction furnace*） | 钛（ISO/TC 79/SC 11） |

## 二、欧美标准

欧美标准主要包含美国材料与试验协会（ASTM）、英国（BS）、德国（DIN）、西班牙（UNE）、法国（NF）、俄罗斯（GOST）以及欧盟（EN）标准。截至 2023 年 12 月，以钒（vanadium）、钛（titanium）为关键词在中国标准服务网上检索，ASTM 共发布涉钒、钛类标准 44 项，主要涵盖钛产品，外科植入物、假体和矫形，钛和钛合金，颜料和填充剂，外科器械和材料，物理化学分析方法 6 个 ICS 分类领域，如图 31-3 所示。

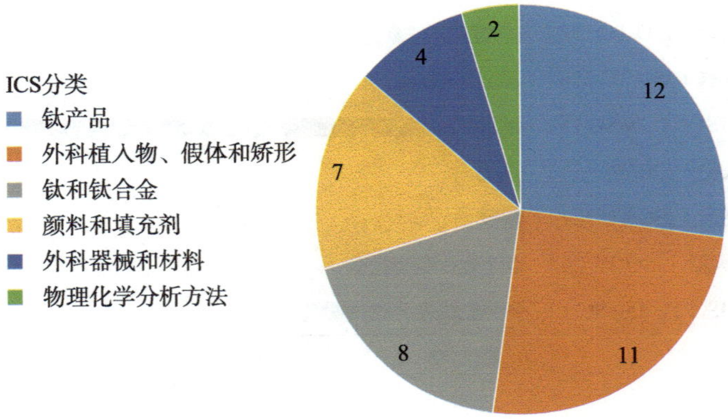


图 31-3　美国 ASTM 发布涉钒、钛标准情况

截至 2023 年 12 月，以钒（vanadium）、钛（titanium）为关键词在全国标准信息公共服务平台、欧盟标准网、中国标准服务网上检索，欧洲主要经济体共发布涉钒、钛类标准 374 项，其中欧盟标准（EN）171 项、英国标准（BS）57 项、德国标准（DIN）25 项、西班牙标准（UNE）29 项、法国标准（NF）20 项、俄罗斯标准（GOST）72 项，如图 31-4 所示。

## 三、国家标准

截至 2023 年 12 月，以钒、钛为关键词在全国标准信息公共服务平台和中国标准服务网上检索，我国共发布涉钒、钛类国家标准 180 项。其中，强制性国家标准 8 项，推荐性国家标准 172 项。方法类标准和产品类标准最多，各类别标准数量情况如图 31-5 所示，占比情况如图 31-6 所示。标准的提出部门为工业和信息化部、生态环境部、国家标准委等 11 个单位，相关部门提出国家标准情况如图 31-7 所示。

涉钒、钛类国家标准主要由有色金属（TC 243）、生铁及铁合金（TC

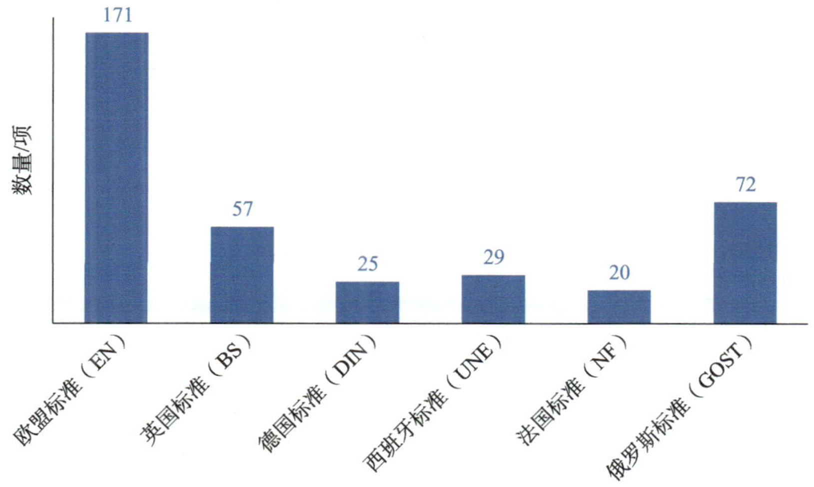


图 31-4 欧洲主要经济体发布涉钒、钛类标准数量

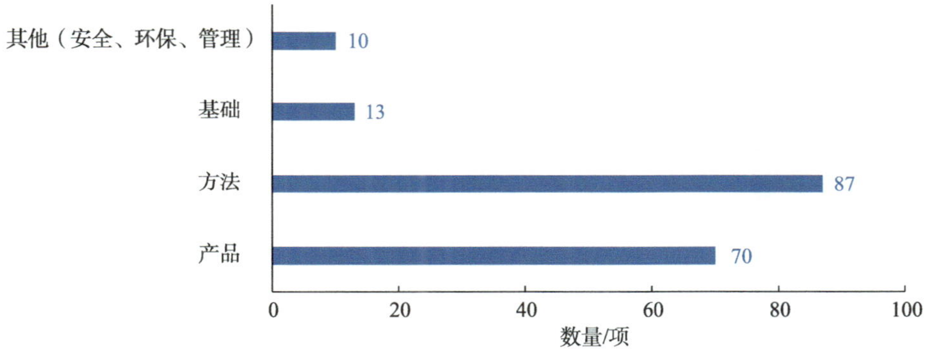


图 31-5 涉钒、钛类国家标准类别分布

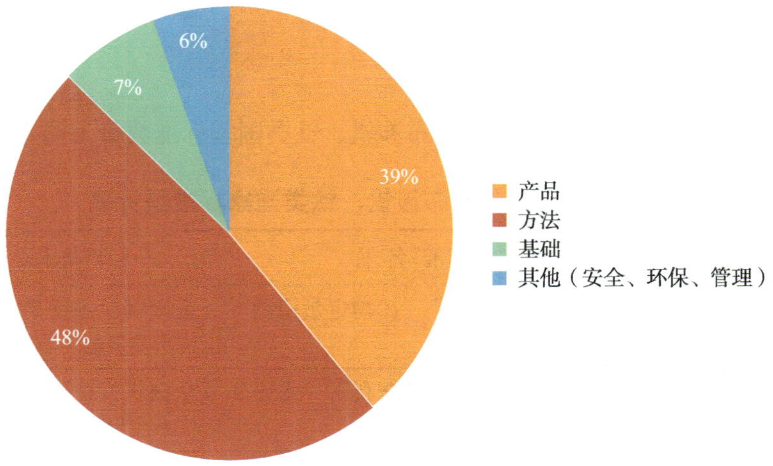


图 31-6 涉钒、钛类国家标准类别占比

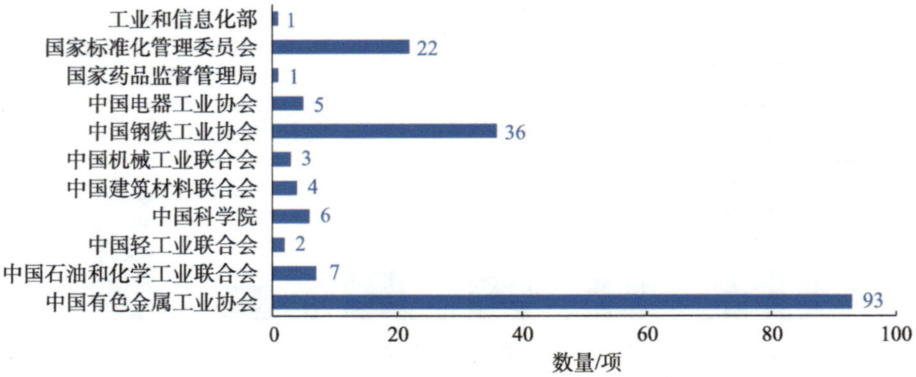


图 31-7　各部门提出涉钒、钛类国家标准数量

318）、燃料电池及液流电池（TC 342）等技术委员会归口管理，归口管理国家标准数量排名前 10 的技术委员会统计情况如图 31-8 所示。2023 年发布涉钒、钛类国家标准 3 项，详见表 31-2。

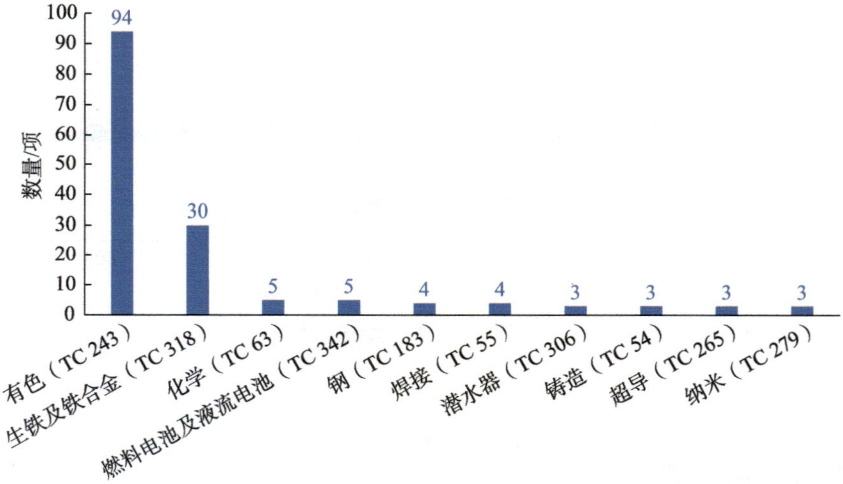


图 31-8　各标准化技术委员会发布涉钒、钛类国家标准数量（前 10 名）

**表 31-2　2023 年发布涉钒、钛类国家标准统计表**

| 序号 | 标准号 | 标 准 名 称 | 归口技术委员会 |
|---|---|---|---|
| 1 | GB/T 42345—2023 | 《钒钛磁铁矿　矿物定量检测方法》 | 全国钒钛磁铁矿综合利用标准化技术委员会（TC 579） |
| 2 | GB/T 42346—2023 | 《钒钛磁铁矿综合利用　术语和定义》 | 全国钒钛磁铁矿综合利用标准化技术委员会（TC 579） |
| 3 | GB/T 42622—2023 | 《增材制造　激光定向能量沉积用钛及钛合金粉末》 | 全国增材制造标准化技术委员会（TC 562） |

## 四、行业标准

截至 2023 年 12 月，以钒、钛为关键词在国家标准文献共享服务平台上检索，我国共发布涉钒、钛类行业标准 433 项，涵盖航空、航天、黑色冶金、船舶、有色金属、医药等 24 个行业类别，各行业发布标准数量如图 31-9 所示。涉钒、钛行业标准主要集中在方法、产品、基础、管理和通用方面，其中方法类标准和产品类标准最多，各类标准数量情况如图 31-10 所示，占比情况如图 31-11 所示；2023 年发布涉钒、钛类行业标准 3 项，涉及环保、轻工和机械领域，详见表 31-3。

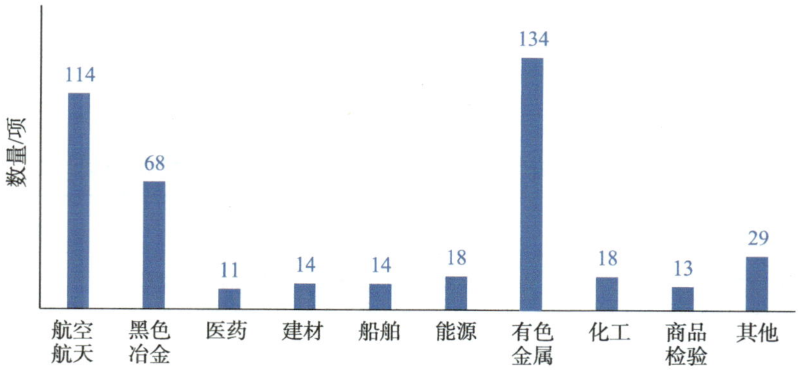


图 31-9　各行业发布涉钒、钛类行业标准数量

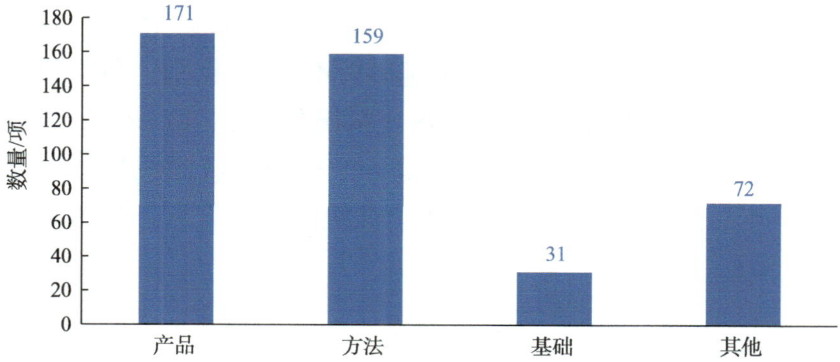


图 31-10　各类别涉钒、钛行业标准数量

## 五、地方标准

截至 2023 年 12 月，以钒、钛为关键词在全国地方标准信息公共服务平台、中国标准服务网上检索，各省发布涉钒、钛类地方标准 23 项。由四

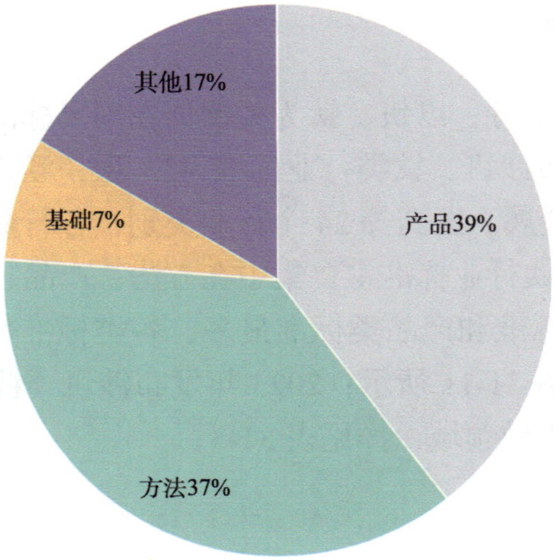


图 31-11 各类别涉钒、钛行业标准占比

**表 31-3 2023 年钒钛资源综合利用行业标准发布统计**

| 序号 | 标准号 | 标 准 名 称 | 行业领域 |
|---|---|---|---|
| 1 | HJ 1279—2023 | 《钛白粉工业废水治理工程技术规范》 | 环保 |
| 2 | QB/T 5900—2023 | 《钛制锅具》 | 轻工 |
| 3 | JB/T 14410—2023 | 《柴油机 涂覆式钒基 SCR 催化剂 化学成分分析方法》 | 机械 |

川、河北、陕西等 8 个省（自治区）发布，各省发布数量如图 31-12 所示。发布标准包括方法标准、产品标准和基础标准 3 个类别，各类别涉钒、钛地方标准数量情况如图 31-13 所示，占比情况如图 31-14 所示；主要涉及采矿业、科学研究和技术服务业、制造业等 6 个行业领域，数量分布如图 31-15 所示。2023 年福建省、上海市发布 2 项涉钒、钛综合利用地方标准，详见表 31-4。

## 六、团体标准

截至 2023 年 12 月，以钒、钛为关键词在全国团体标准信息公共服务平台上检索，社会团体发布涉钒、钛类团体标准 95 项，主要包括方法标准、产品标准和基础标准 3 个类别，标准类别情况如图 31-16 所示，占比情况如图 31-17 所示。涉钒、钛类团体标准主要由中国生物材料学会、中关村材料试验技术联盟等 42 家社会团体发布，如图 31-18 所示。

2023年中关村材料试验技术联盟、湖北省标准化协会、中国生物材料学会等15家社会团体发布钒钛综合利用领域团体标准31项，详见表31-5。

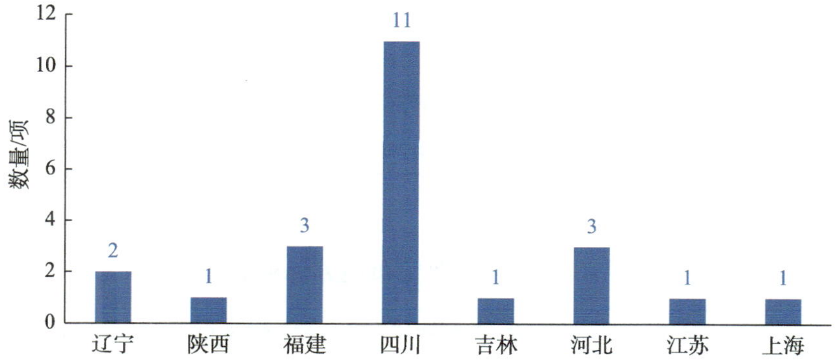


图31-12 各省发布涉钒、钛类地方标准数量

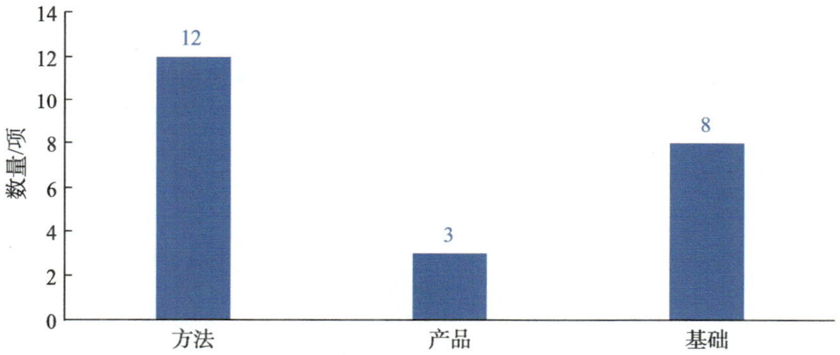


图31-13 各类别涉钒、钛地方标准数量

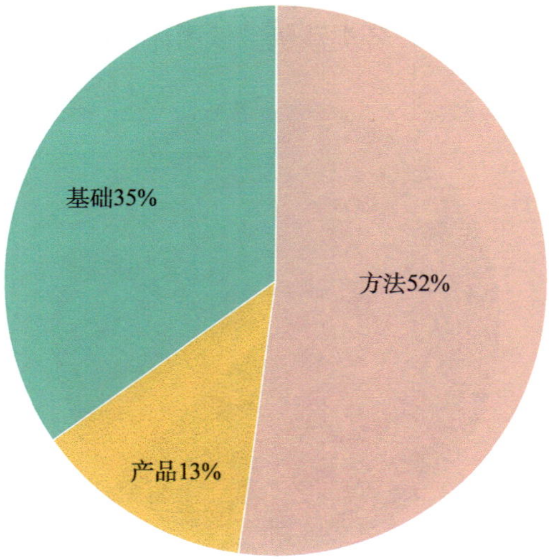


图31-14 各类涉钒、钛地方标准占比

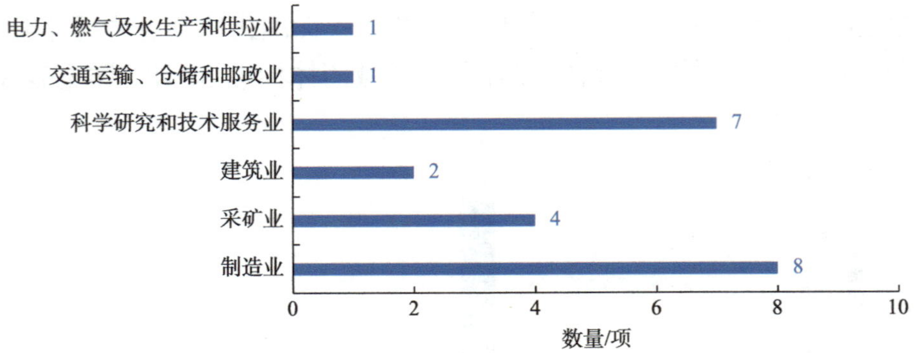


图 31-15　各行业发布地方标准数量

**表 31-4　2023 年发布涉钒、钛地方标准统计表**

| 序号 | 标准号 | 标 准 名 称 | 省份 |
|---|---|---|---|
| 1 | DB 35/T 2143—2023 | 《钙钛矿太阳电池转换效率测评规程》 | 福建省 |
| 2 | DB 31/T 1410—2023 | 《增材制造用钛及钛合金粉末材料通用规范》 | 上海市 |

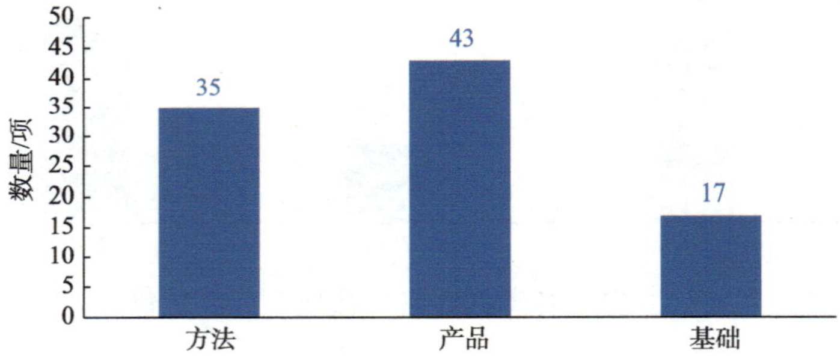


图 31-16　各类涉钒、钛团体标准数量

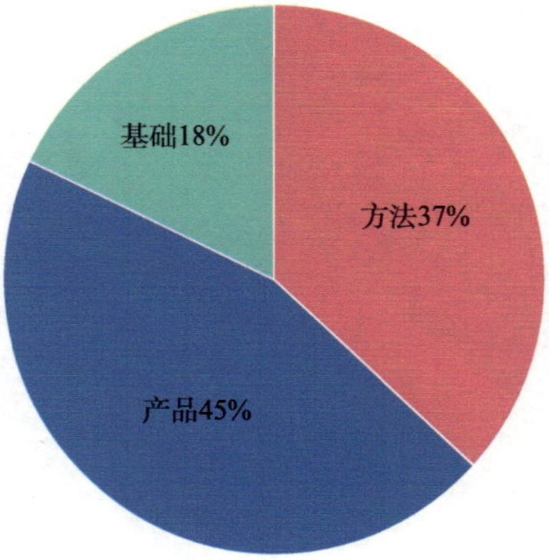


图 31-17　各类涉钒、钛团体标准占比

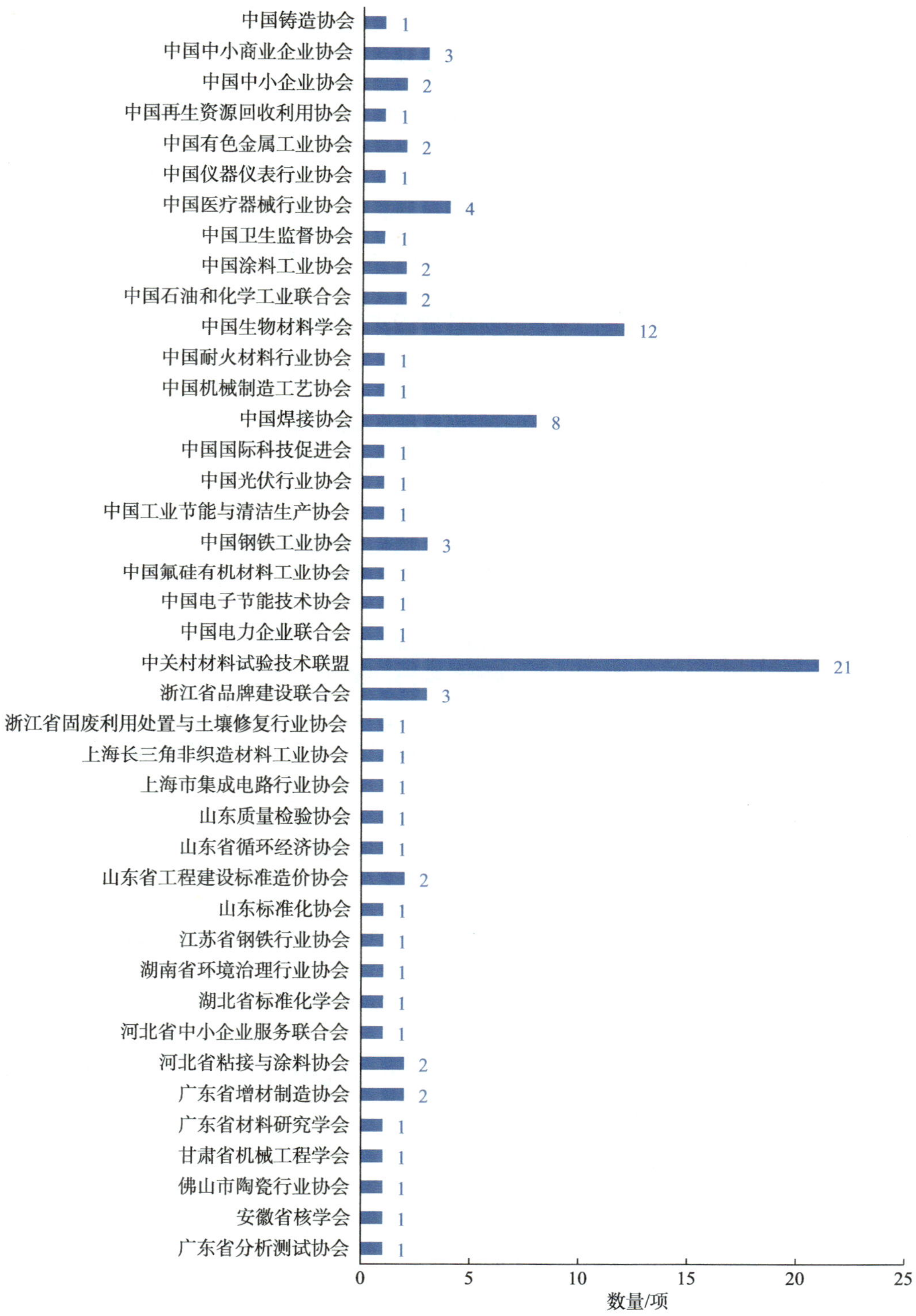


图 31-18 社会团体发布涉钒、钛团体标准数量

**表 31-5　2023 年涉钒钛类团体标准发布统计**

| 序号 | 标准号 | 标 准 名 称 | 批准发布部门 |
|---|---|---|---|
| 1 | T/HBTL 001—2023 | 《防腐二氧化钛》 | 河北省粘接与涂料协会 |
| 2 | T/GDMRS 001—2023 | 《外科植入物　全髋关节假体增材制造钛合金股骨柄假体》 | 广东省材料研究学会 |
| 3 | T/CWAN 0090.1—2023 | 《钛基粉状钎料化学分析方法 第 1 部分：钛含量测定　氧化还原滴定法》 | 中国焊接协会 |
| 4 | T/CWAN 0088—2023 | 《钛合金非晶焊带及应用推荐规范》 | 中国焊接协会 |
| 5 | T/CWAN 0089—2023 | 《钛基活性焊膏质量评价方法》 | 中国焊接协会 |
| 6 | T/CWAN 0090.2—2023 | 《钛基粉状钎料化学分析方法 第 2 部分：锆含量测定　苦杏仁酸重量法》 | 中国焊接协会 |
| 7 | T/CI 232—2023 | 《纯钛内胆不锈钢真空焖烧壶》 | 中国国际促进协会 |
| 8 | T/CSTM 00779—2023 | 《钒钛磁铁矿　硒量的测定　氢化物发生—原子荧光光谱法》 | 中关村材料试验技术联盟 |
| 9 | T/CSTM 00776—2023 | 《钒钛磁铁矿　金量的测定　铅试金—电感耦合等离子体质谱法》 | 中关村材料试验技术联盟 |
| 10 | T/CSTM 00778—2023 | 《钒钛磁铁矿　镧、铈等 15 项稀土量的测定　电感耦合等离子体质谱法》 | 中关村材料试验技术联盟 |
| 11 | T/CSTM 00777—2023 | 《钒钛磁铁矿　铂、钯、铑、铱、锇、钌量的测定　锑试金—电感耦合等离子体质谱法》 | 中关村材料试验技术联盟 |
| 12 | T/CAMDI 121—2023 | 《增材制造　钛及钛合金颧种植体》 | 中国医疗器械行业协会 |
| 13 | T/CAMDI 108—2023 | 《增材制造　口腔修复体纯钛支（桥）架》 | 中国医疗器械行业协会 |
| 14 | T/CAMDI 115—2023 | 《增材制造　生物力学适配型钛合金椎间融合器》 | 中国医疗器械行业协会 |
| 15 | T/CASMES 278—2023 | 《钙钛矿光伏组件功率衰减检测技术要求》 | 中国中小企业协会 |
| 16 | T/CASMES 281—2023 | 《钙钛矿电池发电效率性能测定技术规范》 | 中国中小企业协会 |
| 17 | T/CSTM 00780.3—2023 | 《钒酸钠分析方法　第 3 部分：硅铝等 12 种杂质元素含量的测定　电感耦合等离子体光谱法》 | 中关村材料试验技术联盟 |

续表 31-5

| 序号 | 标准号 | 标 准 名 称 | 批准发布部门 |
|---|---|---|---|
| 18 | T/CSTM 00780.1—2023 | 《钒酸钠分析方法 第 1 部分：钒含量的测定硫酸亚铁铵滴定法》 | 中关村材料试验技术联盟 |
| 19 | T/CAMMT 49—2023 | 《增材制造 钛及钛合金激光定向能量沉积工艺规范》 | 中国机械制造工艺协会 |
| 20 | T/HAEPCI 48—2023 | 《钒冶炼废渣综合利用与处置技术规范》 | 湖南省环境治理行业协会 |
| 21 | T/CIECCPA 015—2023 | 《高纯二氧化钛产品技术要求和检测方法》 | 中国工业节能与清洁生产协会 |
| 22 | T/HBZXL 012—2023 | 《混凝土输送用自蔓延碳化钛内衬抗磨白口铸铁弯管质量要求》 | 河北省中小企业服务联合会 |
| 23 | T/CASME 362—2023 | 《光学仪器用钛合金》 | 中国中小商业企业协会 |
| 24 | T/CSTM 00660.2—2023 | 《碳化钛渣化学分析方法 第 2 部分：钛含量的测定 硫酸铁铵滴定法》 | 中关村材料试验技术联盟 |
| 25 | T/CSTM 00660.1—2023 | 《碳化钛渣化学分析方法 第 1 部分：游离碳含量的测定 高频燃烧红外吸收法》 | 中关村材料试验技术联盟 |
| 26 | T/SDAS 639—2023 | 《增材制造 镍钛形状记忆合金骨科植入物材料与工艺要求》 | 山东标准化协会 |
| 27 | T/CSTM 00661—2023 | 《钒钛磁铁矿 稀土氧化物总量测定》 | 中关村材料试验技术联盟 |
| 28 | T/WSJD 16.3—2023 | 《工作场所空气中纳米二氧化钛职业接触限值》 | 中国卫生监督协会 |
| 29 | T/CWAN 0086—2023 | 《钛合金板翅式换热器壳体非熔化极气体保护焊推荐焊接工艺规程》 | 中国焊接协会 |
| 30 | T/SACE 031—2023 | 《偏钒酸铵（由氧化铝含钒碱渣制取）》 | 山东循环经济协会 |
| 31 | T/CASME 740—2023 | 《钛及钛合金材质牙种植体个性化基台》 | 中国中小商业企业协会 |

# 第32章

# 涉钒、钛标准发展存在问题与发展建议

## 一、在标准化发展方面存在的问题

近年来，我国标准化法制体系不断健全，标准数量和质量大幅提升，标准体系日臻完善，标准化管理体制和运行机制更加顺畅，标准化人才队伍不断发展壮大，全社会标准化意识不断增强，标准化建设取得重要成绩。同时，我国标准化工作还存在一些问题和不足，如标准供给结构不合理，标准的供给不能完全满足经济社会发展需要；标准化与科技创新互动发展力度还不够，产业标准化水平还有待提升，绿色发展标准化保障需进一步完善，碳达峰、碳中和、生态建设和保护，以及自然资源节约集约利用标准质量和数量还需加强；标准实施应用还不够充分，标准化发展的基础还不牢固，标准国际化水平还有待提升；与全球标准化水平相比还不平衡，平等参与国际科技创新合作与标准制定面临挑战，标准作为技术性贸易措施被滥用的现象时有发生，标准化建设工作需要进一步强化。

## 二、在钒钛磁铁矿综合利用领域存在的主要问题

### （一）标准供给不能完全满足钒钛市场发展需要

钒钛产品应用广泛、标准技术归口管理部门多，标准体系衔接一致性有待进一步完善。各应用领域的相关标准供给不能完全满足钒钛市场发展需要，钒钛磁铁矿冶炼新工艺特别是核心工艺技术的标准化推广应用缺乏

相关标准规范；航天航空、海洋工程装备等高端应用领域的标准引领作用和标准国际化推广还需进一步加强；含钒钛废副产品综合利用方面相关标准制定不完善，如含钒钛尾矿、表外矿、提钒尾渣、含钒钢渣、钛白废酸及酸性废水和绿矾等方面缺乏标准的规范。

### （二）标准结构和种类结构不合理

目前涉钒、钛标准的供给仍以政府主导制定为主，标准起草单位重视国家、行业标准的制定、修订工作，轻视团体、企业标准的制定、修订工作，代表市场主体活力的团体、企业标准文本制定不规范，实施效果不理想，亟须进一步优化政府与市场并重制定标准的二元结构，提升团体、企业标准的质量，转变标准的供给结构和标准化工作的意识。

### （三）标准化基础有待进一步提升

钒、钛领域企业，尤其是民营企业标准化工作基础薄弱。主要表现在企业对标准化工作的意识不强，标准制定、修订参与度不高，采标贯标意愿较低；企业标准管理体系不完善，标准化工作人才梯队设置不合理，标准化工作人员的技能培养欠缺；企业标准化工作对助力技术创新的理解不深入，企业质量和技术部门对标准的认知大多还停留在为标准而标准阶段，对标准联通政策、设施、贸易、资金和民心的基础作用，建立合作关系，统一市场规则，促进贸易，助力企业技术创新的认识不深入、不清晰。

## 三、钒、钛领域标准化工作的建议

要认真学习贯彻好《国家标准化发展纲要》（以下简称《纲要》），准确把握钒钛领域新时代标准化的发展目标和重点任务，推进实施标准化战略，充分利用标准这一全球通用技术语言对产业的引领作用，助推产业高质量发展。

### （一）完善标准体系，制定一批高质量标准

1. 持续优化完善标准体系

以《纲要》为蓝本聚焦钒、钛领域新工艺、新技术、新产品以及高端应用，将质量等级划分、绿色评价、新技术成果、碳排放统计核算总量强度等纳入标准拟制定、修订对象，构建符合产业发展和政策背景的新标准

体系结构图及标准明细表，制定更协调、更紧贴钒、钛领域未来 5 年或更长时间内的标准化发展规划。

2. 积极开展本领域标准制定、修订工作

建立健全钒、钛采、选、冶、材、用环节标准体系，加强在基础、通用、环保、能耗、安全等重点领域标准制定、修订工作。制定标准制定、修订工作计划，落实标准制定、修订任务细节，强化标准制定、修订申报立项预研，提高申报质量；充分发挥企业标准化主体作用，鼓励企业积极将具有自主创新的新技术、新方法转化为标准。

3. 大力发展团体标准

在推进国家标准、行业标准和地方标准等政府主导标准制定的同时，强化团体标准的协调配套，实施团体标准培优计划，推进团体标准应用示范，充分发挥技术优势企业作用，引导社会团体制定原创性、高质量标准，提升市场自主制定标准的比重。

### （二）争取政府政策支持，积极申报国家标准化有关的科研项目

结合国家战略规划，围绕满足国家战略需求，跟踪钒、钛领域的重大专项研究内容和重要突破方向，适时申报国家标准化相关科研项目。通过专项研究攻克关键核心技术难点，强化和夯实钒、钛标准化发展根基，为钒、钛高质量发展提供标准化理论支撑。

### （三）加大服务企业的力度

开展企业“采标贯标”能力提升行动，强化标准对产业发展的引领作用。要加强钒、钛全产业链企业走访调研，一方面查找企业在标准执行、质量控制方面存在的问题，及时提出标准化建设整改建议；另一方面收集企业需求，有针对性地开展标准化专业技术支持和指导；要强化标准宣贯，宣讲执行标准的重要性、迫切性和效益性，提升企业标准化管理和生产水平。

### （四）做好标准化工作的宣传

不定期地组织召开学术交流、标准研讨等各类标准化交流活动，加强与领域间各领域委员会、技术委员会的交流沟通，取长补短。积极采

用新媒体手段多渠道、全方位地开展钒、钛领域标准化工作亮点和成果的宣传。

### （五）加强标准化人才队伍建设

为钒、钛领域内标准起草单位开展标准化基础知识、标准编写、标准申报流程等内容的专题培训，提高其标准化工作水平。建立健全标准化领域人才的职业能力评价和激励机制，造就一支熟练掌握国内、国际规则、精通专业技术的职业化人才队伍。

### （六）提升标准化对外开放水平

加强标准国际化合作。建设更加开放兼容的标准体系，夯实国际标准化工作基础，积极开展与国际标准化组织的对接工作，参加钒、钛领域相关的国际标准会议，加强与相关领域国际标准化组织的交流合作，扩大研制标准的国际影响力。

推动国内标准国际化。坚持国家、行业和团体标准项目中英文版同步，逐步建立与国际标准化组织及发达国家标准化对口机构的业务联系，持续开展国际标准的对比分析和转化工作，推动中国标准走出去。

# 后　记

最初提出要编制《中国钒钛产业发展报告》(以下简称“《报告》”)完全基于“就那么一说”。摆在眼前的《中国钒钛产业发展报告 2024》说明，只要把说法当真，真的就能美梦成真。

经过全体参编者的共同努力，2024 年 4 月 19 日,《中国钒钛产业发展报告 2024》在北京成功发布；150 多名嘉宾到场祝贺，多家媒体深度报道，使《中国钒钛产业发展报告 2024》的发布成为产业盛事。

《报告》的出版，说明我们已经克服困难，达成基本目标，到了总结和表达感谢之情的时候了。

感谢国家发展和改革委员会产业司的指导，当联盟提出 2024 年要进行钒钛资源、海绵钛和钒电池等产业调研时，他们认为十分必要，表示积极支持，期待成果呈现，坚定了我们做《报告》和做好《报告》的信心；当我们向联盟理事会提出进行钒钛产业调研并编制《报告》时，得到全体理事的赞成，使这一工作成为联盟 2024 年的标志性任务；当我们向联盟成员单位发出邀请，希望支持和参编《报告》时，得到积极响应。

这些单位是攀钢集团有限公司、承德钒钛新材料有限公司、龙佰集团股份有限公司、中冶赛迪集团有限公司、北京涂多多电子商务股份有限公司、广东惠云钛业股份有限公司等企业，全国钒钛磁铁矿综合利用标准化技术委员会、中国钢铁工业协会钒业分会、中国涂料工业协会钛白粉行业分会、化工行业生产力促进中心钛白分中心、中国钛民品协会、四川省钒钛钢铁产业协会、河北省钒钛行业协会、攀枝花市钒钛产业协会等行业组织，中国地质调查局成都矿产综合利用研究所、武汉科技大学、攀枝花学院、成都理工大学等科研院所和高校，以及铁合金在线等，他们派出专家，参与《报告》撰写，使“报告”成《报告》。参加撰写《报告》的人携优势而来，有企业领导、产业专家、学者教授，结合各自领域和专长，分别承担任务，且追求精进，使《报告》得以按时、专业、较高质量地完成，填补了钒钛产业空白，为中国钒钛产业树立起了一座丰碑。下面，我们按照篇章顺序，对每一位参与《报告》撰写付出劳动和智慧的撰写人表示感谢。

杨绍利、杨雄飞、姜宝伟等参与了“导言”的撰写，他们以前瞻的视野、丰富的知识、深邃的洞察力、详实的数据，用浓缩的笔墨、清晰的脉络和有说服力的事件等，介绍了中国钒钛产业的起步、建设和发展，使读者得以全面了解中国钒钛产业的过去、现在与未来，优势与特点，以中国钒钛产业发展的路线图的作用，成为了解和研究中国钒钛产业的导航图。

杨绍利、杨保祥、杨耀辉、李新、毕国玉、杨雄飞、李宏凯、马兰、韩小国、吕爽、孔大明、张家成、邓黎、齐宇等撰写了“资源篇”，重点介绍全球特别是中国钒钛资源的分布、禀赋、开发利用等情况，全面系统、重点突出、弥补了不足；披露了很多鲜为人知的资源情况、二次资源利用等，能够帮助读者从资源这个基础，展望中国钒钛产业的优势和未来。感谢攀钢集团矿业有限公司、宝武资源有限公司、龙佰集团四川矿冶有限公司、承德京城矿业集团有限公司、河北远通矿业有限公司、承德天宝矿业集团有限公司、哈密市富宏矿业有限公司、哈密市泰源矿业有限公司等单位的大力支持。

杨雄飞、严川伟、毕国玉、刘涛、马瑞峰、冉俊、付鑫仪、吴优、张琼文、丁海龙等撰写了“钒业篇”。钒因为全钒液流电池储能在构建新型电力系统中的重要地位和巨大的想象空间而备受关注，钒供给能否满足需求、钒价格能否平稳、供应格局会否改变等，近年来一直是产业重点关注的问题。“钒业篇”回答了这些问题，包括供应量、钒应用领域、供应格局与需求趋势等，可以说是钒的“百科全书”。感谢承德建龙特殊钢有限公司、中色（宁夏）东方集团有限公司、四川德胜集团、四川省达州钢铁集团有限责任公司、大连融科储能技术发展有限公司、北京绿钒新能源科技有限公司、承德新新钒钛储能科技有限公司、陕西五洲矿业股份有限公司、承德天大钒业有限责任公司、秦皇岛佰工钢铁有限公司、河北中科同创钒钛科技有限公司等单位的大力支持。

姜宝伟、贾栓孝、黄永光、徐聪、卢东、陈爱祥、张敏、齐宇、秦海旭、吉李、张莉、张美杰等撰写了“钛金属篇”。这是一块“硬骨头”。好在撰写者聚焦优势，对海绵钛产业做了深入细致全面，应是迄今为止最权威和最具参考价值的报告。钛材产业的撰写难在产业小而散，缺乏权威统计，数据难求。撰写者从大处着眼，从技术装备、海绵钛产量、突发性需求和进出口数据，以及参考发达国家的钛材产业发展等角度入手，重点分析产业进步、竞争力提升和引擎作用等，力争从高处看产业，从趋势看价值；借鉴前沿研究成果和实践经验，提出“钛经济”这个创新主题，使研究“钛金属”有了新视角，认知有了新提升，以指导钛金属产业开启发展新篇章。感谢攀钢集团（攀枝花）钛金属材料有限公司、云南国钛金属股份有限公司、新疆湘晟新材料科技有限公司、洛阳双瑞万基钛业有限公司、宝武特冶钛金科技有限公司、洛阳双瑞精铸钛业有限公司、中色（宁夏）东方集团有限公司、浙江飞剑工贸有限公司等单位的大力支持。

周明勇、陈新红、陈钢、王嘉雍、杨雯雯、黄建文、齐宇、孙哲宇等撰写了“钛化工篇”。在钒钛产业中，钛化工在产能产量规模上、在产值规模上体量最大，也是成熟度最高和独立性最强的产业。钛化工产业有着丰富的数据来源和科学的报告体系，也是每年很多机构争先“报告”的领域。撰写者优秀地完成了“规定动作”，又挖掘出了技术进步、管理和标准等亮点，使钛化工篇如洁白的产业一样十分耀眼，为产业发展提供了有力支持。感谢龙佰集团股份有限公司、宁波新福钛白有限公司、中核华原钛白股份有限公司、铜陵化学工业集团有限公司（安纳达钛业）、山东道恩钛业有限公司、中信锦州钛业股份有限公司、潜江方圆钛白有限公司、宜宾天原海丰和泰有限公司、攀枝花全瑞实业有限公司等单位的大力支持。

“智能制造篇”是个在“临时会议”议出来的“临时篇章”。一次，主攻智能制造的成都星云智联拜访联盟，会议的中心议题是钒钛钢与智能制造。期间提到了《报告》，大家都敏感地认识到“智能化”发展是钒钛产业的重要方向，《报告》中不能缺少钒钛智能制造的内容。议定之后，撰写是件难事。曾经担心时间太紧，差点要等到明年，最终大家觉得“一个都不能少”，激励代挺、周劲松、文本超、徐聪、查虒云、文琳、唐甜甜、张德召、余国强、杨文伟等专家要“急就章”“质量必须保证”，从呈现的结果看，这是开创钒钛产业报告先河的重要篇章。

李子敬、仲利、朱义、罗贵玉、龙云翠、陈静等，来自全国钒钛磁铁矿资源综合利用委员会和攀西钒钛检验检测院，原来他们每年都要发布《全国钒钛磁铁矿资源综合利用白皮书》。把相关内容移入《报告》是议了很久的事情，也是能够让更多的人看到钒钛磁铁矿标准及制定情况的重要窗口。同样，“标准篇”也是众多《报告》的“补课篇”。

还有段明华、常福增、乔杉、王向红、李俊烨等也为《报告》的顺利完成作出了贡献，在此一并感谢。

他们以高度的责任感、高超的专业水平、高端的品质要求、高效的撰写效率、无私的奉献精神，保障了《报告》面世即高度，即填补产业空白，保证了《报告》的长效生命力。

为了撰写好《报告》，我们做了大量和深入的调研。调研对象包括国家发展和改革委员会与相关省市的资源、发改、经信、科技等部门，到了钒钛资源富集地的政府和钒钛龙头及产业链优势企业、高校科研院所进行大量调研，听到了很多大量真知灼见。调研地包括四川攀枝花市、凉山州和内江市，河北承德市，新疆哈密市、喀什地区，辽宁朝阳市，新疆钢协等政府和协会，四川省冶金设研院、新疆湘晟、川威集团、四川发展（控股）公司、中冶赛迪、金达钛业、朝阳百盛、云南国钛股份、大安特钢、大连融科、北京绿钒、北京普能、新新钒钛、新液流储能公司、天府储能、上海骐杰、宿迁时代、美森储能等单位。大家的支持，让《报告》内容丰富、鲜活和接地气，能更好地把握好产业发展的脉搏和企业追求发展的诉求，有了更多的现场感和互动感，感谢他们的支持。

多次调研、分析和编制《报告》，让我们深刻地认识到，中国钒钛产业充满生机，蕴藏着巨大的发展潜力，钒钛企业大有作为，是有着战略地位的优势产业；中国钒钛产业是一个团结的大家庭，说起钒钛就亲切；我们期待的构建钒钛产业命运共同体的愿景正在变成现实。

还要鸣谢上海皓以科技有限公司、湖南众鑫新材料科技股份有限公司、陕西中钒昌盛新材料科技有限公司等公司赞助，以及上海钢联电子商务股份有限公司为《报告》出版作出的贡献。

特别感谢冶金工业出版社的同志们。此书是“加班”出来的，没有他们的倾力支持和无私奉献，《报告》不会这么快地摆在读者面前。

就在《报告》即将付印之际，国家钒钛产业联盟迎来了来自辽宁省朝阳市的客人，他们是为发展钒钛产业而来，为构建钒钛产业发展命运共同体带来了新惊喜。联盟愿意成为中国钒钛产业发展的交流与促进平台，为钒钛产业发展咨政献策，助力中国钒钛产业高质量发展。

谨以此书献给蓬勃发展的中国钒钛产业，献给所有为中国钒钛产业砥砺前行的人。

吉广林

2024年5月